böhlau

Damit es nicht verlorengeht …

70

Begründet von Michael Mitterauer.
Herausgegeben vom Verein
„Dokumentation lebensgeschichtlicher Aufzeichnungen“
am Institut für Wirtschafts- und Sozialgeschichte
der Universität Wien

„Kinderlandverschickt“

Schulkinder im Ausnahmezustand (1943–1945)

Herausgegeben von
Veronika Siegmund

BÖHLAU VERLAG WIEN KÖLN

Gedruckt mit Unterstützung der
Stadt Wien Kultur

Bibliografische Information der Deutschen Bibliothek:
Die Deutsche Nationalbibliothek verzeichnet diese Publikation in der Deutschen Nationalbibliografie; detaillierte bibliografische Daten sind im Internet über https://dnb.de abrufbar.

Umschlagabbildungen:
Titelseite: Sammlung Frauennachlässe am Institut für Geschichte der Universität Wien (SFN NL 237)
Rückseite: Privatarchiv Hans Hantich, bereitgestellt von Markus Holzweber

Umschlaggestaltung: Michael Haderer, Wien
Layout: Bettina Waringer, Wien
Druck und Bindung: Balto print, Vilnius
Printed in the EU

Vandenhoeck & Ruprecht Verlage |
www.vandenhoeck-ruprecht-verlage.com

ISBN 978-3-205-21427-4

Inhalt

Vorwort der Herausgeberin

„Darüber hat nie jemand berichtet …" Diese Worte aus meinem ersten Gespräch mit Rosa Zimerits im August 2016 sind mir in deutlicher Erinnerung geblieben. Wie viele Angehörige ihrer Altersgruppe hat die 1932 geborene Wienerin während des Zweiten Weltkriegs an der Erweiterten Kinderlandverschickung (KLV) teilgenommen – eine vom NS-Regime organisierte Evakuierungsaktion, deren vorrangiges Ziel darin bestand, „deutsche" Kinder und Jugendliche vor den Bombenangriffen in den Großstädten zu schützen. Mädchen und Jungen zwischen 6 und 14 Jahren wurden mit dem Einverständnis ihrer Eltern in ländliche, als sicher geltende Regionen gebracht und kamen dort entweder bei Pflegeeltern oder in Lagern unter.[1] Rosa Zimerits (geborene Schobert) verbrachte gemeinsam mit etwa 20 Schulkolleginnen über ein Jahr in einem KLV-Lager im Waldviertel, wo die Mädchen unter der Aufsicht von Lehrerinnen und HJ-Führerinnen standen und gemäß nationalsozialistischen Erziehungs- und Wertvorstellungen geprägt werden sollten. Wie Rosa Zimerits in unseren Gesprächen mehrfach betonte, hat diese Zeit wie auch die daran anschließende Flucht nach Bayern ihr weiteres Leben nachhaltig geprägt. Umso ernüchternder war für sie die Erkenntnis, dass sich die Öffentlichkeit nach Kriegsende kaum für diese besondere Facette des Krieges bzw. für die Erlebnisse der involvierten Kinder zu interessieren schien – eine

---

1 Auch Kleinkinder bis zum sechsten Lebensjahr konnten – in Begleitung ihrer Mütter – an der KLV teilnehmen. Sie wurden gemeinsam mit ihren Müttern „verschickt" und kamen entweder bei Gastfamilien oder in eigenen Mutter-Kind-Heimen unter.

durchaus schmerzliche Erfahrung, von der mir auch andere ehemals „Verschickte“ berichteten.

Tatsächlich zeigten Medien im deutschsprachigen Raum bis vor Kurzem verhältnismäßig wenig Interesse an der Kinderlandverschickung im Zweiten Weltkrieg. Eine Auseinandersetzung mit dem Thema „Kindheit und Jugend im Nationalsozialismus“ fand zwar durchaus statt, die meisten Berichte, Reportagen oder Dokumentationen dazu konzentrierten sich jedoch auf die Hitlerjugend (HJ) bzw. auf den Schulunterricht im „Dritten Reich“, während die großangelegte Evakuierungsmaßnahme des NS-Regimes, die schätzungsweise 2,2 Millionen Kinder betraf,[2] meist unerwähnt blieb. Auch seitens der Geschichts- und Erziehungswissenschaft wurde der KLV lange wenig Beachtung geschenkt. Die erste und bisher einzige umfassende Monografie zu diesem Thema entstand erst Ende der 1990er Jahre[3] und speziell zur „Verschickung“ österreichischer Kinder in den Jahren 1943 bis 1945 gab es bis vor wenigen Jahren kaum wissenschaftliche Literatur.[4] Vor diesem Hintergrund verwundert es nicht, dass die Betroffenen häufig selbst zur Feder griffen: Viele Publikationen zur Kinderlandverschickung stammen von Personen, die als Heranwachsende selbst entsprechende „Lagererfahrungen“ ge-

2 Diese Schätzung entstammt der Studie des Historikers Gerhard Kock, „Der Führer sorgt für unsere Kinder“. Die Kinderlandverschickung im Zweiten Weltkrieg, Paderborn/München/Wien/Zürich 1997.

3 Kock, „Der Führer sorgt für unsere Kinder“.

4 Einige Ausnahmen seien erwähnt, etwa ein Aufsatz von Fritz Steiner, der sich mit der KLV in Tirol und Vorarlberg beschäftigt: Fritz Steiner, Kinderlandverschickung, in: Rolf Steininger und Sabine Pitscheider (Hg.), Tirol und Vorarlberg in der NS-Zeit, Innsbruck/Wien/München/Bozen 2002, 173–194. Darüber hinaus hat sich Helmut Engelbrecht mit der Kinderlandverschickung in Wien auseinandergesetzt: Helmut Engelbrecht, Wien und die sogenannte Kinderlandverschickung, in: Ferdinand Oppl und Karl Fischer (Hg.), Studien zur Wiener Geschichte. Jahrbuch des Vereins für Geschichte der Stadt Wien (Band 57/58), Wien 2002, 25–113.

macht haben und denen es ein Anliegen war, ihre Erlebnisse für die Nachwelt festzuhalten.[5]

In den letzten Jahren hat sich hinsichtlich des wissenschaftlichen und öffentlichen Interesses an der KLV in Österreich eine deutlich wahrnehmbare Änderung vollzogen. Der Historiker Markus Holzweber führte zwischen 2010 und 2012 ein Forschungsprojekt zu KLV-Lagern in Niederösterreich durch und hielt seine Erkenntnisse in einer detaillierten Studie fest.[6] Darüber hinaus entstanden kürzlich weitere wissenschaftliche Aufsätze zu Selbstzeugnissen in KLV-Lagern sowie zur Bedeutung der Kinderlandverschickung für den Tourismus in Kärnten.[7] Dank des 2018 erschienenen Romans „Unter der Drachenwand" von Arno Geiger,[8] in dem ein KLV-Lager in Salzburg und die hier mit ihrer Lehrerin untergebrachten Mädchen eine wichtige Rolle spielen, erlangte zuletzt auch eine breitere literarische Öffentlichkeit Kenntnis von der auf Kinder und Jugendliche abzielenden Maßnahme des NS-Regimes. Auch die österreichische Tageszeitung Kurier brachte 2018 und 2020 zwei Reportagen zu „verschickten" Mädchen

5 Siehe dazu etwa Imo Eberhard Irsay, Die Flucht nach Tirol, Gösing am Wagram 2000; Helga Duffek-Kopper: Die Villa Mathilde. 13 Deka Leberkäs, Klagenfurt 2004 (erste Auflage 1991;1993); Ellen Soubeyrand, Lagerzeit. Die Kinderlandverschickung, wie ich sie erlebte, Jena/Plauen/Quedlinburg 2011.

6 Markus Holzweber, „Dürfen wir Ihre Kinder verschicken?" – Die Erweiterte Kinderlandverschickung (KLV) in Niederösterreich. Darstellung, Rezeption und Widerhall in der NS-Zeit und Zweiten Republik, in: Verein für Landeskunde von Niederösterreich (Hg.), Jahrbuch für Landeskunde von Niederösterreich, St. Pölten 2013, 187–425, 211–213.

7 Alexandra Schmidt, „Mütter, schafft Eure Kinder fort!" Kinderlandverschickung 1940–1945, in: Werner Koroschitz (Hg.), Zimmer frei. Die Entwicklung der Fremdenpflege in Kärnten, Klagenfurt 2018; Veronika Siegmund, „Mobilmachung aller gestalterischen Kräfte …". Die politische Instrumentalisierung des Tagebuchs in der Erweiterten Kinderlandverschickung (1940–1945), in: Zeitgeschichte, 47, 3 (2020), S. 315–342.

8 Arno Geiger, Unter der Drachenwand, München 2019.

und Jungen im Zweiten Weltkrieg,[9] ähnlich wie der Radiosender Ö1, der dem Sujet „Kinderverschickung" im Herbst 2020 eine Radiokolleg-Sendereihe widmete.[10]

An diese Entwicklung möchte der 70. Band der Reihe „Damit es nicht verloren geht ..." anknüpfen. In ausgewählten Erinnerungstexten sollen Menschen zu Wort kommen, die in ihrer Kindheit oder Jugend an KLV-Lagern teilnahmen.

Ziel einer solchen Zusammenstellung kann es nicht sein, ein umfassendes Bild von der Erweiterten Kinderlandverschickung zu zeichnen oder allgemeine Aussagen über die Situation in den KLV-Lagern zu treffen. Dafür ist die Anzahl und Auswahl der hier vorgestellten Erfahrungsberichte nicht umfassend genug und ihre Aussagen über die Erlebnisse in den Lagern zu sehr abhängig von den jeweiligen Lagerverantwortlichen wie auch vom biografisch-familiären Kontext der Schreibenden. Subjektivität und inhaltliche Heterogenität sind zugleich aber die „Stärken" einer solchen Sammlung von Selbstzeugnissen. Erklärtes Anliegen dieses Buches ist es daher vielmehr, der Vielfalt an subjektiven Erlebnissen und Erfahrungen Raum zu geben und über den Wortlaut persönlicher Erzählungen sowie anhand von Originaldokumenten aus jener Zeit prägnante Einblicke in das kindliche Erleben und in Formen der individuellen Bewältigung einer historischen Ausnahmesituation zu eröffnen. Wie haben unterschiedliche Personen die KLV erlebt, was ist ihnen aus dieser

---

9 Uwe Mauch, Dass wir damals von den Nazis betrogen wurden. Eine Wienerin erinnert sich an den Drill in einem NS-Kinderlandverschickungslager, Kurier, 18. 07. 2018; ders., NS-Kinderlandverschickung. „Rucksack voll ungeweinter Tränen", Kurier, 16. 02. 2020.

10 Das von Ute Maurnböck-Mosser gestaltete dreiteilige Radiokolleg mit dem Titel „Evakuiert, aufgepäppelt, indoktriniert. Die verschiedenen Facetten der Kinderlandverschickungen" wurde von 27. 10. bis 29. 10. 2020 auf Ö1 ausgestrahlt. Neben der Kinderlandverschickung im Zweiten Weltkrieg behandelte es auch die „Verschickungen" im und nach dem Ersten Weltkrieg sowie nach 1945.

Zeit in Erinnerung geblieben und wie bewerten sie diesen Lebensabschnitt im Nachhinein? Anhand von Selbstzeugnissen unterschiedlicher Art und einem wissenschaftlichen Nachwort, das den historisch-organisatorischen Rahmen der Erweiterten Kinderlandverschickung skizziert, möchte der vorliegende Editionsband Annäherungen an einen bislang wenig beachteten Aspekt des Alltags im Zweiten Weltkrieg ermöglichen und (sicher nicht immer eindeutige oder gar endgültige) Antworten auf die obigen Fragen geben.

Kriterium für die Auswahl der Texte war, dass diese einen geografischen Bezug zu Österreich aufweisen, sei es, dass die Verfasser*innen aus Österreich stammen oder dass sich die Standorte der jeweiligen Lager auf dem Gebiet des heutigen Österreichs befanden. Manche der hier präsentierten Erinnerungstexte geben Ausschnitte aus autobiografischen Manuskripten wieder, die sich bereits seit Längerem im Textarchiv der Dokumentation lebensgeschichtlicher Aufzeichnungen am Institut für Wirtschafts- und Sozialgeschichte der Universität Wien befinden, andere Beiträge wurden erst kürzlich aufgrund von Schreibaufrufen eigens für dieses Buchprojekt verfasst. Es sind Erzählungen über den Alltag im KLV-Lager, über die Versorgung und Unterbringung, besondere Ereignisse und Geschehnisse, aber auch über persönliche Empfindungen und die sozialen Beziehungen der Kinder untereinander, zu ihren Eltern und den Erzieher*innen. Die Bewertung der Lagerzeit fällt in den Textbeiträgen ganz unterschiedlich und nicht selten ambivalent aus: Manche Schreiber*innen dieses Bandes haben ihren KLV-Aufenthalt in sehr guter Erinnerung und rücken abenteuerliche Unternehmungen und die Interaktion mit Gleichaltrigen ins Zentrum ihrer Erzählungen. Andere verbinden mit der „Verschickung“ in erster Linie Beklemmung, Heimweh und politische Indoktrination. In Summe verdeutlichen die persönlichen Erfahrungsberichte das breite Spektrum an Erfahrungen, das ein Aufenthalt in einem Kinderlandverschickungslager mit sich bringen konnte.

Neben schriftlichen Erinnerungen an die KLV enthält der Band auch Ausschnitte aus Tagebüchern und Briefwechseln „verschickter" Kinder mit ihren Eltern. Anders als die retrospektiv entstandenen lebensgeschichtlichen Berichte wurden diese bereits während des KLV-Aufenthalts verfasst und eröffnen daher einen anderen, zusätzlichen Blickwinkel auf das historische Geschehen. Das bedeutet jedoch nicht, dass sie ein höheres Maß an Glaubwürdigkeit oder Realitätsnähe aufweisen; auch zeitnah zum Erleben abgefasste Schriften können in vielerlei Hinsicht von situationsspezifischen Momenten und Vorbehalten geprägt sein. Der wesentliche Unterschied zu retrospektiv festgehaltenen Erinnerungen besteht vielmehr darin, dass sie nicht von einer nachträglichen Reflexion und späteren Deutungen der Ereignisse beeinflusst sind. In Bezug auf den konkreten Entstehungskontext dieser Selbstzeugnisse ist zu erwähnen, dass die Kinder und Jugendlichen in KLV-Lagern dazu angehalten wurden, Tagebücher zu führen und Briefe an die Eltern zu verfassen, die häufig auch von der Lagerleitung kontrolliert wurden.

Das Wissen der Mädchen und Jungen um eine mögliche Zensur wirkte sich häufig auf den Inhalt des Geschriebenen aus. Wie aus manchen Beiträgen eindrücklich hervorgeht, wussten sie genau, was sie in ihren Briefen oder Tagebüchern berichten konnten und welche Geschehnisse und Erfahrungen es auszusparen galt. Diese Fremd- bzw. Selbstzensur muss beim Lesen solcher Quellen stets mitgedacht werden.

Die Beiträge im hinteren Teil des Bandes, die aus Briefsammlungen oder Tagebüchern zusammengestellt wurden, können nur eine Auswahl aus einem insgesamt viel größeren

Materialfundus bieten; es wurde hier versucht, jeweils einen Fokus auf bestimmte inhaltliche Schwerpunkte der Dokumente zu legen. Auch die vorgestellten Erinnerungstexte können aus Platzgründen zum Teil nur in gekürzter Form wiedergegeben werden. Kürzungen gegenüber den Originaltexten sind mit Auslassungszeichen [...] ausgewiesen. Ebenso sind vereinzelt redaktionelle Anmerkungen in eckigen Klammern eingefügt.

Die hier edierten persönlichen Erinnerungstexte, Briefe und Tagebuchausschnitte wurden behutsam redaktionell bearbeitet: Die Rechtschreibung wurde an die aktuell geltenden Regeln angepasst, orthografische und grammatikalische Fehler wurden korrigiert. Mit geringfügigen stilistischen Eingriffen, insbesondere an Stellen, die im Originalwortlaut schwer verständlich sind, wurde versucht, die Texte lesefreundlicher zu gestalten. Im Editionsteil wurden umgangssprachliche und zeitspezifische Begriffe sowie Abkürzungen, die aus heutiger Sicht und aus verschiedensten Gründen nicht als allgemein verständlich vorausgesetzt werden können, mit Sternchen * versehen, die auf entsprechende Worterklärungen bzw. etwas eingehendere Erläuterungen in einem Glossar am Ende des Buches verweisen.

Die Arbeit mit Lebenserinnerungen, Tagebüchern und Briefen im Kontext der Kinderlandverschickung der Jahre 1943–1945 war in vieler Hinsicht bereichernd für mich. Das genaue Lesen, Vergleichen und redaktionelle Aufbereiten der Selbstzeugnisse für die Edition schärft und verbreitert den Blick für manifeste und latente Inhalte, für das, was offen gesagt, was nur angedeutet oder auch verschwiegen wird. Einerseits wird man mit vielerlei Erlebnisinhalten konfrontiert, die zu einem bestimmten Moment der persönlichen Lebensgeschichte, in einer konkreten historischen Situation von Bedeutung waren. Andererseits kann man daraus resultierende persönliche Erfahrungen mitvollziehen und die Bedeutung mancher Erlebnisse für den weiteren Lebensweg, für die Entwicklung bestimmter Haltungen und Lebensleitlinien erahnen. Wünschenswert wäre, dass auch die Lektüre der nun in diesem Band gedruckt vorliegenden Texte noch solche Entdeckungen zulässt bzw. auslöst.

Ebenso faszinierend wie die Auseinandersetzung mit den hier versammelten Texten waren die Begegnungen mit den Verfasser*innen. Viele von ihnen nahmen sich die Zeit, mir persönlich von ihrer KLV-Zeit zu erzählen und ließen mich an ihren zum Teil sehr bewegenden, manchmal auch erschütternden Erinnerungen teilhaben. Diese persönlichen Gespräche haben die schriftlichen Aufzeichnungen zur Kinderlandverschickung, die mir zur Verfügung standen, noch mehr mit „Leben" gefüllt und mir die Vielschichtigkeit individueller Lagererfahrungen vor Augen geführt. Herzlichen Dank an dieser Stelle an alle Beiträger*innen dieses Bandes für ihre Bereitschaft, ihre Erfahrungen und Erinnerungen mit mir und einem größeren Lesepublikum zu teilen. Ebenso herzlich möchte ich mich bei Günter Müller, dem Betreuer der Dokumentation lebensgeschichtlicher Aufzeichnungen, bedanken. Er hatte nicht nur die Idee zu diesem Band, sondern hat mich auch bei dessen Planung, Gestaltung und Realisierung tatkräftig unterstützt. Markus Holzweber danke ich vielmals für den fachlichen Austausch und die Möglichkeit, Einsicht in sein gesammeltes Quellenmaterial zu nehmen. Mein besonderer Dank gilt auch Uwe Mauch für sein journalistisches Interesse am Thema Kinderlandverschickung. Aufgrund seiner Reportagen in der Tageszeitung Kurier wurden zahlreiche Personen auf dieses Buchprojekt aufmerksam und stellten Dokumente und persönliche Erinnerungstexte zur Verfügung. Des Weiteren danke ich der Sammlung Frauennachlässe am Institut für Geschichte der Universität Wien, die mir das Tagebuch von Ingeborg Winkler[11] und somit auch das Titelbild für diesen Band zur Verfügung gestellt hat. Mein Dank gilt hier sowohl Li Gerhalter, die mich 2015 auf den Nachlass von Ingeborg Winkler aufmerksam gemacht hat und mich gemeinsam mit Pauline Bögner auch bei den Recherchen zu ihrer Person unterstützt hat, als auch Christa Hämmerle, die stets großes Interesse an meiner Arbeit gezeigt hat und mir mit ihrem Zuspruch immer wieder Mut gemacht hat.

11 Für den Nachnamen der Schreiberin wird hier ein Pseudonym verwendet.

Erika Göttlicher

wurde am 28. Dezember 1930 als Erika Pfeifer in Wien geboren und wuchs als Einzelkind auf. Die Familie lebte im 9. Wiener Gemeindebezirk in recht beengten Wohnverhältnissen und musste mit dem Gehalt des Vaters, der als Schuhmacher tätig war, ihr Auslangen finden.

Erika Pfeifer nahm bereits im Frühjahr 1938 erstmals an einer „Verschickungsaktion" des NS-Regimes teil: Kinder aus der „Ostmark" wurden für einige Wochen bei Gasteltern in Deutschland untergebracht, um das vielgepriesene „Altreich" kennenzulernen. 1944 erlebte sie ihre zweite „Verschickung", als mehrere Klassen ihrer Hauptschule nach St. Gilgen (Salzburg) verlegt wurden. Im dortigen KLV-Lager erhielt Erika Pfeifer die Nachricht, dass ihr Vater in Russland vermisst war; er kehrte nicht mehr aus dem Krieg zurück. Ihre Mutter sah das Mädchen bei ihrer Heimkehr nach Wien, Ende 1944, wieder.

Nach dem Krieg begann die junge Wienerin eine Lehre als Drogistin und erhielt nach ihrem Abschluss auch gleich eine Anstellung. Kurz darauf heiratete sie Alfred Göttlicher, einen gelernten Bürokaufmann, und wurde Mutter eines Sohnes. Zunächst wohnte die dreiköpfige Familie in Wien, später zog sie nach Pfaffstätten (Niederösterreich).

Heute lebt Erika Göttlicher in Baden bei Wien. Angeregt durch öffentliches Gedenken an das Ende des Zweiten Weltkriegs schrieb sie bereits 1995 ihre persönlichen „Erinnerungen an den Frühling 1945" in Episoden nieder. Im Jahr 2004 motivierte sie ein Aufruf in Zusammenhang mit einer geplanten Gedenkausstellung des Landes Niederösterreich dazu, ihre gesamte Kindheit im Nationalsozialismus zu dokumentieren. Aus diesem 13-seitigen, maschingeschriebenen Manuskript stammt die nachfolgende Erzählung über ihre Kinderlandverschickung, die in ihrem Fall auch einen Arbeitseinsatz bei der Hopfenernte in Bayern einschloss.

„Es wäre ja ganz schön gewesen, wenn wir nicht eingesperrt gewesen wären"

[…] Schulkinder sollten vor Bombenangriffen geschützt werden, und so wurden wir zwangsverschickt. Nur wenige konnten sich dem entziehen. Man musste Verwandte am Land haben und eine Bestätigung der dortigen Schule, dass man sie besuchen durfte. Sonst galten nur Krankheit der Mutter oder Hilfe im Haushalt wegen kleinerer Geschwister als Entschuldigungsgründe dafür, nicht mitzufahren.

Wir fuhren die ganze Nacht bis Salzburg, ein ganzer Zug mit Schulkindern, wir 13- bis 14-Jährigen waren die ältesten. Von Salzburg dann nach St. Gilgen mit der schmalspurigen „Ischlerbahn". So verdrossen ich war, die Landschaft überwältigte mich! Ende April auf dem Schafberg und Zwölferhorn noch blütenweißer Schnee, im Tal frisches Grün, der wunderschöne Wolfgangsee und über allem: tiefblauer Himmel. Außer nach Rußbach, zu meiner Großmutter, war ich noch nie aus Wien herausgekommen.

Wir wohnten im St. Gilgnerhof. In den Zimmern zwei Stockbetten für vier Mädchen, ein Schrank, eine Waschmuschel, Fließwasser kalt. Alle Hotels des Ortes waren mit Kindern besetzt, die meisten aus dem Ruhrgebiet und schon zwei Jahre hier. Das Hotel Excelsior am See war für Rekonvaleszenten der Luftwaffe bestimmt und die Seevilla für die zwei Hauptmädelführerinnen* Uschi und Eva, Schwestern aus Deutschland. Wir blieben den Sommer über, Kontakt mit den anderen Kindern kam keiner zustande. Allein durften wir den Hof nicht verlassen. Im Haus wohnten mit uns eine Lagermädelführerin*, die Berti – sie war 18 Jahre alt, aus Salzburg, sehr lieb, wenig politisch – und unsere Lehrerinnen. Zu meinem Leidwesen auch unsere Klassenvorsteherin Grath, außerdem die Direktorin und die Frau Fachlehrerin Duda, die wir gar nicht kannten. Im großen Speisesaal wurde je eine

Klasse um einen Tisch gruppiert und so wurde unterrichtet. In der Freizeit gemeinsames Wandern, im Sommer dann Schwimmen – alles auf Leistung aus: beste Marschierer, Freischwimmerabzeichen – alles wurde bewertet.

Wir waren zu viert in einem Zimmer: Fritzi, Elfi, Lotte und ich, in der dritten Klasse und die Größten. Die Größe brachte uns den Vorteil, dass wir öfter in der Küche mithelfen mussten („Küchendienst"). Manchmal war's fad: Gemüse putzen, Erdäpfel schälen, Germteig schlagen – aus fünf Kilo Mehl, sehr anstrengend. Doch es gab auch Marmeladedosen zum Ausschlecken und – allerdings nur zum Wochenende – Streuselkuchen, den wir dem Dorfbäcker zum Backen brachten. Der Streusel wurde unterwegs immer etwas weniger, doch bemühten wir uns schon, den Teig nicht allzu sehr durchschimmern zu lassen. Übrigens durften wir zu diesem Bäcker, der über der Backstube ein großes Badezimmer (zwei Badewannen, zwei Waschmuscheln) hatte, einmal monatlich zum Baden. Je zwei in einer Wanne, Haare waschen in der Waschmuschel. Der Fußboden war herrlich warm – sonst musste das kalte Wasser im Zimmer reichen, Abhärtung war angesagt.

Im Juli bekamen einige Mädchen Besuch von ihren Müttern, Tanten oder – ganz etwas Besonderes – vom Vater. Die meisten konnten nur drei Tage bleiben, je einen Tag nahm die Fahrt in Anspruch und mehr als eine Woche Urlaub hatten die Frauen nicht. Auch meine Mutter besuchte mich, blieb aber nur eine Nacht. Sie hatte die Nachricht bekommen, dass mein Vater vermisst gemeldet war, „am Fuß verwundet zurückgelassen". Nun, wer weiß, wie kalt und schneereich der Winter in der Ukraine ist, kann sich denken, dass er wenig Chancen auf ein Überleben hatte. Die Russen machten auf ihrem Vorstoß keine Gefangenen, die Deutschen waren auf dem Rückzug – „Frontbegradigung"*.

Mein Vater hatte seit seiner Einberufung nur zweimal Urlaub gehabt, das letzte Mal im Oktober 1943, da war er mit mir noch in Niederrußbach bei seiner Mutter. Er war sehr verändert und sein „Hitlertraum“ war ausgeträumt. Helgas Vater war gefallen, meiner vermisst, Tränen wurden von uns 13-Jährigen nicht lange geduldet – wir hatten stolz zu sein! Unsere Nazisse* mahnte mich zum Zusammennehmen und zur Disziplin. Der Gerechtigkeit halber muss ich sagen: Unsere schon ältere Direktorin und auch die anderen Lehrerinnen enthielten sich jedes Kommentars.

Auch die Tante einer Mitschülerin, Hilde, kam zu Besuch. Elfi und ich bettelten bei der Tante und die Tante bei der Direx um Ausgang für uns. Gnädig und ausnahmsweise wurde er bewilligt. Wir fühlten uns wie befreite Gefangene, die den Nachmittag allein am See verbringen durften. Die Tante erlaubte uns Boot zu fahren und bezahlte auch, wir hatten ja kein Geld. Übermütig bestiegen wir eine Zille, losten ums Rudern, und raus ging's auf den See. Leicht war das Rudern in Richtung Strobl – wir hatten Rückenwind. St. Gilgen wurde immer kleiner. Dann: Hilde und Elfi mussten „klein“. Ich übernahm das Rudern und die beiden hängten sich mit nacktem Popo links und rechts aus dem Boot. Ich musste furchtbar lachen, dabei rutschte mir ein Ruder aus dem Halt und glitt ins Wasser. Noch mehr Gelächter! Eine Weile versuchte ich mit einem Ruder das andere einzuholen, doch das Boot trieb im Kreis und das Ruder immer mehr vom Boot weg. Jetzt war's aus mit dem Lachen! Schnell zog ich mich bis auf die Wäsche aus und glitt ins Wasser. Das Ruder hatte ich bald, aber der Wiedereinstieg ins Boot war gar nicht einfach. Die beiden halfen mir zwar, aber beinahe wäre das Boot gekippt. Bei dem Getümmel hatten wir nicht gemerkt, dass Wolken aufgezogen waren und der Wind stärker wurde. Wir mussten zurück – jetzt gegen den Wind! Hilde ruderte zuerst, ich zog mich an, mir war kalt. Elfi ruderte – wir hatten das Gefühl, auf der Stelle zu rudern. Jede gab „gute Ratschläge“: „Schneller!“ – „Knapp zum Ufer!“ Wir hatten keine Übung mit der

Zille. Bei vielen Ruderschlägen und auch durch den immer stärker werdenden Gegenwind klatschte das Wasser ins Boot. Elfi, mit rotgeriebenen Händen, war dem Heulen nahe, auch Hilde hatte schon Blasen an den Händen. Ich war dran, jedes Lachen war uns vergangen, im Wetterwinkel zuckten die ersten Blitze auf – wir mussten zurück! Ich fixierte den Kirchturm von St. Gilgen und mit „Eins – und eins – und eins …" fand ich einen Rhythmus, der den Kirchturm größer werden ließ und uns zurückbrachte.

Ich konnte meine Hände dann schwer vom Ruder lösen, sie waren verkrampft und ich hatte Blutblasen. Hildes Tante wartete am Ufer wie eine Hühnermutter auf ihre Entenkinder. Sie musste kräftig für die Zille nachzahlen, wir hatten die Zeit weit überschritten, auch die unseres Ausgangs. Sie brachte uns zurück und wir – auch die Tante – mussten eine kräftige Rüge von der Direx einstecken; keine bekam mehr zusätzlich Ausgang. Dabei wusste sie gar nichts von unserer Seefahrt!

Beim Küchendienst verarztete mich unsere Heimmutter, die Frau Pfaffenbichler, der ich, jetzt schon wieder lachend, alles erzählte. Sie gab mir eine nach Lebertran stinkende Salbe und für jede Hand ein frisch gebügeltes Taschentuch, das ich, so gut es ging, in die Handflächen drückte; dasselbe auch für Hilde und Elfi. Zur Ärztin trauten wir uns nicht, sie ordinierte etwas außerhalb von St. Gilgen. Wir hätten unsere Hände herzeigen und einen Grund für die Wunden angeben müssen. Wir wären schwer bestraft worden.

Der Sommer ging vorüber mit streng eingeteiltem Tagesablauf: Schule, Essen, Lernen, Heimabend, Singen, Stubendienst. Freizeitprogramm: Wandern, Schwimmen – alles kollektiv. Sonntag der obligate „Appell": vor dem Haus in Uniform antreten, zum Hauptplatz oder auch zum großen Platz am See marschieren. Es war ein Sternmarsch, aus allen Gasserln von St. Gilgen quollen uniformierte, singende, marschierende Mädchen und gruppierten sich am Ziel im Viereck um eine Fahnenstange. Uschi hielt den Morgenappell: aufbauende Sprüche, Wünsche an unseren geliebten Führer, ein Lied und mit einem geschmetterten „Heil Hitler!" wieder abtreten. Manchmal war auch ein Offizier an Uschis Seite, der eine Auszeichnung bekommen hatte und nun von uns zusätzlich geehrt wurde. Zurück im Lager umziehen, für uns Große Küchendienst, nachmittags dann „Freizeit": Briefe schreiben, Strümpfe stopfen, die Kleinen baten uns, ihnen bei der Aufgabe zu helfen, eventuell lesen.

In unserem Quartier gab es einen schönen Innenhof mit einem alten Baum und einem Holzpavillon mit Laubengang, darin Tische und Sessel. Es wäre ja ganz schön gewesen, wenn wir nicht eingesperrt gewesen wären.

Wäschewaschen war auch ein Problem. Nur alle vier Wochen wurde ein Waschtag angesetzt. Ein eigenes Gebäude mit Waschkessel, Waschtrögen, Rumpeln und Bürsten war vorhanden. Wir Großen wurden zum Wäschewaschen eingeteilt. Die Lehrerinnen hatten wenig Erfahrung, wir auch nicht. Ich hatte meiner Mutter zwar manchmal beim Schwemmen und Aufhängen geholfen, aber der genaue Ablauf war mir unbekannt. Es war dann auch ein richtiges Chaos, besonders bei so viel Wäsche von ca. 50 Personen. Frau Pfaffenbichler kümmerte sich wohl um den Waschkessel und gab Anweisungen, aber sie musste auch kochen, und Lehrer wissen ohnehin alles besser. Als ich mit meiner Mutter einige Monate später in der Waschküche stand, wurde mir der Unterschied erst richtig bewusst. Sicher hatten die Lehrerinnen ihre Wäsche immer in die Wäscherei gegeben.

Anfang August kam Unruhe ins Lager. Von unserer politischen Führerin Uschi wurden Gruppen zusammengestellt – sieben bis zehn Mädchen zur „Hopfenernte" nach Bayern! Ich hatte keine Ahnung, was Hopfen ist, geschweige denn, wie er geerntet wird, doch ich meldete mich sofort – eine Gelegenheit, aus dem Lager zu kommen. Die Ältesten wurden genommen, sieben aus unserem Lager, Lotte und ich dabei! Alle hatten sich freiwillig gemeldet. Vorerst mussten wir einmal zur Ärztin zu einem – sehr flüchtigen – Gesundheitscheck: in den Hals schauen, Rücken abklopfen, Herz abhorchen. Ich war den Tränen nahe, als sie mir sagte, mein Herz gefiele ihr nicht, ob ich denn beim Turnen immer mitkomme und nicht öfter Herzklopfen hätte? Ich verneinte heftig. Aus meiner Reaktion musste ihr klargeworden sein, wie gerne ich mitwollte, und sie gab ihre Einwilligung.

Mitte August war's dann so weit. Aus jedem Lager sammelten sich Gruppen und fuhren mit ihrer jeweiligen Mädelführerin – wir mit unserer Berti – erst nach Salzburg und von dort nach München. Ein Abteil war für uns reserviert, der ganze Zug voll Mädchen – als Erntehelferinnen nach Bayern. Bis zur Übergabe begleitete uns auch noch „unsere Grath".

Wir sahen nicht viel von der Landschaft, die Fenster waren geschlossen und blau gestrichen, wegen Verdunkelung*. Ganz langsam rollte der Zug durch die Vororte zum Münchner Hauptbahnhof. Jemand hatte die Fenster am Gang geöffnet und neugierig drängten auch wir uns aus dem Abteil hinaus. Alle Mädchen standen bei den Fenstern; wir waren die einzigen „Ostmärkler"*, alle in Uniform. Dann hörte allmählich das Getuschel auf und wir Wienerinnen sahen zum ersten Mal zerbombte Häuser. Aus Kriegsfilmen und der Wochenschau kannten wir sie ja, aber so „in Natur" – wir waren entsetzt. Wien wurde erst ab Herbst 1944 stärker bombardiert. Die Deutschen waren gefasster, sie hatten Bombenangriffe erlebt und viele von ihnen kein Heim mehr. Die meisten waren schon 1942 nach St. Gilgen gekommen. „Unsere Grath" fand die „richtigen" Worte – über die feigen Kriegsverbrecher, die sich nicht scheuten, Bomben auf Frauen und Kinder zu werfen.

Inzwischen kam der Zug zum Stehen, er hatte wohl kein Freizeichen zur Einfahrt in den Hauptbahnhof. Am Nebengleis schob sich langsam ein Gütertransport vorbei. Ich wollte schon ins Abteil zurück, als mein Blick auf vergitterte Luken fiel, aus denen mich unendlich traurige Augen aus fahlen, mageren Gesichtern – grau gestreifte Kappen auf dem Kopf und, soweit ich sehen konnte, gestreifte Kragen, wahrscheinlich einer Jacke – ansahen. Die Köpfe bewegten sich abwechselnd in der Luke, es wollten wohl mehrere hinausschauen. Vielleicht fünf oder sechs Waggons von diesem langen Zug rollten vorbei. Die Augen der Insassen blickten zum Himmel, aber die meisten auf uns, die wir am Fenster standen. Als „unsere Grath" den Zug bemerkte, mussten wir sofort die Fenster schließen und ins Abteil zurück. Sie erklärte uns, dass dies „Volksfeinde"*, Verbrecher seien und ihrer Strafe zugeführt würden.

Endlich fuhren wir in den Hauptbahnhof ein und nach einem kurzen Aufenthalt – der Zug blieb geschlossen – weiter nach Pfaffenhofen an der Ilm, unserem Bestimmungsort. Mit unserem wenigen Gepäck drückten wir uns im Wartesaal in einer Ecke um unsere Berti, alle Mädchen des Zuges standen nun in Gruppen um ihre „Führerinnen". Nun bemerkten wir auch einige ältere Männer, die von Gruppe zu Gruppe gingen, die Mädchen musterten und fragten, woher sie kämen. „Na, nicht von St. Gilgen", die Heimat wollten sie wissen. Es war ein bisschen wie auf dem Viehmarkt.

Ein netter Bayer hatte sich „unauffällig" zu unserer Gruppe gestellt und auf unser Getuschel gelauscht. Er hörte den „ostmärkischen" Dialekt, auch andere Bauern wurden aufmerksam. Damit ihm keiner zuvorkam, legte er die Hand auf unsere Berti und sagte laut und deutlich „De do nehm i." – „Die hätt ma a wolln …", meldeten sich noch zwei. Nun waren wir glücklich „an den Mann gebracht" worden. Er musste mit Namen und Adresse die Übernahme bestätigen. „Unsere Grath" verabschiedete sich mit einem kräftigen „Heil Hitler!", welches als Echo mit erhobenem Arm von uns zurückkam.

Zu unserem Erstaunen sagte ihr der Bayer nur mit einem Tippen an seinen Hut: „Woll, woll, guate Roas!“ Nun ging alles sehr schnell. Unweit vom Bahnhof stand ein Leiterwagen mit zwei Pferden, unser Gepäck wurde aufgeladen, wir hinterdrein, und los ging's nach Eutenhofen.

Ein Bauernhof: Schweine quiekten, Kühe im Stall, ein Misthaufen, Landluft. Es war schon dämmrig, die Bäuerin machte Stallarbeit, der Bauer, Herr Mayr, deutete uns in die Küche und dann auf den Heuboden, auf dem Stroh aufgeschüttet und Decken gestapelt waren. Je eine Decke aufs Stroh, eine zum Zudecken, den Koffer zum Kopf – aus! Waschen konnten wir uns dann beim Brunnen oder in einem Schaffel* in der Futterkammer – Wasser vom Brunnen, Plumpsklo beim Misthaufen. Zum Abendessen: herrliche Grammelrösti und Milch. Jede bekam eine Latzhose aus eher grobem Stoff. Die Nacht war dann sehr kurz, die Sterne standen noch am Himmel, als uns Herr Mayr, nicht unfreundlich, aber doch ziemlich lautstark aufweckte. Zum Frühstück gab's eine tiefe Schale Milchkaffee und Brot, so viel wir wollten, und hinaus ging's zum wartenden Leiterwagen, auf dem schon ein französischer Kriegsgefangener saß, „Eugen“, stellte er sich vor. Wir kletterten in unseren groben Latzhosen, die auch noch kratzten, etwas unbeholfen und scheu wegen Eugen, auf den Wagen. Wie hatten wir uns unsere Feinde vorgestellt? „Untermenschen“, wie uns gesagt worden war, oder in Ketten?

Von weitem sahen wir die Hopfenfelder, die sich wie ein dichter Wald ausweiteten. Der Himmel begann in allen Regenbogenfarben zu schillern, die ersten Sonnenstrahlen färbten ihn feuerrot bis rosa, die Wolken und die Sterne verblassten. Nie wieder habe ich so ein schönes Farbenspiel am Himmel gesehen wie damals die Sonnenaufgänge in Bayern. Beim Näherkommen hatte sich der „Wald“ gelichtet und die Hopfenstauden waren zu unterscheiden. Vier bis fünf Meter hohe Stauden waren in Reihen gepflanzt, oben lief ein Spanndraht, an dem sie befestigt waren. Als nun Herr Mayr bei seinem Hopfengarten ankam, teilte er an uns je einen Schemel und einen großen Korb aus und setzte uns vor eine Reihe Hopfenstauden. Nun löste er mit einer langen Stange, an der ein Haken befestigt war, die Staude vom Draht. Die fiel zusammen, und indem wir sie – auf dem Schemel sitzend – von links nach rechts über unsere Beine zogen, pflückten wir die Hopfendolden in den Korb.

Die Blätter sind sehr rau, deshalb die groben Hosen. Dass die Dolden stark gerbsäurehaltig sind, merkten wir erst später an unseren braun werdenden Händen, dem Kratzen im Hals und dem bitteren Geschmack. Das Ganze war also keine schwere Arbeit, wir mussten aber schon was weiterbringen und die Dolden rasch zupfen. War eine Staude abgepflückt, wurde sie zu einem Häufchen gescharrt und liegen gelassen. Wir riefen dann den Bauern oder Eugen, der uns eine weitere Staude abhakte. War der Korb voll, leerten wir ihn beim Erntewagen aus und bekamen eine Marke im Wert von 50 Pfennig; bei der Heimfahrt wurden wir dann ausbezahlt. Eugen und auch alle anderen französischen Kriegsgefangenen arbeiteten tagsüber völlig frei und unbewacht bei den Bauern, nachts waren sie in einem umfunktionierten Wirtschaftsgebäude mit vergitterten Fenstern und einem älteren deutschen Soldaten als Bewacher untergebracht.

Zu Mittag – von Ferne hören wir Kirchenglocken – fuhr Herr Mayr mit dem Leiterwagen vor. Vom Wagen duftete es so gut, dass wir nicht glauben können, das zum Essen zu bekommen, was wir da rochen. Und doch: Schweinebraten mit Sauerkraut und Semmelknödel! Wie vor dem Krieg zu Hause. Dazu noch Kracherl*, so viel wir wollten; für den ganzen Tag war genug zum Trinken da, auch für Eugen. Herr Mayr holte uns erst in der Dämmerung, die Sterne standen schon am Himmel, als wir beim Hof ankamen. Wieder eine Überraschung: Wir durften uns nur kurz mit kaltem Wasser abwaschen; durch Warmwasser und Seife würde die Gerbsäure unsere Haut an den Händen entzünden, hieß es. Eine Ausnahme war der Küchendienst: Geschirr abwaschen. Wir machten es zu zweit, so kam jede zweimal die Woche zu gelben Händen. Herr Mayr gab uns eine ziemlich zähe Salbe, mit der wir uns die Hände einschmieren mussten.

Das Abendessen war wieder gut und reichlich. Müde fielen wir auf unser Strohlager. So wie die ersten Tage verliefen alle weiteren. In zwei Wochen hatten wir das Feld abgeerntet und bekamen von unserem Bauern außer unserem Lohn auch noch Lob für die gute Arbeit. Die Bäuerin hatte einen Waschkessel mit heißem Wasser bereit und endlich durften wir uns den Dreck von zwei Wochen abwaschen. Unsere Hände blieben aber noch lang eingefärbt.

Die Rückfahrt verlief dann nicht völlig problemlos. Wir hatten in Salzburg am späten Nachmittag keinen Anschluss nach St. Gilgen und fürchteten schon, im Bahnhofswartesaal übernachten zu müssen, doch Berti führte uns zu sich nach Hause. Ihre Mutter war zwar überrascht über die Einquartierung, freute sich aber über das Wiedersehen mit ihrer Tochter. Einige Nachbarn wurden verständigt, teilten mit uns Nachtmahl und Frühstück, brachten Matratzen und Decken für die Nacht – die kleine Wohnung war zum Matratzenlager geworden. Am Morgen halfen wir beim Ordnungmachen und Berti brachte uns sicher nach St. Gilgen zurück. Im Lager bewunderten uns vor allem die Kleinen. Wir waren braungebrannt, hatten Erntehilfe geleistet und dabei auch noch Geld verdient! Um den Lohn konnte ich mir in St. Gilgen drei Meter Flanell kaufen. Mama schickte mir Kleidermarken und ich nähte mir – mit der Hand! – unter Mithilfe einer Lehrerin einen Faltenrock.

Das Essen wurde nun täglich schlechter. Es bestand von Anfang an hauptsächlich aus „Pellkartoffeln“ und Gemüse, aber doch auch aus Knödeln, manchmal gefüllt oder gebacken, am Wochenende auch Mehlspeisen. Nun aber gab es drei Mal die Woche „Drahtverhau“ – Trockengemüse. Das schmeckte wie eingeweichtes Heu und war trotzdem noch hart. Wasser-Milchkoch zum Frühstück, ein kleines Käserl und Pellkartoffeln zum Abendessen – auch nicht zum Sattwerden! Frau Pfaffenbichler bekam keine anderen Zutaten, auch beim Küchendienst war's aus mit Marmeladeschlecken und Erdäpfelgrapschen.

In der Küche sagte uns Frau Pfaffenbichler, dass wir nicht im Gilgnerhof bleiben könnten, da die Zimmer nicht beheizbar wären; Gerüchten zufolge nehme sie an, wir kämen nach Zell am See. Wir sollten aber niemandem etwas sagen, da sie es auch nicht genau wüsste. Von unserer Lehrerschaft erfuhren wir nichts. Auch von der Kriegslage sagte uns niemand etwas. Wir mussten zwar bis zu unserer Verschickung Kriegstagebuch führen, doch seit wir hier waren, war Funkstille.

Um Mitte Oktober – es war schon recht kalt, besonders in der Nacht – wurden einige Mitschülerinnen von ihren Müttern abgeholt und nach Hause mitgenommen. Es dauerte nicht lang, und wir wussten den „Weg“ nach draußen. Die Mütter mussten für ihre Kinder eine Unterkunft bei Bekannten oder Verwandten finden, möglichst weit weg von einer Stadt. Mit viel Herzklopfen konnte ich einen Brief an meine Mutter mit dieser „Anleitung“ aus dem Lager schmuggeln – Briefe mussten offen der Direx übergeben werden und wurden gelesen, fallweise zensuriert.

Welche Schwierigkeiten es für meine Mutter bedeutete, diese Bestätigung zu „erlaufen“, erfuhr ich erst später. Eines Morgens, Ende Oktober, stand dann auf einmal Herr Nigrin, ein Kollege meiner Mutter bei der Post, in unserem Speisesaal und überreichte der Direx ein Dokument. Sehr pikiert schickte sie mich zum Packen – ich durfte nach Hause. Die Heimfahrt mit Herrn Nigrin – stehend im überfüllten Personenzug, jede Pimperlstation* ein Aufenthalt – dauerte dann sehr lang. Immer wieder Stillstand, um Züge mit Soldaten oder Munitionstransporte durchzulassen. Auf jedem Bahnsteig Feldpolizei, die auch die Menschen im Zug kontrollierte. Herr Nigrin war schon pensioniert, als er wieder zum Postdienst verpflichtet worden war. Auch er wurde immer wieder kontrolliert und hatte seinen Ausweis griffbereit in der Manteltasche. Auf Lokomotiven Transparente: „Räder müssen rollen für den Sieg", „Erst siegen – dann reisen", die Wände der Bahnsteige vollgeklebt mit Plakaten: „Pst! Feind hört mit" oder „Kohlenklau"*.

Sechs Monate lang hatten wir – abgesehen von unserem Trip nach Bayern – nichts von der Außenwelt gesehen, auch kein Radio gehört. Inzwischen war der deutsche Rückzug voll im Gang, die Amerikaner in der Normandie gelandet und auch in der Ostmark fanden nun verstärkt Bombenangriffe statt.

„Wir" – der Großteil unserer Schule und fast alle „St. Gilgener" – waren Ende des Jahres wieder in Wien, und keine Behörde kümmerte sich darum. Unsere Sammelschule war diesmal in der Neustiftgasse im 8. Bezirk. Lange dauerte der Unterricht nicht – an die Weihnachtsferien schlossen nahtlos die „Kohleferien" an, denn die Schulen konnten nicht beheizt werden. Den Jänner 1945 verbrachte ich bei meiner Großmutter in Niederrußbach. Von ihr hatte meine Mutter auch die Erlaubnis zum Aufenthalt für mich und die Bestätigung der Schule in Groß-Weikersdorf. […]

Im Februar war ich wieder in Wien, kein Unterricht mehr. Wir holten uns einmal die Woche die „Aufgaben" und gaben die geschriebenen ab. Fast täglich Bombenangriffe – ziemlich genau um 10 Uhr 30 ertönte der „Kuckuck", das Vorwarnsignal, und gegen 11 Uhr Sirenen – Anflug von amerikanischen B-52-Bombern. Luftschutzkeller – bis gegen 14 Uhr dann die Entwarnung kam. […]

Eleonore Gebauer

wurde am 8. Juni 1929 als Eleonore Kitzler in Wien geboren. Gemeinsam mit ihrem um zwei Jahre älteren Bruder Heinz und ihren Eltern lebte sie in einem Zinshaus ihrer Großeltern in Wien-Hietzing und wuchs dort in behüteten Verhältnissen auf.

Der Zweite Weltkrieg brachte für das Familiengefüge drastische Einschnitte, vor allem durch die Einberufung von Vater und Bruder zum Kriegsdienst und die Beschädigung des großelterlichen Wohnhauses durch Bomben.

Eleonore Kitzler wurde, wie die gesamte Unterstufe ihres Gymnasiums Rahlgasse im 6. Wiener Gemeindebezirk, von Dezember 1943 bis Juni 1944 „kinderlandverschickt". Das Lager, dem sie zugeteilt wurde, befand sich in Prein an der Rax (Niederösterreich). Anschließend verbrachte sie neun Monate in der heftig bombardierten Großstadt, ehe sie mit ihrer Mutter und weiteren Verwandten kurz vor Kriegsende aus Wien flüchtete. Sie fanden auf einem Bauernhof in der Nähe von Wels Zuflucht, wo sie fast ein Jahr lebten und mitarbeiteten.

Nach ihrem Schulabschluss an einer Wiener Frauenoberschule im Jahr 1949 arbeitete Eleonore Kitzler drei Jahre bei einer Bank, gab diese Tätigkeit aber nach ihrer Heirat mit Alfred Gebauer auf. Sie wurde Mutter von zwei Töchtern, die sie nach dem frühen Tod ihres Mannes weitgehend alleine großzog.

Angeregt durch einen Zeitungsartikel entschloss sich Eleonore Gebauer in den 1980er Jahren dazu, ihre Jugenderinnerungen niederzuschreiben. Das Tagebuch, das sie in der Zeit vor und nach dem Kriegsende geführt hatte, war ihr dabei eine wichtige Stütze. Später war Eleonore Gebauer mehr als ein Jahrzehnt lang Mitglied und auch Leiterin eines selbstorganisierten Schreib- und Lesekreises im Umfeld der Dokumentation lebensgeschichtlicher Aufzeichnungen.

Den nachfolgenden Textbeitrag stellte sie 2018 anlässlich eines Schreibaufrufs zur Erweiterten Kinderlandverschickung aus ihren früheren Aufzeichnungen zusammen.

„Meine Begeisterung erhielt bald einen Dämpfer"

Im Jahre 1943 war die Front bedenklich näher gerückt. Die Alliierten waren in Nordafrika und Sizilien gelandet, und so mussten nun auch wir mit Bombenangriffen rechnen. Deshalb beschloss die Schulbehörde, die Schüler zu evakuieren. Auch aus unserer Schule – ich besuchte das Gymnasium in der Rahlgasse – wurden die Unterstufen in die Prein an der Rax verlegt.

Anfang Dezember war es so weit. Meine Wäsche – auch die Bettwäsche – war mit meinem Namen versehen worden. Alles musste in bestimmter Anzahl vorhanden sein. Mit großer Freude und voller Erwartungen hatte ich meine Vorbereitungen getroffen, denn ich dachte, ich käme in ein Internat. Allerdings kannte ich so ein Institut nur aus den Mädchenbüchern, die ich gerne las.

Herrenhaus in Prein an der Rax (Winter 1943/44)

Mit dem Autobus ging es los, Richtung Prein. Als wir nach mehrstündiger Fahrt dort ankamen, war alles tief verschneit. Das Herrenhaus, in dem wir untergebracht waren, lag wie ein verwunschenes Zauberschlösschen in einem Park. Das gefiel mir sehr gut. Wir wurden in unsere Zimmer eingewiesen. Ich bekam ein großes Erkerzimmer, das ich mit sieben Mädchen teilte.

Meine Begeisterung erhielt bald einen Dämpfer, als ich gerade um die Weihnachtszeit krank wurde. Ich durfte wohl zur Bescherung aufstehen, aber ich hatte Fieber und fühlte mich nicht gut. Außerdem hatte ich nur ein sehr kleines Päckchen bekommen, während die anderen Mädchen mit dem Auspacken gar nicht fertig wurden und stolz ihre Geschenke herumzeigten. Nun, heute weiß ich, dass meine Mutter überhaupt keine Möglichkeit hatte, etwas zu besorgen. Man bekam ja nichts mehr. Damals aber schmerzte es. Dazu kam dann das Heimweh, das ich verbergen musste. Es war kein schöner Weihnachtsabend für mich.

Als mich Wochen später mein Bruder Heinz und Papa, der Fronturlaub hatte, besuchen kamen, durfte ich einige Stunden mit ihnen verbringen, aber nur, weil Papa in Uniform kam. Da hatten sie doch etwas mehr Respekt. Sonst waren Besuche von Angehörigen außerhalb der Besuchstage streng verboten.

Inzwischen war Wien schon bombardiert worden und meine Mama schickte mir Zeitungsausschnitte, auf denen die Zerstörungen abgebildet waren. Das wurde aber in der Folge untersagt, die Angehörigen durften ab sofort kein solches Anschauungsmaterial mehr senden. Ich glaube, dass die Briefe, die wir von zu Hause bekamen, zum Teil kontrolliert wurden.

Natürlich hatten wir auch Unterricht, aber meine schulischen Leistungen ließen damals sehr zu wünschen übrig. Schließlich war ich erst in dieses Gymnasium eingetreten und musste mich an die veränderte Unterrichtsweise gewöhnen.

Meine Mama durfte nur alle sechs Wochen zu Besuch

Eleonore Gebauer, geb. Kitzler (um 1940)

kommen, wie alle anderen Eltern auch. Wenn man sich aber irgendetwas zu Schulden hatte kommen lassen, wurde der Besuch der Angehörigen sofort gestrichen. Am Elternbesuchstag wurde meist irgendein „Tamtam" veranstaltet. Da wurden Spiele aufgeführt, Lieder gesungen und alles Mögliche inszeniert, damit wir nicht zu viel Zeit hatten, mit den Eltern allein zu sein. Das war sehr raffiniert ausgedacht.

Wir waren alle unglücklich. Dazu kam noch die Angst um unsere Angehörigen, die schon unter den Bombenangriffen zu leiden hatten. So war die Stimmung in unserem Zimmer, wie in allen anderen auch, nicht sehr harmonisch. Die Mädchen stritten miteinander und sekkierten die, die sich nicht zu wehren verstanden. Mir räumten sie einmal aus purer Bosheit den ganzen Spind aus und warfen alles durcheinander aufs Bett (dabei war jeden Morgen Spindkontrolle, da musste die Wäsche auf den Zentimeter genau im Kasten gestapelt sein). Dann schnappten sie meine Schuhe und schleuderten sie aus dem Fenster, weit in den Schnee hinaus. Es war mein einziges Paar Schuhe, im Haus hatten wir Hausschuhe an. Verzweifelt stand ich am Fenster und suchte mit den Augen meine im Schnee versunkenen Stiefel. Einen Augenblick dachte ich daran, der Quälerei ein Ende zu machen und aus dem Fenster zu springen. Es war eine schreckliche

Situation für mich. Gegen sieben Mädchen konnte ich mich auch nicht wehren, und sich zu beklagen war unwürdig für ein deutsches Mädchen. Aber auch andere Mädchen wurden schikaniert und gequält. Jeder tobte seinen Frust anders aus.

Im Frühjahr wurde ich mit noch einem Mädchen auf die Jungmädelführerinnen*-Schule geschickt. Warum, das weiß ich nicht. Aber ich musste dorthin, da gab es keine Widerrede. Befehlen gehorchen, ohne nach dem Warum zu fragen, das war die Devise der Hitlerjugend.

Bevor ich wieder in die Prein zurückkehren musste, durfte ich auf einen kurzen Besuch nach Hause. Ich genoss es, wieder daheim zu sein, und wünschte mir nichts sehnlicher, als hier bleiben zu dürfen. Da kam mir der Zufall zu Hilfe. Ich erkrankte und der Arzt verordnete mir zehn Tage Krankenurlaub. Ach, war ich glücklich!

Als ich wieder in die Prein zurückkehrte, war ich inzwischen in ein anderes Zimmer verlegt worden. Es wurde einfach über einen verfügt, ohne zu fragen. Mir war es gleichgültig. Die Mädchen in dem Zimmer waren zwar viel netter, aber ich war unglücklich und da half nichts. Der Aufenthalt dauerte nun nicht mehr lange und wir durften endgültig nach Hause. Das Schuljahr war zu Ende und wir wurden im bereits zerbombten Wien zu Aufräumungsarbeiten gebraucht, zu denen wir auch eingesetzt wurden.

Gusti Castelrotto

wurde am 22. Jänner 1931 als Auguste Czaykowsky geboren und wuchs mit ihren Eltern und einem jüngeren Bruder in einer Mietwohnung in Wien-Floridsdorf auf. Da der Vater, ein gelernter Mechaniker, in der Zwischenkriegszeit arbeitslos war und die Mutter für die Arbeit in einer Wäschefabrik nur einen geringen Lohn erhielt, waren die finanziellen Mittel der Familie knapp. Eine Verbesserung der Situation trat erst ein, als der Vater während des Zweiten Weltkriegs eine Anstellung in einer Rüstungswerkstätte bekam.

Im April 1944 wurde die Hauptschulklasse von Gusti Czaykowsky nach Dölsach in Osttirol „verschickt", wo die Mädchen für einige Monate in einem Gasthof untergebracht waren. Im Sommer 1944 wurden sie in ein anderes KLV-Lager auf dem nahen Iselsberg verlegt. Nach der Auflösung dieses Lagers im Herbst 1945 konnte Gusti Czaykowsky nicht nach Hause zurückkehren, weil die Wohnung in Wien während des Krieges zerstört worden war. Schließlich fand sie auf einem Bauernhof im Kärntner Mölltal Unterkunft und Verpflegung gegen Beteiligung an der Feld-, Stall- und Hausarbeit. 1947 zog sie nach Igls, wo ihre Eltern in der Zwischenzeit ein Quartier in einer ehemaligen Militärbaracke gefunden hatten.

Sie absolvierte eine Lehre als Modistin, arbeitete danach in einem Hutgeschäft und später als Kostümnäherin fürs Landestheater in Innsbruck. 1951 heiratete sie Kurt Castelrotto und zog mit ihm nach England, um dort eine neue Existenz zu gründen. 16 Jahre verbrachten die beiden in Großbritannien, wo sie als Hausangestellte, als Chauffeur und auf einem landwirtschaftlichen Gut arbeiteten, und bekamen in dieser Zeit fünf Kinder. 1971 übersiedelte die Familie zurück nach Tirol und bewirtschaftete fortan einen Bergbauernhof in Trins im Gschnitztal.

Die folgenden Erzählungen sind lebensgeschichtlichen Aufzeichnungen Gusti Castelrottos entnommen, die im Original ca. 300 Seiten umfassen und seit 2013 großteils handschriftlich abgefasst wurden. Ein wichtiges Schreibmotiv der Verfasserin war die Bewahrung der Erinnerung an die Kinderlandverschickung im Zweiten Weltkrieg, durch die ihre Lebensgeschichte wesentlich geprägt wurde. Für die Transkription des handschriftlichen Originaltextes danken wir Ilse Wolfbeisser.

„Aber es war Krieg, und da war eben alles anders …"

Eine Reise ins Ungewisse

Als man vermutete, dass die Bombenangriffe in Kürze auch Wien erreichen würden, begann man allmählich mit der Kinderlandverschickung (KLV). […] Mein Bruder Alex kam als Erster zu einer Familie nach Ungarn. Später kamen die Buben nach Istrien. In der Zeit, als er noch dort war, wurde in unserer Schule dazu aufgerufen. Es wurde gefragt, wer Verwandte auf dem Land hat und dorthin kann und wer ins KLV-Lager fahren muss. Wir, die ins Lager mussten, erfuhren, dass wir nach Dölsach in Osttirol kommen. Am 20. April 1944, ich glaube, es war 22 Uhr, sollte die Abfahrt vom Südbahnhof sein.

Jetzt wurde es ernst: Alles Altvertraute zurückzulassen – und war es noch so einfach und traurig, es war einfach „Daheim". Mama fing an, Sachen zusammenzurichten, die ich dann nicht mehr anziehen durfte. Für ein paar Sachen erhielten wir auch noch einen Bezugschein*, ich glaube, es war für Unterwäsche. Wir bekamen in der Schule eine Liste mit den Dingen, die wir mitnehmen sollten. Die Alarme an schönen Tagen mehrten sich, und ich kann mir denken, dass viele Eltern einerseits froh, andererseits ängstlich waren, ihre Kinder

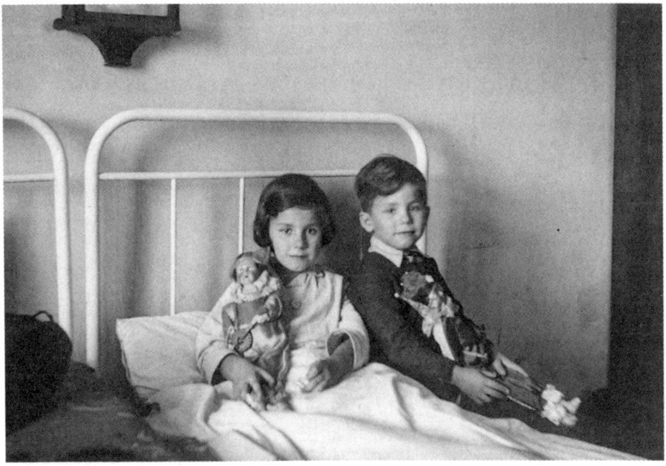

Gusti Castelrotto mit ihrem Bruder Alex (um 1938)

fortzuschicken. Die Gefahr, dass man sich nicht wiedersehen würde, blieb wohl gleich. So aber bekamen die Kinder doch eine größere Chance zu überleben.

Schule war nicht mehr so wie vorher. Besprechungen und Fragen an die Lehrer waren an der Tagesordnung. Große Aufregung lag in der Luft. Wie wird alles sein, da, wo wir hinfahren? Wo werden wir wohnen und schlafen? Werden wir auch etwas zu essen bekommen? Was werden die Eltern machen, sofern der Vater nicht schon an der Front war? Der ältere Bruder, wird er auch einrücken müssen? Sorgen von Kindern, die in eine sehr ungewisse Zukunft reisten, wenn man damals von Zukunft sprechen konnte.

Zu Hause wurde ein alter Koffer aus Presspappe gerichtet, der stand offen auf einem alten Stuhl und immer wieder wurden einige Kleidungsstücke eingepackt. Für Schuhe und Patschen* gab es eine feste Schachtel, die wie ein Paket geschnürt wurde. Daran wurde ein Paketgriff angebracht – den konnte man an den Schnüren einhaken –, damit man die Schachtel wie einen Koffer tragen konnte. Vor dem Abreisetag bekamen wir eine Woche schulfrei. Schließlich mussten auch die Lehrer verschiedene Schulmittel für den Transport fertigmachen. Wir Kinder merkten das aber erst, als wir den Unterricht im Lager wieder aufnahmen.

Der letzte Tag kam. In der Nacht hieß es dann endgültig Abschied nehmen. Beide Eltern waren zu Hause. Wahrscheinlich hatten sie von der Arbeit freibekommen – das weiß ich heute nicht mehr so genau. Wir sprachen noch über Tante Poldi und Resi, Onkel Paul und Stefan, Onkel Poldi im Krieg. Wir erinnerten uns an die Kirschen und den Garten; mein Vetter Erich wollte studieren und bastelte immer mittelgroße Segelflieger aus Pergament.

Frau Willander, unsere Nachbarin, kam noch auf einen Sprung vorbei und wünschte mir alles Gute und ich soll ja gesund wiederkommen. In diesem Moment fühlte ich: Nein, dieses Haus und unsere Wohnung werde ich, so ich sie einmal verlassen habe, nie wiedersehen. Angst überkam mich, aber ich erzählte nichts von meinen Sorgen. Ich bedankte mich und sagte noch, dass mir ihre Besuche abgehen würden. Sie lachte, gab mir die Hand und ging. Noch hatten wir Zeit, eine Kleinigkeit zu essen, dann kam die Stunde der Wahrheit.

Ich zog meinen alten Mantel an, eine Zipfelmütze zum Binden auf meinen Kopf. Vater öffnete die Tür zum Gang. Ich lief noch einmal ins Zimmer, schaute mich um. Die Pendeluhr an der Wand tickte und das Pendel schwang hin und her, wie immer. Diese Uhr war nicht aus der Ruhe zu bringen. Sie war das Beständigste in dieser schweren Zeit. Ein letzter Blick auf mein Bett, dann mussten wir gehen. Die Wohnungstür fiel ins Schloss.

Die Straßenbahn ratterte heran, wir stiegen ein. Wir kannten den Schaffner. „Ja, wo geht's denn heut noch hin, so spät am Abend?“, fragte er. „Sie kommt ins Lager“, sagte mein Vater, „der Zug am Südbahnhof!“ – „Ah so, jo, do bist jo donn laung nimma z'Haus“, meinte er zu mir. „Ich weiß“, sagte ich. „Host Aungst oder gfreist di?“ – „Ich weiß nicht“, antwortete ich. Er gab uns die Fahrkarten, für meine Eltern tour-retour – sie kamen ja wieder zurück. Der Schaffner im Weitergehen: „Jo, jo, da Kriag, da verdammte Kriag! Kumm guat wieda hoam! – Fahrkarten, bitte“ – er machte seine Arbeit weiter. Im 31er stand ich oft von meinem Sitz auf und versuchte durch den schmalen Spalt der blau gestrichen Fenster zu erkennen, wo wir waren. […]

Am Südbahnhof angekommen, konnte man den Bahnsteig sofort erkennen: Eine große Kinderschar mit Eltern war schon da und man wartete, bis der Zug abreisebereit war. Große Aufregung herrschte. Mir war schön langsam nicht mehr so mulmig zumute, aber die Aussicht auf das Ungewisse machte mich unruhig. Zugleich freute ich mich auf die Berge. Ich liebte die Berge, seit ich weiß, wie sie aussehen, aus dem Unterricht in der Schule und den Urlauben.

Endlich war es so weit und wir konnten einsteigen. Lehrerinnen „spielten“ Ordnungshüter, damit der „Haufen“ nicht in einem Chaos endete. Koffer und Schachteln wurden auf den Paketträgern oder den Sitzbänken und darunter verstaut. Jeder bekam seinen Platz. […]

Alle drängten zu den jetzt noch offenen Fenstern. Plötzlich … ein Ruck, der Zug setzte sich langsam in Bewegung. „Schön brav sein“, tönte es von manchen Eltern. „Mami, Mami“, die Hände streckten sich durchs Fenster. Unerbittlich wurden die Lieben immer kleiner, man winkte und winkte. Bevor wir die Bahnhofshalle verließen, mussten die Fenster geschlossen und das Licht im Abteil gedämpft werden. […]

Als wir schon einige Zeit unterwegs waren, gab es plötzlich einen starken Ruck. Der Zug hielt an, dann wurde langsam zurückgeschoben. Was war los? Eine große Unruhe ging durch den Waggon. Eine Lehrerin kam und sagte, wir sollten uns ganz ruhig verhalten, nicht laut sprechen, ja kein Licht mit Taschenlampen machen. Es ist Fliegeralarm und der Zug fährt zurück in den Wald. Das Licht musste total abgeschaltet werden. Im Wald sei der Zug nicht so schnell von oben zu erkennen. Wir fuhren ins Lager, weg von all diesen Sorgen, und jetzt das. Wozu das Ganze? Viele hatten große Angst. Wieder flossen Tränen. Es dauerte sehr lange, bis das Licht ganz langsam und sehr fahl wieder zu leuchten begann. Langsam, sehr langsam wurde die Reise fortgesetzt. Gott sei Dank, man konnte auch wieder aufs Klo gehen. Allgemeine Ruhe kehrte ein. Auch ein wenig Schlaf konnten wir finden.

Auf einmal rief jemand: „Schaut, da, die Berge, noch Schnee ganz oben!“ Die Nacht war sehr zögerlich dem Tag gewichen und es sah nach Schönwetter aus. Unter normalen Umständen für jedermann eine große Freude, aber im Krieg bedeutete es die Gefahr weiterer Luftangriffe. Jetzt glaubte man mir auch, was ich immer von der Schönheit der Berge berichtet hatte, aber einige fanden sie auch unheimlich. Auf alle Fälle gab die neue Umgebung Anlass zu Neugier und Entdeckungen. Mitten in alle Erwartungen hieß es: „So, langsam zusammenpacken, Koffer, Schachteln, Mäntel, Mützen, Handschuhe. Schauen, dass nichts liegen bleibt!“ Wie in einem aufgescheuchten Bienenschwarm ging es trotz aller Bitten um Ruhe turbulent zu.

Alle wollten auf einmal aussteigen und an die frische Luft. Ein lauter Ordnungsruf einer Lehrerin und man kam wieder zur Besinnung. Also, langsam, schön nacheinander aussteigen und das Gepäck niederstellen. In Dreierreihen hintereinander aufstellen. Ein älterer Mann mit Pferd und Leiterwagen wartete darauf, das große Gepäck aufzuladen und nach Dölsach zu bringen, da das Dorf ziemlich weit vom Bahnhof am südlichen Berghang lag. Die große Kirche ragte weit übers Tal heraus. Der Mann lud alles auf, die größeren Mädchen konnten helfen. Als jedes Stück, Koffer und Schachteln, verstaut war, fuhr der Mann los und wir marschierten mit Handgepäck die Straße hinauf zum Gasthof Eder. Ein großer Hof, der einmal ein Gastgarten war, mit riesigen Kastanienbäumen, das Gasthaus und ein Nebengebäude.

Zuerst ging es in den Speisesaal und wir bekamen ein warmes Essen. Leider kann ich mich nicht erinnern, was es war. Aber es hat allen geschmeckt, und die Hauptsache: Es war genug da, auch zum Nachholen.

Danach wurden wir in verschiedene Zimmer aufgeteilt. Wer mit wem – zwei oder drei Betten? Eine Ruhezeit nach der langen Reise und Anweisungen für Jause und Nachtmahl. Kein Laufen in den Gängen und Lärmen in den Zimmern. Das KLV-Lager hatte seinen Anfang genommen. Dabei ist uns nicht entgangen: kein Fliegeralarm und die schöne Stille in der Gegend. [...]

Lageralltag

Der nächste Tag war noch frei und wir mussten einen Brief nach Hause schreiben, um die Angehörigen wissen zu lassen, dass wir gut angekommen waren und alles in bester Ordnung sei. Dann ging der Ernst des Lebens weiter. Schule – der Alltag hatte uns auch hier eingeholt, und dabei wäre doch noch so vieles zu erkunden gewesen. Das Dorf kannten wir noch gar nicht und hätten uns zu gerne umgeschaut. Leider gab es sehr strenge Regeln und nur am Sonntag „Ausgang".

Erst einmal wurden die vier Klassen der Hauptschule in den verschiedenen Räumlichkeiten des Gasthofes untergebracht. Jedem, auch den Lehrkräften, war anzusehen – es war eine große Umstellung für alle. Man musste mit viel weniger Lehrmitteln auskommen als in Wien. Ich weiß nur, dass für mich der Unterricht eine Qual war, wenn draußen die Sonne schien und die Berge in voller Schönheit nur darauf warteten, ausgekundschaftet zu werden. Schon als kleines Kind hatte ich einen Hang zur Natur. Wenn wir mit den Eltern einen Ausflug in den Wienerwald machten und wir eine Rast einlegten – so wurde mir von meinem Vater erzählt –, musste man mich immer wieder suchen gehen. Und wo war ich zu

Mit der geliebten Ziehharmonika (um 1942)

finden? – Immer da, wo hohes Gras und viele Blumen wuchsen.

Meine Lieblingsfächer waren: Lebenskunde, Geschichte, Erdkunde, Singen, Turnen und Handarbeiten. Natürlich hatten wir hier keinen Turnsaal. Weiter unten im Dorf gab es eine Wiese, wo wir uns für Hoch- und Weitsprung selbst die Grube graben mussten, um etwas Sand und lockere Erde zum „Landen" zu haben. In „Friedenszeiten" war unser Sportplatz ein Holzlagerplatz gewesen. Das Sägewerk arbeitete schon noch, aber nur mehr für die eigene Bevölkerung. Also, diese Errungenschaft war nun unser „Turnsaal". Beim Hochsprung stand je ein Mädchen rechts und links von der Grube. Mit einem Schneidermaßband wurde die Höhe ausgemessen, in der dann ein nicht zu dicker langer Ast quer über die Grube gehalten wurde. Auf alle Fälle lernten wir richtig fallen, sonst gab es mehr blaue Flecken, als uns lieb war.

Für die Dorfbewohner war unsere Turnstunde immer ein kleines Ereignis, marschierten wir doch, nur mit Leibchen und Turnhosen bekleidet, singend durchs Dorf, ich vorneweg mit meiner Ziehharmonika. Diese war ein Geschenk meines sehr jungen Onkels Poldi, Bruder von Mama, bevor er freiwillig in den Krieg zog. Er kehrte 1948 aus der russischen Gefangenschaft heim. Die Harmonika durfte ich behalten und habe sie heute noch! […]

Unsere Handarbeitsstunden waren auch nicht das, was man sich heute darunter vorstellt. Es gab ja kein Material für die Schulen und Lager. Nur kleine Mengen Zwirn, Wolle, Knöpfe, Bänder, Gummi und Materialreste, die wir zum Flicken der Kleider verwenden mussten. Unsere Stunden bestanden darin, dass wir für die Mädchen der ersten und zweiten Klasse die Wäsche in Ordnung halten mussten. Knöpfe ersetzen, neue Gummis in Höschen und Kniestrümpfe einziehen, Strümpfe und Socken stopfen – bis zum Geht-nicht-mehr. Neue Bekleidung gab es keine. Wuchsen wir aus einem Kleidungsstück heraus, so musste aus zwei eins gemacht werden, damit wir wieder ein ganzes Kleidungsstück hatten. Genau dasselbe mit den Wollsachen. Immer wieder auftrennen und neu stricken, mit ganz wenig neuer Wolle zum Mischen. Selbst diese war aus verschiedenen Abfallmaterialien gemacht.

Unser Tagesablauf war streng geregelt: Um 6 Uhr 30 wurde gepfiffen und wir mussten aus den Federn. Da ging der Sturm auf den Waschraum los. Wenn man Erster war, hatte man danach länger Zeit, sich fertig zu machen, sonst kam man halt in Zeitnot. Pfiff um 7 Uhr 30: Frühstück. 8 Uhr: Fahnenappell. Wir standen in einem Halbkreis um den Fahnenmast herum und sangen ein schönes Morgenlied: „Im Frühtau zu Berge …" und viele andere. Unsere Lagermädelführerin* – sie war eine Art Aufsichtsperson nach der Schule – las aus einem kleinen Buch das „Wort zum Tag", die Fahne wurde aufgezogen – gehisst –, gefolgt vom „deutschen Gruß", und der Appell war vorüber. Im ersten Lager in Dölsach hieß die Aufsicht Leni. Sie war für Gesang, Handarbeit und Sport verantwortlich.

Um 9 Uhr: Unterricht. In den Pausen gab es nichts zu essen. Wenn im Obstgarten die Äpfel reiften, dann gab es einen Apfel, solang der Vorrat reichte. Bei rund 100 Kindern war das nie lange. Wenn jemand ein Paket mit Essbarem bekam, so hatte man es unter den Stubenkameraden aufzuteilen. Wir schliefen in „Stuben" und nicht in Zimmern. Wir hatten nur zwei Lehrpersonen, und damit sie in den notwendigen Fächern unterrichten konnten, wurden für Turnen, Handarbeiten und Singen immer zwei Klassen zusammengelegt. Heute kann sich das niemand vorstellen, aber es ging darum, dass so für die einzelnen Schulstufen ein gewisser Unterricht beibehalten werden konnte.

Das Mittagessen um 12 Uhr 30 war das Ereignis des Tages. Unsere Mägen knurrten in allen Tönen. Kurz vor Ende der spärlichen Mahlzeit wurde die Post ausgeteilt – ein anderer Höhepunkt. Jede freute sich, wenn ihr Name aufgerufen wurde. Einige wünschten sich dann aber lieber gar keine Post als die, die sie erhalten hatten. Etwa wenn der Vater oder Bruder den „Heldentod" gestorben war. Andere verloren Familienmitglieder und ihr Zuhause im Bombenhagel. Solche Trauermeldungen betrübten dann alle im Lager und wir versuchten, selbst den Tränen nahe, die vom Schicksal so schwer Getroffenen zu trösten, ihnen gut zuzureden und ihnen mit kleinen Geschenken die eigene Anteilnahme zu zeigen. Nach solchen Schreckensmeldungen verließen wir den Speisesaal ganz ruhig und in gedrückter Stimmung. Das Lagerleben nahm seinen Lauf, was immer auch geschah. Vielleicht war gerade das das Richtige – es blieb nicht viel Zeit zum Grübeln. Nach dem Essen gab es eineinhalb Stunden Ruhepause. Wir legten uns angezogen, ohne Patschen, aufs Bett, das war vorgeschrieben. Wenn man schlafen konnte, umso besser.

Nachher war es Zeit, die Aufgaben zu machen und zu lernen, was wir am nächsten Tag im Unterricht oder zur Schularbeit brauchten. Bei schönem Wetter war manchmal ein Spaziergang für eine Stunde möglich. Auch ein Völkerballspiel war ein guter Ausgleich zum „Studieren". Bei unsicherem Wetter war Volkstanzen angesagt. Ich konnte ja immer nur zuschauen, da ich das „Orchester" war. Nach der Jause, die sehr dürftig war – ein dünnes Stück Butter- oder Margarinebrot und eine Tasse „Blümchenkaffee“ –, konnten wir uns im Lager frei bewegen. Zimmerbesuche, um sich über irgendetwas auszutauschen, waren die Devise. Ich selbst schrieb damals schon kleine Geschichten, das Lagerleben betreffend, und wir alle lachten viel darüber. Aber auch das Sterben von Verwandten war immer wieder Thema. Die große Frage – warum? – stand immer wieder im Raum. Überhaupt die Kleinen hatten immer Angst, dass sie ihre Mutti nicht mehr sehen würden. Es begann für uns alle eine lange, bange Zeit. In so schweren Stunden waren wir allein. Nur Lena kümmerte sich um uns und versuchte mit ihren 25 Jahren, ein wenig Nestwärme zu vermitteln. […]

Um 19 Uhr gab es Abendessen, das zu dieser Zeit noch ganz passabel war, wenn man daran denkt, was später noch zu erwarten war. Dann wieder Waschraum, Schuhe putzen, noch ein wenig Gequatsche und um 21 Uhr: Licht aus – Ruhe im Schiff!

Je mehr Zeit verging, umso mehr Leid erfüllte das Lager. Zeitungen gab es nur für Erwachsene, aber es drangen doch immer schlechte Nachrichten durch; des Öfteren konnten wir aus dem Radio in der Küche Nachrichten mitbekommen. Es war beängstigend. Unruhe begann sich auszubreiten. Wir alle erwarteten uns von den Erwachsenen Unterstützung und irgendeinen Trost in dieser für uns sehr harten Zeit. Wenn ich heute nachdenke, so hatten unsere beiden Lehrpersonen bestimmt keine eigenen Kinder. Sie waren uns gegenüber sehr hilflos. In dieser Hilflosigkeit hatten wir das Gefühl, dass sie das alles nicht so ernst nahmen und wir fühlten uns unverstanden und im Stich gelassen.

Aber mit dem streng geregelten Tagesablauf wurde alles andere unterdrückt. Worte wurden laut, überhaupt von den Kleinen: „Ich packe und geh heimlich in der Nacht nach Hause.“ – „Ich bleib nicht mehr da.“ – „Hier ist es schrecklich, ich bin so allein.“ Wir aus der vierten Klasse wussten uns nicht zu helfen und versuchten mit Leni zu reden. Leni war ganz entsetzt, als sie von dem Entschluss mancher Kinder erfuhr, einfach bei Nacht und Nebel wegzulaufen. Sie versprach, mit den Lehrerinnen zu sprechen.

Ein paar Tage später, nach dem Nachtmahl, bekamen wir, was man so schön eine „Standpauke“ nannte, mit noch schärferen Regeln und angedrohten Strafen. Für uns Große war das keine Lösung. Wir trafen uns in einem Zimmer und berieten, was wir machen sollten, um diesen unhaltbaren Zustand zu ändern. [...]

In all diesen Wirbel hinein ergab sich etwas, was mir persönlich zu mehr Freiheit verhelfen sollte. Ich bekam von zu Hause einen Brief, in dem mir meine Mutter mitteilte, dass mein Bruder, der bis vor kurzem in Ungarn gewesen war, jetzt zu Hause in Wien sei, aber in ein paar Tagen werde er in ein Lager nach Greifenburg kommen, was ein paar Bahnstationen weiter unten im Drautal lag. Tage vergingen und endlich bekam ich Post von meinem Bruder aus Greifenburg.

Ein anderes Ereignis einige Tage später ergab eine seltsame Verkettung: Es war wieder nach dem Mittagessen und Post wurde ausgeteilt, da fing ein Mädchen aus der ersten Klasse heftig an zu weinen. Es hatte die Nachricht vom Tod ihres Vaters im Krieg erhalten. Das Mädchen hieß Gisela, groß und gut gebaut für ihr Alter, aber ein sehr kindliches Gemüt. Irgendwie fühlte ich mich zu ihr hingezogen, und so versuchte ich immer, in ihrer Nähe zu sein, wenn ich sie irgendwo allein sitzen oder stehen sah. Eine innige Freundschaft bahnte sich an, sie kam mit all ihren Sorgen zu mir. Ich fühlte mich wie eine ältere Schwester.

Und wieder spielten der Zufall und ein neuerlicher Brief meines Bruders eine große Rolle. Dieser Brief enthielt die Anfrage, ob ein Mädchen mit Namen Gisela bei uns im Lager sei, wenn ja, dann sei ihr Bruder Erwin auch in Greifenburg. Ich eilte zu Gisela, um sie zu fragen, ob das ihr Bruder sein könnte. Den Angaben aus dem Brief nach zu schließen, war es so. Zum ersten Mal nach langer Zeit sah ich Gisela wieder freudig und voller Hoffnung. In dem Brief stand auch, dass die Jungs von ihrem Lagerleiter an einem Sonntag „lagerfrei“ bekämen, um uns in Dölsach zu besuchen.

„Wir müssen zu unserer Leiterin gehen und sie fragen!“ Aber in dieser Zeit voller Spannungen hatten wir fast keine Hoffnung auf Erfolg. „Ach was, mehr als nein sagen kann sie nicht, aber wenn wir nicht fragen, dann werden wir es nie wissen.“ Ich nahm den Brief und nach der Mittagsruhe, so sagten wir, würden wir in ihr Zimmer gehen, um zu fragen. Angst und Ungewissheit ließen uns nicht zur Ruhe kommen. Endlich war es so weit und wir durften aufstehen. Gisela hatte inzwischen mit meiner Mitbewohnerin Zimmer getauscht und wir zwei waren nun in „meinem“ Zimmer zusammen. Also, Herz in die Hand und auf in die „Höhle des Löwen“.

Wir mussten in den zweiten Stock und gegenüber der letzten Stufe lag die Tür zum Zimmer der Direktorin. Ich als die Ältere nahm all meinen Mut zusammen und klopfte an. Eine Weile Stille ..., dann ein etwas verschlafenes „Herein“; anscheinend hatte die Frau Direktor auch ein Nickerchen gemacht und wir hatten sie erst geweckt. Zaghaft öffneten wir die Tür und traten ein. „Ja, was ist?“ Ein wenig Ärger in ihrer Stimme ließ mich zögern. „Bitte, wir haben hier einen Brief von meinem Bruder aus dem Jungenlager in Greifenburg, und Giselas Bruder ist auch dort. Ihre Lehrer haben ihnen erlaubt, uns hier an einem Sonntag zu besuchen, wenn Sie dies gestatten ...“

Etwas ratlos sah sie uns an und man merkte, dass sie nicht genau wusste, was sie sagen sollte. Ich hielt ihr den Brief hin, als Zeichen dafür, dass ich die Wahrheit sagte, da ich wusste, dass sie von Natur aus misstrauisch war. Sie nahm den Brief, gab ihn mir aber gleich wieder zurück und sagte nur: „Ich werde mich zuerst mit dem Herrn Direktor in Verbindung setzen!“ Mit einer Handbewegung ließ sie uns wissen, dass wir entlassen waren und gehen konnten. […]

Die Tage nahmen den gewohnten Gang und unsere Überraschung war perfekt, als am Sonntag, gegen 11 Uhr Vormittag, Gisela und ich ausgerufen wurden – wir hatten Besuch bekommen! Wie im Flug – im wahrsten Sinne des Wortes – ging es die Stiege hinunter. Mit einem Ruck blieben wir stehen. Da standen sie, unsere Brüder, kaum zu glauben, aber sie waren es wirklich. Nach dem ersten Begrüßungssturm kam auch gleich die Direktorin zu uns und wir stellten ihr unsere Brüder vor. „Ja, ich weiß“, sagte sie, „ich habe im Speisesaal einen kleinen Tisch hineinstellen lassen, sie werden natürlich als unsere Gäste mit uns essen.“ Diese Aussage hätte uns bald umgehauen. Also doch ein wenig Mensch, unsere „Frau Direktor“.

Beim Essen benahmen sich die Jungen sehr unbeholfen, sie fühlten sich sehr allein unter so vielen Mädchen. Mein Bruder Alex war eher klein, aber dafür half ihm sein „großes Mundwerk“. Erwin, Giselas Bruder, war größer, mit rotblonden Haaren und hatte es so manchem der Mädchen angetan. Er war sehr zurückhaltend, da er und seine Schwester den Verlust des Vaters noch sehr frisch in Erinnerung hatten.

Nach dem Essen mussten wir keine Liegestunde halten. Stattdessen wurde uns erlaubt spazieren zu gehen. Dann tranken die Buben noch Tee mit uns und wir begleiteten sie den halben Weg zum Bahnhof. Der ganze Weg wäre zu weit gewesen, um wieder rechtzeitig daheim zu sein. Auf keinen Fall wollten wir heute unsere Frau Direktor verärgern. So ging dieser Tag zu Ende und war nicht nur für uns, sondern für das ganze Lager etwas Außergewöhnliches.

Schon der Montag zeigte wieder, dass das menschliche Verhalten unserer Direktorin nur ein „Ausrutscher" und das Flämmchen eines Streichholzes wert war. Sie war sehr gereizt, sehr kurz angebunden und hatte wieder ihre alte Unnahbarkeit angenommen. Freilich war das damals eine sehr schwierige Zeit für uns alle. Aber am meisten für die Kinder, die nur von heute auf morgen lebten, nie wissend, was noch alles passieren würde. Vielleicht konnten sich Lehrpersonen Gemütsbewegungen nicht leisten? Vielleicht bewahrte sie diese Haltung vor einem eigenen Nervenzusammenbruch? Wie gesagt, für uns war der Zustand halt unerträglich.

Wir, die Älteren, setzten uns zusammen, überlegten und sprachen. Es durfte aber nicht so auffällig sein, dass irgendjemand Wind davon bekam. Wir mussten sehr vorsichtig sein. Plötzlich sagte eines der Mädchen – sie war die Größte von uns allen: „Warum gehen wir nicht geistern?" Ja, das war wirklich eine gute Idee! Der Zuspruch unsererseits war groß. Nun galt es, einen richtigen Plan auszuarbeiten. Wir wollten die Direktorin wissen lassen, was wir von ihrem Verhalten und Benehmen hielten. Keine konnte das im Alleingang wagen, ohne dafür eine enorme Strafe zu bekommen. Also, was tun? Mir fiel dann ein, wir könnten doch Plakate malen und schreiben. Im Zuge der „Geisterei" könnten wir diese an ihrer Zimmertür fixieren. So könnte man das zusammen machen und niemand wüsste, wer was getan hatte.

Im Zeichnen und Malen war ich immer gut, so musste ich die Plakate gestalten. Es waren etwas größere Zeichenblätter und geglättetes Packpapier. Eine Höhle, ein Drache davor, und in knallroter Farbe ganz groß oben drüber stand „Drachenhöhle" geschrieben. Der Drache hatte einige Merkmale, die der Direktorin ganz ähnlich waren. Ein Mädchen schrieb dann in großen Buchstaben auf ein anderes Blatt Papier in schöner Schrift die Dinge, die uns nicht gefielen. Damit nicht genug, besorgte ein anderes Mädchen noch einen riesengroßen Kürbis. Der sollte ausgehöhlt werden und ich sollte ihn mit beiden Händen auf meinem Kopf tragen. Da ich aber nicht sehr groß war, hätten mich als Geist wahrscheinlich auch die Hühner ausgelacht. So wurde beschlossen, dass unsere Größte, Luzi, mich auf ihre Schultern nehmen würde – somit schaute die Sache schon viel mehr einem riesigen Geist ähnlich. Auch andere probierten das Auf-die-Schulter-Nehmen und es funktionierte prima. Wie gesagt, die Kleinen wussten nichts von alldem, und so konnten sie auch nichts ausplaudern.

Als der Plan bis ins kleinste Detail ausgearbeitet war, gingen wir zu Leni und gaben ihr eine genaue Darstellung, wie wir uns das gedacht hatten. Sie musste zuerst lachen, als sie sich uns so als „Ungeheuer" vorstellte, aber dann fand sie, das sei in Ordnung und es könne nicht mehr als Ausgangssperre am Sonntag und eine Strafpredigt geben. Es war auch klar, dass der ganze Zauber nur in einer Nacht von Samstag auf Sonntag geschehen konnte, wenn keine Schule war, da nachher auch Zeit sein musste, um alles auszusprechen – sollte es dazu kommen. Wir rechneten nun aus, wie lange wir für die geheimen Vorbereitungen brauchen würden, und so hatten wir auch schon ein spezielles Wochenende ins Auge gefasst.

Wieder sollte ein Ereignis die Angelegenheit noch spannender machen, als sie ohnehin schon war. Gisela und ich bekamen eine Nachricht von unseren Brüdern, dass wir auf Gegenbesuch im Lager Greifenburg eingeladen waren. Ich brauche wohl nicht extra zu erwähnen, welches Wochenende dafür vorgeschlagen war. Da Gisela von unserer Geisterei ja nichts wusste, konnte ich auch keine Ausrede finden, warum ein Besuch an diesem Wochenende keine gute Idee war. Ich musste einfach „gute Miene" machen und alles kommen lassen, wie es kommen würde. Ein flaues Gefühl hatte ich schon im Magen. Nichtsdestotrotz gingen wir zur Frau Direktor und fragten um Erlaubnis, fahren zu dürfen. Wir hatten uns nichts zuschulden kommen lassen, und so sagte sie auch nicht nein. Also war die Sache „in Butter", wie wir damals sagten. Trotzdem konnte ich eine innere Unruhe nur schlecht verbergen. Ich überlegte hin und her, wie ich es wohl anstellen könnte, dass für unsere kleine Reise nach Greifenburg kein Hindernis auftauchte. Endlich kam mir der Gedanke: Wenn wir früh genug wegfuhren, bevor man im Lager allgemein erwachte …, ja, das war die Antwort. Ich erkundigte mich bei Frau Eder, wann denn am Morgen der erste Zug fährt. Es war gegen 7 Uhr. Also mussten wir schon früh aus dem Haus, da wir ja einen langen Weg zum Bahnhof vor uns hatten. Das war die Lösung. Gisela erklärte ich, dass wir uns so einen längeren Tag machen konnten. Sie war recht zufrieden. Blieb zu hoffen, dass ich nach der nächtlichen Geisterstunde ohne Wecker nicht verschlief.

Der berühmte Samstag war gekommen. Je mehr der Tag dem Abend zuging, umso mehr mussten wir uns alle zusammennehmen, so „normal" als möglich zu bleiben. Wir waren sehr angespannt und Leni kam zu uns, um uns zu warnen, wir sollten uns doch zusammenreißen: „Man spürt, dass etwas ‚im Gange' ist!" Wir mussten schnell handeln. So wurde einfach ein Streit angefangen, der den Anschein geben sollte, dass es jetzt endlich zur Auseinandersetzung gekommen sei. Die Direktorin kam und schlichtete diesen „Streit", und der Abend war gerettet.

Wir hatten mit Leni ausgemacht, uns um 24 Uhr in ihrem Zimmer zu treffen, um uns herzurichten, da hier niemand nachschauen würde. Es versteht sich von selbst, dass wir schleichen mussten, um ja die Stille nicht zu stören. Das kurze Krachen eines Fußbodenbrettes hörte sich für uns wie ein Donner an.

Um 21 Uhr war, wie immer, Licht aus. Wir, die das große Vorhaben geplant hatten, konnten natürlich kein Auge zutun. Die Zeit wollte einfach nicht vergehen. Wir hatten keine Uhr, aber die Kirche war nicht weit weg, so konnten wir den Schlag jeder Viertelstunde hören. Das waren die längsten drei Stunden, die wir im Lager erlebt haben. Endlich schlug die Uhr Mitternacht. Fast wie auf Kommando gingen in den verschiedenen Zimmern die Türen auf und allerlei Gestalten huschten über die Gänge und verschwanden lautlos in Lenis Zimmer. Man verständigte sich fast nur mit Handzeichen und Kopfnicken. Alles war ja vorher bis ins Kleinste besprochen worden.

Die große Luzi und ich waren die Letzten, die fertig gemacht wurden, da ich ja den Kürbis auf den Kopf nehmen musste. Wir hatten uns für eine Taschenlampe im Kürbis entschieden. Eine brennende Kerze hätte bei einer schnellen Flucht womöglich großes Unheil angerichtet. Das wollten wir nicht. Plakate waren ausgeteilt und Helferinnen hatten die Reißnägel. Alles musste ja schnell gehen und ohne Lärm. Zuerst war diese Arbeit nötig, bevor wir mit dem Geistergeheule anfangen konnten. Die langen Leintücher, die wir Geister trugen, waren hier nicht sehr hilfreich. „Also, alles fertig?" Jede nickte, Leni öffnete die Tür. Ganz vorsichtig schlichen wir die Treppe hinauf und achteten darauf, nicht über die Leintücher zu stolpern.

Nun, zuerst die Plakate mit den Reißnägeln befestigen, wobei sich das Rascheln des Papiers wie Donnergrollen ausnahm. Wir dachten, das ganze Haus müsste davon aufwachen. Man weiß ja, wie der geringste Lärm in einer total stillen Umgebung wirken kann. Endlich war alles fertig und jetzt ging, auf Kommando, ein furchtbares Geheule los, ein Auf-und-ab-Tanzen und Fuchteln mit den Händen. Auf einmal ging die Tür auf und die sehr verstörte Frau Direktor, den Schlaf noch in den Augen, machte ein ängstliches Gesicht.

Sie wusste nicht, was das alles zu bedeuten hatte. In ihrem Schreck hatte sie nicht einmal die Plakate an der Tür gesehen.

Als Luzi sich mit mir und dem Kürbis auf dem Kopf der Türe näherte und ich da oben mit den Händen zu schlagen begann, wurde es ihr doch etwas unheimlich. Sie machte einen Sprung zurück ins Zimmer und schlug die Türe zu. Ein Weilchen heulten wir noch draußen herum, um dann genauso lautlos, wie wir gekommen waren, wieder zu verschwinden. Wir wussten, dass sie, wenn sie sich einmal erholt hatte, wie eine Wilde durch die Gegend sausen würde, um uns auf frischer Tat zu ertappen.

Während wir verdufteten, nahmen wir die Leintücher herunter und rollten sie sofort zusammen. In unseren Zimmern schnell alles in einem Kasten versteckt und ins Bett. Das ging alles ruckzuck. Ich hatte kaum noch Zeit, den großen Kürbis unter dem Notbett zu verstecken, als ich schon Schritte hörte. Ein Satz ins Bett, Augen zu, und das keine Sekunde zu früh.

Die Tür wurde unsanft aufgemacht und fast zur gleichen Zeit das Licht eingeschaltet. Ich hörte ihre Stimme rufen, aber Leni, die mit ihr unterwegs war, meinte nur: „Hier ist alles ruhig." Die Direktorin ging um Giselas Bett herum und kam zu meinem. Ich blinzelte, ganz verschlafen, unter der Decke hervor und fragte, ob es Alarm gebe. „Nein, nein, ist schon gut, schlaf weiter", meinte sie und beide verließen das Zimmer. Ich wunderte mich nur, dass Leni das Lachen verbergen konnte. Normalerweise lachte sie in komischen Situationen immer gleich hellauf. Als sie weg waren, atmete ich auf. Das war also geschafft, jetzt gab es nur noch morgen … nur!

Ich schlief dann aber doch bald ein und hätte es prompt verschlafen, wenn Gisela mich nicht geweckt hätte. Es war noch ziemlich dunkel draußen, aber sie war voller Aufregung und Freude auf den heutigen Tag. Wir wollten auf das Schlagen der Turmuhr warten, da wir ja nicht wussten, wie spät es war.

Plötzlich ein leises Klopfen an der Tür. Es war Frau Eder. Sie weckte uns und hatte extra für uns Frühstück in der Küche gerichtet, obwohl das nicht ausgemacht war. Wir fanden das sehr, sehr lieb von ihr – es war so mütterlich. Hatten wir ja nur nach dem Zug gefragt und zugleich angemerkt, dass dadurch im Speisesaal zweimal Frühstück weniger nötig wäre, weil wir nach Greifenburg fuhren. Wir bedankten uns. Raus aus den Betten und rein in die Kleider war eins. Eine Katzenwäsche, die Haare richten und in die Küche zu Frau Eder. Wir bekamen guten Kaffee und etwas Weißbrot – etwas, das wir sonst nie hatten – sowie Butter und Marmelade. Wir fühlten uns wie Fürsten, wurden aber gebeten, es nicht weiterzusagen. Wir bedanken uns herzlich und wollten schon gehen, da meinte Frau Eder, sich an mich wendend: „Du hilfst immer der Kellnerin, die kleine Gaststube zu putzen, etwas anderes kann ich dir nicht geben", und wir bekamen ein Sackerl mit ein wenig Jause. Wir dankten nochmals, hatten aber jetzt schon Eile, wenn wir den Zug noch erreichen wollten.

Die zwei Mädchen verbrachten einen angenehmen Sonntag mit ihren Brüdern im KLV-Lager in Greifenburg. Ihre Heimkehr nach Dölsach verzögerte sich jedoch, nachdem ein Gewitter den Bahndamm beschädigt hatte. Die Ungewissheit über die Situation im eigenen Lager und mögliche Sanktionen für das mitternächtliche Geisterspektakel machten die Rückfahrt zu einer besonderen Geduldprobe.

Endlich, endlich hielt der Zug und wir machten uns so schnell als möglich auf den Heimweg. Im Laufschritt ging es die Straße hinauf und bald darauf kamen wir erschöpft im Lager an. Alles war sehr ruhig, momentan wussten wir nicht, was los war. Dann hörten wir Stimmen aus dem Speisesaal. Also doch. Wir gingen sehr zaghaft hinein und sofort zur Frau Direktor, um ihr Mitteilung zu machen, dass der Zug Verspätung hatte.

Sie war sehr freundlich und sagte, dass sie nach dem heftigen Gewitter am Bahnhof angerufen hatte, um herauszufinden, ob überhaupt ein Zug fährt. In Dölsach weiß man, dass nach Unwettern sehr oft der Damm unterspült wird. Sie meinte, wir sollten uns setzen und essen. Es war nicht zu glauben, aber es war doch wahr und kein Traum. Wir sagten nichts, setzten uns und hatten mit den anderen Nachtmahl. Nachher konnten wir es kaum erwarten, zu fragen, was los war. Anscheinend war der Frau Direktor erst nach dem Frühstück aufgefallen, dass Plakate an ihrer Tür hingen. Aus irgendeinem Grund verließ sie den Speisesaal, bevor alle fertig waren. So hatte sie noch Zeit, um zurückzukehren und zu fragen, was das alles zu bedeuten habe. Die Großen standen auf und erklärten, warum alles so gekommen war. Daraufhin gab es eine vernünftige Besprechung, bei der Leni durch die Schilderung ihrer Sicht auch half, Licht in die Angelegenheit zu bringen. Die Sache brachte zwar den ganzen Tagesablauf durcheinander, reinigte aber die Luft im Lager. Danach war alles viel besser und es gab auch keine Strafen. Es stellte sich heraus, dass die Direktorin wirklich keine Ahnung gehabt hatte, dass ihr Verhalten uns gegenüber so negativ aufgenommen worden war. Unnötig zu sagen, dass der Stein, der mir vom Herzen fiel, mich um ein paar Kilo leichter machte. So hatte wieder eine verzwickte Lage ein gutes Ende gefunden. Eigentlich waren wir – im Nachhinein gesehen – doch stolz auf die zugegeben drastische Handlung, die aber doch zur Beruhigung und zu mehr Verständnis auf beiden Seiten geführt hat. Nun konnte wieder Alltag einkehren.

Ferien im Lager

Die großen Ferien nahten mit Riesenschritten. Wie man weiß, heißt das Schularbeiten ohne Ende. Es ist natürlich nicht leicht zu lernen, wenn so viele Kinder beisammen sind, noch dazu vier verschiedene Altersgruppen. Aber es war Krieg, und da war eben alles anders und nicht so einfach. Die Erwartungen an uns Kinder waren damals schon sehr hoch, aber auch selbstverständlich. Wir hatten kein Papier, um Notizen zu machen. Alle Schulwaren gab es nur auf Bezugschein. Die Schule stellte eine Liste mit nötigen Dingen zusammen, dann musste man diese beim Amt einreichen. Nach langer Wartezeit kam die Hälfte der angeforderten Lehrmittel mit dem Vermerk, es gebe nicht mehr, es sei Krieg. Das passierte der Frau Direktor nur einmal. Dann bestellte sie das Doppelte, und in der Gauleitung wurde die Hälfte bewilligt, was dann doch besser war. Draufkommen durfte freilich niemand. Jedenfalls mussten wir sehr sparsam mit unseren Schulsachen umgehen. Verlieren war fast eine Katastrophe. Aus Atlas und den wenigen Schulbüchern mussten wir auswendig lernen, wenn Schularbeit oder Prüfung angesagt war. Wir hatten *ein* Merkheft, da konnten wir aus allen Fächern nur Stichworte hineinschreiben über den Lehrstoff, und sonst hieß es einfach gut aufpassen.

Der Krieg machte sich an allen Ecken und Enden bemerkbar. Schuhe und Kleidung wurden zu klein oder kaputt. Es gab nichts Neues. Es musste wieder angesucht werden, damit wir Bekleidung und Schuhe bekommen konnten. Die Schuhe waren aus Stoff und hatten eine Holzsohle. An einem dünnen Lederfleck waren, je nach Größe, drei bis vier schmale Holzleisten befestigt. Kleider und Mäntel mussten an die Kleineren abgegeben werden, wenn bei der Lieferung Sachen in Größen für uns Ältere dabei waren. Ich hatte einen Mantel, der mir unter den Achseln schon weh tat, ich konnte keinen Pullover darunter anziehen. Mäntel, die mir sonst gepasst hätten, waren gewöhnlich viel zu lang, da ich ja nicht groß war. So musste ich lange warten.

Ein kleineres Mädchen, das meinen Mantel bekommen sollte, hatte nur einen dünnen Übergangsmantel und fror auch immer. Endlich, nach langer Zeit, fand auch ich was Passendes. Mein Mantel wurde freudig entgegengenommen. Die Schuhe hatten aber keine lange Lebensdauer, da die meisten Straßen geschottert waren, und im Wald konnte man aufgrund der vielen kleinen Äste, die herumlagen, nur schwer gehen. Kleidung, die von den Kleinsten überblieb, mussten wir an Ausgebombte abgeben – wie man uns sagte. Wenn Kinder Omas hatten, die aus alten Wollsachen ein paar bunte Socken strickten und dann schickten, war das schöner als Weihnachten.

Ja, nun waren die Ferien nur mehr zwei Wochen entfernt. Uns allen ging plötzlich durch den Kopf, dass wir doch dann viel mehr Zeit für uns haben würden und irgendetwas tun wollten. Während einer Flickstunde an einem grauen Nachmittag sprachen wir über dieses Thema auch mit Leni, die uns gerade beaufsichtigte. Nach langem Hin und Her kamen verschiedene Vorschläge, aber nichts wollte so rechten Anklang finden. Nach der Flickstunde hatten wir Volkstanzen. Da kam jemand mit der Idee, dass wir doch einmal vor den Leuten im Dorf tanzen könnten. Die Idee eines „Dorfnachmittags", wie wir es nannten, war geboren. Nun kamen Vorschläge in Massen: Theater, Singen, Tanzen, lustige Aufführungen nach Begebenheiten im Lager, die den Tagesablauf widerspiegelten. Das war nun wirklich eine große Aufgabe und alle waren gefordert, hart daran zu arbeiten, wollten wir ein gutes Programm auf die Beine stellen.

Vorher galt es aber noch, alle Sinne beisammen zu haben und die Arbeit in der Schule nicht zu vernachlässigen. Leider waren unter uns keine Genies. So mussten sich die Lehrerinnen und auch wir mit einem guten Durchschnitt zufriedengeben. Am letzten Schultag gab es keine Zeugnisse, da hierfür keine Formulare bereitgestellt waren. Die Lehrkräfte gaben uns einen Zettel, dann wurden wir nach dem Alphabet aufgerufen und man sagte uns der Reihe nach den Gegenstand und die Note dazu an. Wir mussten es selber niederschreiben.

Als alle Klassen durch waren, mussten wir hintereinander antreten, die Lehrer kontrollierten die Zettel, dann kam noch ihre Unterschrift darauf – wir hatten unser „Zeugnis“! Ich glaube kaum, dass eine von uns diesen Zettel am Ende der Lagerzeit noch bei sich hatte. Die Zeiten nach dem Lager waren so turbulent und viele Dinge gingen verloren. Jedenfalls, dieses Schuljahr 1943/44 war für uns zu Ende und natürlich keinen Tag zu früh.

Die „Postzeit“ nach dem Mittagessen wurde ein wenig erfreulicher. Verschiedene Elternteile sagten ihren – wenn auch kurzen – Besuch an. Denn obwohl Krieg war und alle, die daheim waren, arbeiten mussten, bekam man doch einige Tage Urlaub, überhaupt, wo Kinder in Lagern waren. Es dauerte auch nicht lange und die ersten Besucher trafen ein. Da viele Mütter sich untereinander von der Schule her kannten, brachten sie für andere Kinder, deren Eltern es gerade nicht möglich war zu kommen, Päckchen mit. Welch große Freude – ein kleiner Gruß von daheim! Mehr als zwei, drei Tage waren die Besucher ja nicht da, da An- und Rückreise in den Urlaub einbezogen wurden. Von Wien nach Lienz konnten es schon eineinhalb Reisetage sein. Der Arbeitsbeginn musste pünktlich erfolgen, da es sonst sein konnte, dass die Verfehlung als Sabotage gewertet wurde.

Ich hatte von meinen Eltern schon länger nichts gehört und war ein wenig beunruhigt. Da jedoch mein Vater im Arsenal in Wien arbeitete, wusste ich auch schon von früher, dass er oft tagelang nicht nach Hause kam. Da schlief die Belegschaft in Schichten in den Aufenthaltsräumen, um nach ein paar Stunden wieder weiterarbeiten zu können. Meine Mutter war bei der Bahn dienstverpflichtet und arbeitete von 7 bis 19 Uhr. Ich weiß nicht mehr, wie sie das mit dem Einkauf machte, da ich ja nicht mehr da war. Im Haushalt gab es damals noch keine Maschinen für alles. Die Umstände waren zermürbend. Immer wieder drang es von irgendwoher: Der Krieg kann nicht mehr lange dauern … Dann wieder: Villach und Klagenfurt sind bombardiert worden, die Bahnlinien … Die Fronten näherten sich überall, was immer das bedeuten mochte. Auf alle Fälle machte es Angst.

So vergingen einige Ferienwochen, Besuche kamen und fuhren wieder. Aber an einem schönen Sonntagmorgen um 7 Uhr kam die Lehrerin in unser Zimmer, weckte mich und sagte: „Steh auf, deine Mutter ist gestern spätnachts hier angekommen.“ Ich sollte ins Haupthaus hinübergehen, da würde ich sie finden. Ich zog mich in Windeseile an und rannte die eine Stiege hinunter, über den Hof und die andere Stiege hinauf. Welches Zimmer? Wo wird es sein – mein Gott, in der Eile vergaß ich zu fragen. Ich erreichte den oberen Gang, und … da war kein Zimmer. Meine Mutter lag auf einem Diwan, den man in Eile als Bett gerichtet hatte, am Gang. Sie stand gleich auf, als sie mich sah. Sie wusste nicht, dass mich die Lehrerin geweckt hatte.

War das ein Wiedersehen! Wo ich doch so lange keine Nachricht gehabt hatte. Meine Mutter wusste bis zur letzten Minute nicht, ob sie kommen konnte oder nicht. Das war nun alles nicht mehr wichtig. Sie war da und das war die Hauptsache. Vielleicht bekam mein Vater auch ein paar Tage frei, aber das stand noch nicht fest. Sollte es so sein, würde er einfach kommen. Jetzt war ich aber einmal zufrieden, dass Mama da war.

Die Eltern wurden auch im Lager verpflegt, aber in einem eigenen kleinen Speiseraum, bei gutem Wetter hatten sie es auf der Terrasse sehr schön. Allerdings mussten sie auch Essensmarken abgeben, wie in einem Gasthof, vielleicht nicht ganz so streng. Trotzdem musste man es sich genau einteilen, da alles eng bemessen war. Auf der Speisekarte waren nicht nur die Speisen und der Preis, sondern auch die Gramm und die dafür nötigen Marken angegeben.

Kinder, die Besuch hatten, waren frei und konnten, abgesehen von den Mahlzeiten, die Zeit mit ihren Eltern verbringen. Die Ortschaft durften wir aber nur mit der Bewilligung der Lagerleitung verlassen. Also, nach dem Frühstück galt es, für meine Mutter ein Quartier zu finden. Es war nicht einfach, da überall „Bombenflüchtlinge“ untergebracht waren. Wir versuchten es beim Kreuzwirt, einem kleinen Gasthof, Ecke Drautalstraße Bahnhofstraße. Tatsächlich bekamen wir ein kleines Mansardenzimmer – mit zwei Betten, falls mein Vater doch noch kommen konnte. Für ein paar Tage nur, dann kämen angesagte Urlaubsgäste, erklärte uns die Wirtin.

Am zweiten Tag nach der Ankunft meiner Mutter warteten wir immer noch auf eine Nachricht von meinem Vater. Die Post funktionierte schon lange nicht mehr richtig. Sollte mein Vater freibekommen, würde er nicht lang herumtun. Er würde sich zusammenpacken, seine Krad*-Maschine, eine 250er-Puch, nehmen und losfahren.

Ich weiß es noch ganz genau, es war Mittwoch und ein schöner Tag, das Mittagessen war bereits vorbei. Man saß auf der Terrasse und unterhielt sich. Plötzlich hörte ich einen Lärm. Es war ein Motorrad. Ich sprang auf und rief: „Der Papa kommt!“ Meine Mutter wollte es nicht glauben. Aber noch in Wien hatte ich sooft dieses Motorrad gehört, dass mir der Klang dieser Maschine vertraut in den Ohren lag. Angespannt schauten wir die kurvige Straße hinunter. Man höre und staune, mein Vater kam mit seiner Maschine heraufgekurvt. Ich lief ihm entgegen. „Papa, ich hab deine Maschine schon von Weitem erkannt!“ Meine Mutter und die restlichen Gäste bestätigten meine Behauptung, als sie seinen zweifelnden Blick sahen. Eine herzliche Begrüßung folgte, mein Vater bekam etwas zu essen.

Vier Tage konnten meine Eltern beim Kreuzwirt schlafen, dann mussten sie wieder nach Wien. Wir nutzten die Tage, um die nähere Umgebung etwas zu erkunden. Weit durfte man nicht gehen, da man auf der offenen Landstraße keinen Schutz fand, falls Alarm wäre. Im Dorf musste man im nächsten Haus in den Luftschutzkeller eingelassen werden. Aber für ein paar Stunden, ja Tage, genoss man ein wenig die Ruhe und „vergaß" die traurige Wirklichkeit. Man lebte für den Moment.

Die Ferienzeit war noch nicht ganz vorbei, da erfuhren wir, dass das Lager in Dölsach aufgelöst würde. Die „Organisation Todt"* (was immer das sein sollte) brauchte das Haus und wir alle müssten hinauf ins andere Lager im Iselsbergerhof, am Iselsbergpass. Für uns ging eine Welt unter. Hatten wir uns doch so schön hier eingerichtet: Bilder fürs Zimmer gemalt, auf abgedeckten Kisten und Kästchen Fotos und Kleinkram aufgestellt und ein wenig „Zuhause" geschaffen. Zuerst konnten wir es nicht glauben, da das Lager da oben ja auch voll war. Wie sollte das werden? Aber es kam doch so. Es hieß zusammenpacken. Viele der Mädchen wollten das nicht mitmachen und schickten ein SOS nach Hause; sie wurden dann auch abgeholt. Aber die bereits Ausgebombten und viele andere mussten bleiben.

Mit einem Lastauto wurden wir in Gruppen auf den Iselsberg gefahren. Dort empfingen uns nicht gerade freundliche Blicke der anderen Kinder. Wir waren auch nicht besonders in Ferienstimmung. Mussten wir nach dieser Fahrt mit dem Laster doch erst alle unsere Knochen zusammenklauben und „nummerieren", damit sie wieder da waren, wo sie hingehörten. Auch hier oben mussten Kinder ihre Zimmer räumen, um Platz für uns zu machen. Kaum zu glauben, dass wir hier alle Platz haben sollten. Wir hatten in allen Zimmern Stockbetten; Spinde und Wäschekästen waren auf dem Gang platziert. In normalen Zweibett-Hotelzimmern waren acht oder neun Kinder untergebracht. Bei mir waren es drei Stockbetten und ein Einzelbett, in dem ich schlafen durfte. Ich war die Zimmerälteste und verantwortlich fürs Bettenmachen, Sauberkeit in den Spinden und Kästen sowie dafür, dass alle immer den Waschraum benutzten und die Schmutzwäsche jede Woche abgegeben wurde. Erhaltene „Fresspakete" mussten in der Stube aufgeteilt werden, damit nichts verderben konnte. Sollte ein Mädchen krank werden, musste ich dies sofort melden und auch in der Nacht aufpassen, ob es schlimmer wurde.

Eine Berlinerin war hier unsere Lagermädelführerin. Sie war älter als Leni, hieß Marianne, hatte vorher Musik studiert und studierte mit uns viele schöne drei- und vierstimmige Lieder ein. Sie half auch mit, unsere Wäsche zu stopfen und zu flicken, unterstützte uns beim Stricken und die Kleineren beim Briefeschreiben. Die Lagerleitung bestand aus zwei Lehrerinnen. Jeden Morgen nach dem Frühstück – zwei Stück Brot, eins trocken, eins mit ein wenig Marmelade sowie Malzkaffee und etwas Milch – gab es Stubenappell. Marianne kam mit dem „Mädel vom Dienst" (MVD*), wir standen neben unseren Betten, die ordentlich gemacht sein mussten. Dann ging es zu den Spinden und Kästen. Wäsche ordentlich gelegt, Socken in Ordnung, ohne Löcher – Schuhe sauber geputzt, sofern das möglich war. Auch Staub musste gewischt sein. Verfehlungen brachten entweder ein aufgerissenes Bett oder einen total leeren Kasten. Alles neu machen. Das kam aber nur ganz selten vor, und da waren es immer wieder die gleichen Schlampigen. Was schlimm war: dass die ganze Stube dann bestraft wurde mit Ausgangssperre oder extra Küchendienst, Stubenarrest oder man durfte eine Woche lang keinen Brief schreiben. Das war bitter, wenn alle anderen am Nachmittag im Speisesaal zusammen waren für verschiedene Arbeiten, und man musste allein im Zimmer sein. Bei über 100 Kindern ist halt eine gewisse Disziplin nötig, auch wenn das Leben ja schon schwer genug war.

Für uns aus der vierten Klasse wurde ein wöchentlicher Dienstplan erstellt: Küchendienst, Fahnendienst, Morgen- und Abendappell und – was für uns aus Dölsach neu war –

Gusti Castelrotto beim Servieren im Rahmen des Küchendiensts (1944/45)

ein Mädchen war für eine Woche „Führerin vom Dienst" und die „rechte Hand" von Marianne.

Der Küchendienst musste Tisch decken, den Speisesaal in Ordnung halten und in der Küche beim Abwasch helfen, der Fahnendienst beim Appell die Fahne aufziehen und einholen. Die Führerin vom Dienst musste zu den gewissen Zeiten pfeifen, wenn sich die Kinder in jedem Stockwerk in Zweierreihen anstellen mussten, um sich dann geordnet an den jeweiligen Ort – Schule, Ausgang zum Ausflug oder Speisesaal – zu begeben. Auch ihre Anwesenheit bei der Stubenkontrolle war erforderlich. Leider gab es auch Mädchen, die aus Protest gegen die strenge Ordnung immer wieder Unordnung machten. Gott sei Dank konnte ich sie mit gutem Zureden überzeugen, dass sie mir, sich und den anderen so das Leben schwer machten und sich auch den Zorn ihrer Kameradinnen zuzogen. Unser Leben war auch so schon schwer genug. Auch wenn ich „Befehlsgewalt" hatte, war das nicht *ich*. Man soll leiten, führen, auch eine gewisse Strenge haben, aber sich nicht wie ein Elefant im Porzellanladen benehmen. Treten, wenn andere daniederliegen, ist nichts für mich, und das bis zum heutigen Tag.

Schwimmlager am Wörthersee

Eines Tages kam ein Schreiben ins Lager – ich weiß nicht, woher –, dass Mädchen, die sich für ein Schwimmlager am Wörthersee eignen würden, gemeldet werden sollen. Man hätte Sport- und Rettungsschwimmen, das mit einer Prüfung endete, und auch ein Zeugnis würde ausgestellt. Also, das kam wie gerufen. Ich meldete mich freiwillig und wurde auch genommen. Dass du dich das traust? So weit wegzufahren! Aber für mich war es wieder was Neues: eine andere Gegend – ein See – herrlich! Ich wollte annehmen, was immer auf mich zukam. So viel war schon passiert und ich hatte alles lebend überstanden ... Ich packte ein, was vorgeschrieben war, weiß aber nicht mehr, wer mich zum Bahnhof nach Dölsach brachte.

Im Zug ließ ich meinen Gedanken freien Lauf, und je mehr wir uns Velden näherten, umso nervöser wurde ich. Mit dem Bummelzug war ich schon eine Zeit lang am Weg, hatte fast nichts zu essen und die Ungewissheit ... Nun ja, jetzt gab es kein Zurück mehr. An einem Landungssteg kamen alle „Schwimmer" aus nah und fern zusammen, da wir mit dem Schiff nach Dellach am Wörthersee mussten. Aus anderen Lagern waren oft zwei bis drei Mädchen zusammen da; ich war ganz allein und kam von am weitesten her. Jedenfalls erschien dann die Lagerführerin, und als der Dampfer anlegte und wir alle an Bord waren, begann das letzte Stück unserer „Odyssee". Schließlich legten wir in Dellach an, wir waren am Ziel.

Nicht weit weg vom Landungssteg lag das Seehotel, direkt am Strand. Nun waren da auch „reichsdeutsche" Mädchen. Ich merkte doch bald einen Unterschied zwischen Ostmärkisch und Reichsdeutsch. Bei der Aufteilung der Zimmer blieb ein deutsches Mädchen übrig. Ich war auch allein, also teilten wir uns ein Zimmer. Mich störte es nicht und sie offensichtlich auch nicht. Sie war aus Berlin, ich aus Wien – also, so gesehen „ebenbürtig"! Bald waren wir gute Freunde und in der wenigen Freizeit, die wir hatten, lernten wir voneinander die zwei Varianten der deutschen Sprache: ich Berlinerisch und sie Wienerisch. Wir lachten uns oft kugelig, wie die verschiedenen Worte ausgesprochen wurden.

In den drei Wochen unseres Aufenthalts in Dellach hatten wir fast immer schönes Wetter. Nach dem Morgenpfiff um 6 Uhr hieß es: Raus aus dem Nachtgewand, hinein in den Badeanzug und ho-hops in den See. Ein paar Runden schwimmen und beim Pfiff wieder heraus. Abtrocknen, im Zimmer anziehen, Frühstück, Stube machen, dann theoretischer Unterricht über Tauchen und Rettungsschwimmen und Wiederbelebungsversuche. Das war von 8 Uhr 30 bis 10 Uhr. Nachher wieder Schwimmen und Sport bis kurz vor Mittag. Das Essen war gut und kräftig – ein großer Unterschied zum Heimlager. Nach dem Essen zwei Stunden Ruhepause, es war auch erlaubt, auf der Wiese vor dem Hotel zu liegen.

So bemerkten wir, dass gleich oberhalb die Landesstraße vorbeiführte und wieder oberhalb ein großes Hotel lag, ein Erholungsheim für stark verwundete Soldaten. Männer mit Gips an Armen und Beinen, auch mit nur einem Arm oder Bein, mit dickem Kopfverband, Männer in Rollstühlen und Radbetten, die auf der Terrasse ein wenig Bewegung und Übungen machten. Es brach einem das Herz. Viele mit noch sehr, sehr jungen Gesichtern. Arme Teufel! Welche Schuld hatten sie auf sich geladen, um so jung so leiden zu müssen? Jedoch dürfte es ihnen Spaß gemacht haben, unserem Treiben am Land und im Wasser zuzuschauen. Uns war es nicht erlaubt, das Gelände zu verlassen, da der Gasthof außerhalb der Ortschaft lag. Die Gefahr, bei einem Luftangriff auf offener Straße zu sein, war einfach zu groß.

Nachmittags hieß es dann wieder schwimmen. Wir mussten einen Trainingsanzug (aus Baumwolle) anziehen, ins Wasser springen und einige Meter vom Landungssteg wegschwimmen. Dann mussten wir nacheinander zuerst das Oberteil und dann die Hose im Wasser ausziehen und jedes Stück einzeln auf den Steg werfen. Da durfte man keine Angst vorm „Absaufen" haben. [...]

Dann lernten wir auch tauchen. Zwei Mädchen hielten stehend je eine Stange im Wasser, dazwischen wurde ein Kübel hinuntergelassen und wir mussten ihn heraufholen. Wir, die unter Wasser die Augen offen halten konnten, hatten den Vorteil, nicht erst lange suchen zu müssen. Wir sahen den Kübel zwar gleich, da er weiß war, aber den vollen Kübel hochzuheben, das war auch eine Kunst. Bis zur Wasseroberfläche ging es ja noch, aber dann drüber hinaus, wenn das Ding voll Wasser war, sah die Sache ein wenig anders aus. Diese Übungen waren fürs Rettungsschwimmen notwendig. Zu meiner großen Enttäuschung musste ich feststellen: Um den Rettungsschwimmschein auch tatsächlich zu bekommen, war ich einige Monate zu jung. Ich bekam eine Bestätigung, den Kurs besucht und auch die Prüfung bestanden zu haben; sobald ich das Alter erreicht hätte, könnte ich das Recht auf den Rettungsschein geltend machen. Es traf mich schon sehr hart, da ich mich wirklich bemüht hatte; auch das Viertel- und Dreiviertelstunden-Dauerschwimmen hatte ich geschafft.

An einem Nachmittag spielten wir Völkerball. Irgendwo an einem Ende des „Sportplatzes" war ein kleiner Abhang. In der Hitze des Gefechtes passte ich nicht auf, rutschte am Wiesenrand aus und fiel den kleinen Hang hinunter, genau in die Brennnesseln. Alles ging so schnell und momentan merkte ich gar nichts, weil ich so erschrocken war. Aber dann spürte ich es: ein Brennen am ganzen Körper, Blasen hat es mir aufgezogen, als hätte ich den Aussatz*. Sogar im Gesicht war ich ganz verschwollen. Alle Mädchen kamen gerannt und schauten mich an, als sähen sie ein Gespenst am helllichten Tag. Plötzlich fingen alle zu lachen an, als ich in „voller Blüte" den Hügel heraufkam. Unheimlich sah ich aus. Trotzdem ging ich danach mit zum Schwimmen, und siehe da, auch meine „Blattern" gingen zurück.

Ein andermal, auch beim Sport, ging die Sirene: Fliegeralarm. Wir mussten schnell in Deckung gehen. Dann beobachteten wir einen Luftkampf über dem See. Einige Jagdmaschinen waren als Vorhut über den See geflogen und hatten mit MGs* heruntergeschossen. Da wurde auch schon – wie wir glaubten, von der Flak* in Villach und Klagenfurt – auf die Flugzeuge geschossen. Kurz darauf zog ein Bomber mit schwarzer Rauchfahne am „Schwanz" über den Himmel. Das Hinterteil wurde ihm wahrscheinlich zu heiß und mit Todesverachtung stürzte er sich in den See. Das Gefecht ging noch eine Weile, bevor die Jäger davonflogen. Es dauerte jedoch noch länger, bis Entwarnung kam. An diesem Tag hielten wir uns nicht mehr viel im Freien auf. Man rechnete mit einem Bombenangriff auf die Städte. Es gab dann in der Nacht nochmals Alarm, aber das Grollen der Bomben oder Kanonen hörte sich sehr weit weg an. Da wir hier schon im Grenzland waren, durfte kein Radio gehört werden; so wussten wir nie, was wirklich los war.

Am Tag vor unserer Heimreise durften wir frei schwimmen gehen. Ich schwamm ein Stück in den See und spürte plötzlich eine eiskalte Strömung unter meinem Bauch. Das kam so unerwartet, dass mir der Atem stockte. Momentan konnte ich nicht klar denken, was das war, und hatte Angst vor Schlingpflanzen. Ich sah mich schon halb verschlungen, hinuntergezogen am Grund des Sees liegen. Ich wendete mit einem Ruck, und obwohl ich zuerst schon etwas müde war, entwickelte ich Kräfte, die ich mir selbst nicht zugetraut hätte. Mein Weggefährte – die Angst – war immer hinter mir, bis ich den Landungssteg wieder gut sehen konnte. Dann fühlte ich

Gusti Castelrotto als Letzte der Gruppe bei einem Ausflug in die Lienzer Dolomiten (1944)

mich wieder sicher. Die erlaubte Schwimmzeit war längst um. Unsere Leiterin schimpfte mich dann noch aus, dass ich zu weit hinausgeschwommen sei, da draußen gebe es Strömungen, die gefährlich sein konnten. „Wem sagst du das?“, dachte ich mir und war heilfroh, wieder an Land zu sein.

Am nächsten Tag ging es ans Packen. Alle zusammen marschierten wir ins Dorf, um eventuell Andenken zu kaufen, sofern man etwas bekam. Ein paar Ansichtskarten und kleinste Schnitzereien, das war alles. Danach noch ein paar Mußestunden. Der Abschied voneinander fiel uns schwer, wir hatten uns sehr aneinander gewöhnt. Es gab auch Tränen. […] Meine deutsche Zimmerkollegin fuhr mit mir ein Stück des Weges, bis Spittal an der Drau, da stieg sie in einen anderen Zug oder Bus um. Ein Zwischenspiel in einer menschenunwürdigen Zeit hatte sein Ende gefunden.

In den verbleibenden Stunden, bis auch ich am Ziel angelangt war, ließ ich die vergangenen Tage nochmals vorüberziehen. Ich konnte einfach nicht verstehen, warum es sein musste, dass Krieg war, dass man mit Bomben auf Menschen losging. Eine Feigheit, wie's im Buche steht – ob hier oder in den andern Ländern! Überall waren Frauen und Kinder, die sich nicht wehren konnten. [...] Eigentlich waren solche Gedankengänge ja nicht erlaubt, das grenzte ja schon fast an Verrat. Aber Gott sei Dank sind Gedanken noch „zollfrei" und das ist auch gut so. Man musste halt schweigen und lieber etwas tun, und sei es noch so wenig, aber mit Menschlichkeit sollte es zu tun haben. Darum habe ich mir geschworen, auch im Lager, wenn ich kann, zu helfen und Gutes zu tun.

Nach ihrer Rückkehr ins KLV-Lager am Iselsberg fand die Erzählerin viel Aufmerksamkeit für ihre Berichte vom Aufenthalt am Wörthersee. Diese Erfahrung ermunterte sie dazu, im Herbst 1944 ein weiteres Angebot wahrzunehmen. Sie meldete sich zu einem sogenannten „Führerinnenlager" für künftige Lagermädelführerinnen in Drobollach am Faakersee (Kärnten). Dieses Lager war von anderen, offenbar auf strenge Geheimhaltung bedachten, NS-Einrichtungen umgeben und lag angeblich in der Nähe von Partisanengebiet. Durch couragiertes Auftreten und ihre soziale Einstellung erwarb sich die Dreizehnjährige auch dort viel Anerkennung und zog folgendermaßen Bilanz über den Lehrgang:

Unsere Arbeit bestand aus viel theoretischem Unterricht, praktischen Übungen und Vorführungen. Wir lernten kleine, lustige Theaterstücke zusammenstellen, Lieder einstudieren, Sprech- und Stimm-Methoden – was man halt alles wissen musste, sollte man selber einmal eine Gruppe zu leiten haben. Damals glaubte man trotz der schlechten Kriegsergebnisse immer noch, dass die Jungen- und Mädchengruppen weiterbestehen würden.

Auch dieser Monat verging und ich konnte mit meiner Prüfung und Auszeichnung das „rote Band am Knoten" erwerben. Knoten war der Lederknoten, der das schwarze Halstuch der BDM*-Uniform vorne zusammenhielt.

Wieder „daheim" im Lager, ging der Alltag weiter. Wir von der vierten Klasse mussten in verschiedenen Gruppen jeden zweiten Tag in großen Buckelkannen* die Milch vom Defreggerhof in Stronach fürs Lager holen. Ein stattliches, altes Bauernhaus aus Vollholz, braun gebrannt von der Sonne, da die Front nach Süden schaute. Immer hatte die Bäuerin einen kleinen Happen für uns, Krapfen oder ein Stück „Reindling"*, aber auch Brot und frische Butter darauf. Zu dieser Zeit war der Krieg schon weit fortgeschritten und die Verpflegung im Lager hinkte oft Tage nach. Herr Obersteiner, der Hotelbesitzer, war auch Jäger, und so gab es manchmal – aber wirklich nur manchmal – ein Wildsoßenfleisch mit Polenta, die er aus Italien holte. (Heute weiß ich, dass er sich und seine Familie mit diesem Handeln in Lebensgefahr brachte.) Das Wild hat er bei Nacht und Nebel geschossen, aber die Polenta war Schmuggelware.

Auch das Brot mussten wir in Rucksäcken zwei- bis dreimal die Woche von Dölsach holen. Wir waren etwa 130 Kinder und die Erwachsenen, also, da mussten wir ganz schön aufladen. Nach Dölsach ging immer eine Lehrperson mit, da der Weg doch weit und das Wort „Partisanen" stark im Umlauf war.

Der Winter kam, das Wetter wurde immer kälter. Da bekamen wir zu spüren, was es heißt, in Stoffschuhen im tiefen Schnee Milch und Brot zu holen. Winterstiefel gab es keine.

Einmal kam eine große Sendung mit allerhand Bastelzeug: Holzplatten, Latten, Rundholzstangen bis drei Zentimeter Durchmesser, Wollabfälle und -reste, auch Werkzeug wie Stichsäge und Blätter, Farben und Schmirgelpapier, Musterbögen für Tiere und kleines Holzspielzeug etc. Eine Art Kriegsdienstbüro brachte die Sachen. Wir sollten Spielzeug machen und basteln sowie Socken, Mützen, Fäustlinge und Schals stricken für Kinder, deren Väter im Krieg waren.

Nun, wer macht was? Man einigte sich schnell. Nicht alle konnten mit der Laubsäge umgehen, so war dies für zwei Mädchen das Um und Auf. Inge, groß, schlank, mit langen Zöpfen, und Erika, fast das Gegenteil im Erscheinungsbild. Sie sägten die meisten Tiere für den Bauernhof und die „Gänseliesel". Das Anmalen blieb an mir hängen. Aus den runden Stangen wurden stramme Soldaten in alten Uniformen geschnitten und ich bemalte sie. […] Jeden Abend nach dem Essen trafen wir uns in dem kleinen Zimmer, in dem die vierte Klasse unterrichtet wurde, und verwandelten den Raum in eine Werkstatt. Die „Strickmamsellchen" hatten für die Arbeit ein Stoffsackerl am Arm, in dem der Wollknäuel „schlief". Soweit ich mich erinnere, schrieben wir kleine Briefe mit Grüßen für Weihnachten, die den Geschenken beigelegt wurden – von Gusti, Inge, Erika und wie wir alle hießen. Auch ein Dankschreiben der Organisation traf irgendwann im Schicksalsjahr 1945 ein.

Kaum waren die Geschenke weg, tauchte die Frage nach einem Adventkranz für den Speisesaal auf. […] „Gusti, du hast doch immer so verrückte Ideen, fällt dir nichts ein?" Also, das war auch für mich ein wenig überraschend; davon hatte ich wirklich keine Ahnung. Wir saßen alle zusammen und berieten. Irgendein Gestell oder so bräuchten wir, aber es gab keines. Fichtenzweige klein bündeln und draufbinden, das müsste gehen. Einen Spagat hatten wir auch. Inge meinte, wir könnten Weidenäste zu einem Ring binden. Ja, das war's!

Nun stellte sich heraus, dieser Ring war alles andere als rund. Also sollte man das mit dem Binden der Zweige ausgleichen – auf der einen Seite mehr und auf der anderen weniger Zweige dranbinden. Ja, das war die Antwort, so würden wir das machen.

Am nächsten Tag, nach dem Essen, wollten wir das „Grünzeug" holen. Aber als die Post verteilt wurde, war es wieder einer von diesen bitteren Tagen. Die Todesnachrichten nahmen zu, und nicht nur von der Front. Auch die Bomben trugen einen Teil zur Trauer bei. Wieder gab es Ausgebombte und Verluste von Verwandten: Geschwister, die nicht ins Lager wollten und deren Schule nun im Bombenhagel in Flammen aufgegangen war. Der Adventkranz war jetzt kein Thema mehr, also blieben wir an diesem Tag zu Hause. Später wurde noch ein Mädchen verständigt, wahrscheinlich über das Telefon im Hotel: Die Mutter liegt sehr schwer verletzt im Spital, aber die Tante kümmert sich um alles …

Wenn man heute so nachdenkt, das Leiden in den Lagern – über das wird der Mantel des Schweigens gebreitet. Gelitten haben nur Andere. Wer fragt hier heute noch nach? Niemand. Wir sind alle schon in einem hohen Alter und viele sind schon verstorben.

Trotzdem: Weihnachten nahte, und es sollte doch für alle eine Feier und ein Licht der Hoffnung sein. Wir kamen doch dazu, die nötigen Utensilien zu sammeln, einiges zu kaufen oder zusammenzubetteln bei den umliegenden Bauern. An diesem Abend, nach dem Essen, wollten wir den Kranz binden.

Um den Kleinen im Lager ein wenig mehr Fürsorge zu geben, bekamen wir, die Großen, jede ein oder zwei Mädchen zugeteilt, um die wir uns wie große Schwestern kümmerten: Beim Zubettgehen kleine Geschichten erzählen, das Bett aufschlagen, Pyjama anziehen helfen, zudecken, ein Bussi und eine Umarmung und die Kleinen fühlten sich besser und mehr geborgen. Ich hatte ein Mädchen, schwarze, gelockte Haare, mit Namen Anni. Eines Abends fragte sie mich: „Warum darf ich nicht bei meiner Mami sein? Ich habe ihr doch immer geholfen beim Geschirrwaschen und Aufräumen, weil sie arbeiten musste und Vati im Krieg ist.“ Ich war den Tränen nahe, wollte es aber nicht zeigen. Ich konnte ihr nur sagen, dass sie keine Schuld traf und ihre Mama bestimmt große Freude hatte, wenn sie so viel half. Aber sicher sei sie auch froh, dass ihre Anni nun mit so vielen anderen Kindern zusammen sein kann und freue sich darauf, wenn sie wieder gesund nach Hause kommt.

Von da an kam Anni mit all ihren Sorgen und Freuden zu mir. Sie teilte immer, wenn sie hie und da ein Packerl bekam. Mich machte glücklich, dass ich für dieses Mädchen eine Stütze sein konnte.

Zurück zur Arbeit am Adventkranz. Wir arbeiteten alle gut zusammen; Marianne richtete die Bänder, um den Kranz aufhängen zu können, Inge machte den Reifen – rund war anders, aber es ging nicht besser – und die andern machten die kleinen Zweiglein zu Büscherln, damit ich sie binden konnte. Es war schon spät, als wir den Kranz im Erker vom Speisesaal aufhängten. Aber, oh Schreck, er war zu groß, er fing an, sich zwischen den Bändern nach unten zu verbiegen – also „Kommando zurück!" Zweige herunter, der Ring musste enger gezogen und mit dünnen Fichtenzweigen verstärkt werden. Etwas anderes hatten wir damals in der Nacht nicht mehr. Also nochmals Büscherl machen und binden. Jetzt konnten wir den Kranz etwas dicker binden und das Ergebnis konnte sich sehen lassen. Die Bänder schienen jetzt breit genug und wir fixierten auch gleich die Kerzen. Wieder auf die Leiter und aufhängen. Diesmal klappte es. Der Kranz war schön. Es war auch schon zwei Uhr morgens. Schnell alles aufräumen, die Tische zurechtrücken für den Schultag.

Das Pfeifchen riss uns aus dem Schlaf. „Das gibt's doch nicht! Wir sind doch gerade erst ins Bett gegangen?" Aber es war Morgen. Wie jeden Tag schnell, schnell anziehen und und und.

Zu Mittag bekam ich einen Brief von meiner Mutter: Der Nordwestbahnhof in Wien ist bombardiert worden und sie soll nun als Köchin in das Eisenbahnerheim Ehrenbachhöhe in Kitzbühel versetzt werden. Wenn möglich, würde sie mich für Weihnachten dorthin holen. Gleich lief ich zur Lagerleiterin und fragte, ob ich fahren dürfte. – Ja, wenn Mutter mich abholen kommt, dann schon; allein fahren darf ich nicht. Gleich am Nachmittag schrieb ich zurück. Ich war sehr aufgeregt, da es nicht mehr lang bis Weihnachten war. Ich musste ja auch ein wenig Gewand herrichten und so.

Der dritte Adventsonntag nahte. Ich hatte noch keine Antwort, wann meine Mutter mich holen würde. Manche Mädchen waren schon ein wenig schadenfroh, dass ich gar nicht wegfahren und mich niemand holen würde. Aber, wenn ich meine Augen schloss und mir Weihnachten im Lager vorstellte, dann wusste ich genau, dass ich nicht hierbleiben wollte. Es ging im Lager das Gerücht um, dass in den Defreggerhof, am andern Ende vom Iselsbergpass, auch noch Kinder kommen würden. Einmal war die Rede, dass das Lager in Greifenburg aufgelöst und die Buben in das besagte Hotel, nicht weit von uns, verlegt würden.

Dann kam das Telefonat ins Hotel: Meine Mutter würde mich am 23. Dezember 1944 abholen. Unnötig zu sagen, dass ich fast keine Nacht mehr richtig schlafen konnte. Am 22. Dezember packte ich einen kleinen Koffer. Nur eine Woche würde ich weg sein.

An den Reisetag selbst kann ich mich nicht erinnern. Nur, dass wir schließlich mit der Seilbahn auf den Hahnenkamm fuhren. Ein kriegsgefangener Holländer namens Bernhard war der Kabinenbegleiter. Er war sehr nett und sprach gut Deutsch. Da es schon dunkel wurde, half er Mama und mir durch den Schnee zum Heim. Nach Dienstschluss hat er auch bei uns oben gegessen und geschlafen. Er hatte ein kleines Zimmer, das er mit seiner Ablöse teilte.

Als Mama und ich die Stube betraten, hätte es mich bald umgehauen. Hier saß mein Vater in Uniform, aber mit einem Gipsbein. Er war in Wien beim Einsatz als Kradmelder* mit seinem Motorrad gefahren, als vor ihm eine Bombe einschlug und ihn in den Krater warf. So konnte er auch Urlaub bekommen. Das war das schönste Weihnachtsgeschenk für uns alle. Mein Bruder fehlte; ich glaube, es war wegen des Wechsels ins neue Lager, dass niemand freibekam, aber das weiß ich nicht mehr so genau. Weihnachten war einfach, aber schön. Arbeiter von weiter weg blieben da, und so waren wir eine „nette, große Familie" – auch die zwei Holländer waren dabei. Für sie war das Weihnachtsfest etwas Neues. In Holland wird so nicht gefeiert. Ein kleiner Weihnachtsbaum mit Kekserln und Wickelbonbons, ein wenig Lametta, kleine Kerzen, und das war's auch schon. Wir hatten auch ein für diese Zeit gutes Essen. Nur ging diese Woche zu schnell vorbei.

Zurück im Lager musste ich gleich wieder erzählen. Am Abend musste ich feststellen, dass man meiner großen Puppe, die ich auf meinem Bett sitzen hatte, den Kopf eingeschlagen hatte. Ich heulte über so viel Gemeinheit. Man beneidete mich um die eine Woche.

Ein Lebensabschnitt geht zu Ende

Weihnachten ging vorbei, der Winter verabschiedete sich und es wurde Frühling. Der 20. April nahte: „Führer-Geburtstag"! Nach dem gelungenen Adventkranz wurde ich beauftragt, im Speisesaal auf dem kleinen Tisch „sein Bild", etwa 60 mal 40 Zentimeter, zu schmücken. Ich machte mich frühmorgens auf den Weg, um Blumen, Reisig und blühende Zweige zu holen. Mit ein paar Bändern gelang es mir, einen halbwegs schönen Schmuck zusammenzustellen. Als man zum Frühstück kam, ging ein „Ah" und „Oh" durch den Saal, und auch die Lehrerschaft war zufrieden. Noch ahnten wir alle nicht, dass in etwa zwei Wochen der ganze grausige Spuk vorbei sein sollte.

Zwischenzeitlich war auch bei uns, bei Schönwetter, immer Alarm. Die Flieger kamen über Italien herein. In dem Raum, in dem wir Schule hatten, saß ich so, dass ich die „Silbervögel", die Jagdmaschinen, in der Sonne sehen konnte, bevor noch die Sirene ging. Ich rief „Alarm“ und wir machten uns auf in den Keller. Einmal explodierte eine Streubombe in der Nähe des Hotels. Das große Fenster gegenüber der Kellertüre zerbarst und der Luftdruck schleuderte uns, die wir in der Nähe der Tür standen, zurück an die Mauer. Ein paar blaue Flecken und ein paar Schrammen überall, aber sonst heil.

Am 5. Mai 1945 wehte um etwa 10 Uhr die weiße Fahne vom kleinen Kirchturm am Iselsberg. Der Krieg war aus. Nun erst kam eine unheimliche Unruhe ins Lager. Wir mussten alle Abzeichen, Armschleifen, Embleme von den Uniformen abtrennen, zusammenpacken und gingen tief in den Wald hinein, wo wir das alles vergraben mussten. Die Lehrerinnen hatten Riesenangst vor den Besatzern. Marianne musste gehen, obwohl sie ja nur Gesang, Sport und Nähen mit uns gemacht hatte. Das Verhalten der Erwachsenen erfüllte uns mit tiefer Angst und Furcht.

Die Begegnung mit der britischen Besatzungsmacht gestaltete sich letztlich weniger bedrohlich als befürchtet. Zwar mussten Räumlichkeiten im Iselsbergerhof vorübergehend dem britischen Militär zur Verfügung gestellt werden, die elementare Versorgung des KLV-Lagers mit Lebensmitteln blieb aber aufrecht und es entwickelten sich verschiedene alltägliche Kontakte mit den Soldaten. Während im Lauf der Sommermonate manche Kinder von ihren Eltern persönlich abgeholt wurden und die Verantwortlichen die Auflösung des Lagers vorbereiteten, blieb die nähere Zukunft von Gusti Czaykowsky lange ungewiss. Die elterliche Wohnung in Wien war im Krieg zerstört worden und der Verbleib der Angehörigen unbekannt. Durch eine Botin erhielt sie immerhin Nachricht, dass ihre Mutter sich auf einem Bauernhof im nahegelegenen Mölltal (Kärnten) aufhielt und auch den jüngeren Bruder aus dem Bubenlager dort unterbringen konnte. Während die Lagerkameradinnen auf ihren Rücktransport nach Wien warteten, zeichnete sich für die vierzehn-

jährige Erzählerin ebenfalls die Mitarbeit auf einem Bauernhof als realistische Existenzbasis für die nächsten zwei Jahre ab.

Jetzt war es nur noch eine Frage der Zeit, wann und wie dieses Lager aufgelöst werden sollte. Immer wieder gelang es Eltern, ihre Töchter abzuholen. Und immer flossen Abschieds- und Freudentränen in einer Spur über die Gesichter.

Es war ein Tag im Frühherbst – ich weiß leider kein Datum mehr –, da hieß es, in zwei bis drei Wochen würde der Rest von uns in einem Sonderzug zurück nach Wien fahren. Ich wusste, für mich galt das nicht. Die Verwandten, mit denen wir Kontakte pflegten, waren alle ausgebombt und man wusste nicht, ob sie noch lebten oder wo sie waren.

Auch unsere Wohnung war den Bomben zum Opfer gefallen. Noch wusste ich nicht, was ich machen sollte. Die Aufregung im Lager war groß, fast keine Ordnung mehr hineinzubringen. […] Mein kleines „Patenkind" Anni war so aufgeregt, dass ich all mein Geschick aufbringen musste, um ihr klarzumachen, dass sie auch heimdürfe. Sie hatte große Angst, hierbleiben zu müssen. Ich wusste nicht, warum.

Endlich, eines Mittags nach dem Essen: „Also Kinder, übermorgen ist der Tag. Wir fahren heim." Ein Aufschrei der Freude, Tränen, Umarmungen, zugleich die Unruhe, wie wird das Zuhause aussehen? Langsam brachten es die Lehrerinnen fertig, wieder Ruhe herzustellen.

Jetzt hieß es packen, das Reisegewand zurechtlegen, Stuben reinigen, so gut es ging, schauen, dass nirgends etwas unters Bett gefallen war. Fotos, Briefe, kleine Andenken, Schmuck usw. Ich hatte auch „meiner" Anni geholfen einzupacken. Jetzt freute sie sich. Sie wusste, dass sie auch mitfahren würde. Was sie nicht wusste, war, dass ich nicht im Zug sein würde.

Der zweite Tag brach an. Alle, aber auch wirklich alle, waren lange, bevor gepfiffen wurde, wach und schon halb angezogen. Katzenwäsche, sonst nichts. Zum Frühstück hatte Frau Obersteiner ein besonders gutes Brot für uns gemacht (heute glaube ich, es war Kartoffelbrot), etwas mehr Butter und auch Marmelade. Wir bekamen ein Esspaket für die Fahrt. „Alles herhören! Die Mädchen vom zweiten Stock gehen und bringen ihr Gepäck herunter und stellen es hier hin, links am Gang. Dann der erste Stock und rechts." Es kamen Lkws, ich glaube, es waren Mannschaftswagen vom Krieg. „Tscheiki, komm mit, mit deiner Harmonika!" Ja, ich durfte.

Meine Koffer blieben am Iselsbergerhof stehen. Es war nicht sehr warm in den offenen „Taxis", aber niemand merkte dies so recht. Die Aufregung war viel zu groß. Ich spielte und wir sangen noch dazu, bevor es die Kurven und der unebene Straßenbelag nicht mehr zuließen, dass ich spielte. Ich musste mich auch festhalten. Die Fahrt dauerte etwa eine Stunde. Lienz – der Bahnhof, soweit man ihn noch als solchen erkennen konnte – auch hier hatten die Bomben ganze Arbeit geleistet.

Alles runter von den Autos, aufpassen, dass jeder seine Sachen beieinander hatte, es gab kein Zurück. Ich weiß heute nicht einmal, ob die Fahrer Soldaten oder Bauern aus der Umgebung waren. Der Zug stand bereit und jetzt ging's ans Einsteigen, Platzfinden und Verstauen von Koffern und Schachteln. Das dauerte noch eine ganze Weile. Meine Lehrerinnen stiegen nochmal aus, wir verabschiedeten uns und eine versprach, mich einmal zu besuchen, sollte ich in der Nähe von Iselsberg bleiben. Meine kleine Anni weinte ganz schrecklich, weil ich dableiben musste. Endlich waren alle eingestiegen, ein Pfiff – diesmal war es die Lokomotive. Ein Ruck, ein zweiter, und die Räder fingen an sich zu drehen. Der Zug fuhr an, ich stand da mutterseelenallein und spielte noch „Muss i denn, muss i denn ...". Man winkte mir noch lange, ich schaute nach, bis der Zug gegen Oberdrauburg hin mit dem Grau der Felder und der Felsen verschmolz. Eine kleine Wolke aus dem Schornstein der Lok, und wieder war ein Abschnitt meines jungen Lebens zu Ende. [...]

Ich schulterte meine Harmonika wie eine Umhängetasche und machte mich auf den Weg über die Berge, an Bauernhöfen vorbei zum Iselsbergerhof. Es war warm, besonders hier am Südhang des Tales. Mir wurde heiß und Müdigkeit machte sich bemerkbar. Auch hatte ich nichts zu essen mitgenommen. An verschiedenen Brunnen bei den Bauernhäusern konnte ich wenigstens den Durst stillen.

Nach etwa vier Stunden war ich wieder „daheim"! Frau Obersteiner machte mir schnell etwas zu essen. „Mein Gott, wie siehst du denn aus, so abgehetzt", meinte sie. Ich durfte auch übernachten und man gab mir den Rat, es am nächsten Tag bei den Bergbauern im Mölltal zu versuchen. Der Iselsbergpass verbindet das Drautal mit dem Mölltal, zwischen den Orten Dölsach auf der einen und Winklern auf der anderen Seite. Die Grenze zwischen Osttirol und Kärnten verläuft quer über den Pass und damals mitten durch ein Bauernhaus. Stube links in Osttirol, Küche rechts in Kärnten.

Ich durfte mein Gepäck dalassen, bis ich etwas gefunden hatte. Nun lernte ich bittere Wahrheiten des Lebens kennen: Wenn man bei Bauern anklopfte und um Arbeit fragte. „Na, an Extra-Fresser kennan mia uns net leisten! Diabsgsindl, schau dass d' weitakimmst." Bei einem Bauernhof mit zwei Frauen, eine davon eine junge Mutter, kam ich vorbei, sie boten mir Brot und Milch an. Als ich schon wieder gehen wollte, war ich wie vom Blitz getroffen. Meine Mama und Alex standen, von der Feldarbeit kommend, in der Tür! Mutter hatte sich von dem Bauern, bei dem sie zuerst untergebracht gewesen war, mit einem Pferdewagen bis zum Defreggerhof mitnehmen lassen, wo sie meinen Bruder abholte. Auf eine Empfehlung hin war sie zu den Dabernig-Schwestern gekommen und half nun der ledigen jungen Mutter bei der Versorgung des Babys, das immer kränkelte, und packte auch sonst an, wo es nötig war. Dafür hatten sie und Alex Essen und eine Schlafstätte.

Eine der beiden Schwestern schickte mich zum „Äußeren Kaufmann“, so der Hofname. Ich sprach dort vor, und als ich erzählte, von wem ich geschickt wurde, sagten sie ja, ich könnte meine Sachen holen und kommen. Es war ein langer Weg zurück zum Iselsberg. Hier freute man sich für mich, als ich die Geschichte erzählte. Sie meinten, wenn auch meine Mutter in der Nähe sei, dann wäre ich nicht so ganz allein. Eine Nacht noch. Am Morgen würde ich mein Binkerl* nehmen und der Lebensabschnitt KLV-Lager würde ein für alle Mal der Vergangenheit angehören.

Elisabeth Illetschko

wurde am 15. Oktober 1933 als Elisabeth Klier in Wien geboren. Gemeinsam mit ihrem neun Jahre jüngeren Bruder Erwin wuchs sie in der elterlichen Wohnung im 9. Bezirk auf, die aus Zimmer, Küche und Kabinett bestand. Die Eltern stammten beide aus Kittsee (Burgenland) und waren als junge Erwachsene nach Wien gekommen. Während der Vater als Schneidergeselle arbeitete, war die Mutter als Hausbesorgerin und Bedienerin tätig.

Nach dem Abschluss der Volksschule besuchte Elisabeth Klier das Gymnasium in der Albertgasse, dessen Unterstufenklassen im Frühjahr 1944 im Rahmen der Kinderlandverschickung nach Puchberg am Schneeberg (Niederösterreich) verlegt wurden. Das Herannahen der Roten Armee im Frühjahr 1945 gab Anlass zur Flucht nach Westen, die für die Schülerinnen und ihre Lehrkräfte in St. Jakob am Pillersee (Tirol) endete. Hier verbrachten sie mehrere Monate, bevor im Herbst 1945 die Heimkehr nach Wien erfolgte. In der Zeit danach waren Lebensmittelzuwendungen durch Verwandte vom Land für Elisabeth Klier und ihre Familie überlebenswichtig.

Nach Abschluss des Gymnasiums absolvierte Elisabeth Klier eine chemisch-technisch-kaufmännische Ausbildung und arbeitete einige Monate als medizinisch-technische Assistentin, ehe sie bis zur Familiengründung eine leitende Stellung in einer Kosmetikfirma annahm. 1957 heiratete sie Gustav Illetschko und bekam mit ihm zwei Kinder. Neben Haushalt und Kindererziehung war Elisabeth Illetschko viele Jahre freiberuflich journalistisch für eine Einkaufszeitung tätig.

Der nachfolgende Beitrag ist ein Textausschnitt aus schriftlichen Lebenserinnerungen, die Elisabeth Illetschko auf Bitte eines Enkelkindes im Jahr 2004 auf 34 engzeilig beschriebenen Seiten mit dem Computer abgefasst hat.

„Wir waren alle glücklich, weil vollzählig und heil geblieben"

Als ich zehn war und schon in die erste Klasse Albertgasse-Gymnasium ging, kam ich zum Schutze vor den Bombardements in ein sogenanntes Kinderverschickungslager nach Puchberg am Schneeberg. Im Gasthof Hausmann wurden die Fremdenzimmer mit Stockbetten ausgestattet und ca. 25 Mädchen der ersten und zweiten Klasse untergebracht. Die dritten und vierten waren im „Schwarzen Adler" vis-à-vis. Unterricht hatten wir im Speisesaal, Freizeit wurde nach den Hausaufgaben mit Ausflügen rund um den Schneeberg, Sport und Spiel gefüllt. Wir hatten auch eine Theatergruppe, die ich mehr oder minder leitete, da ich durch mein gutes Mundwerk und mein Organisations- wie auch mein Verstellungstalent für diese Aufgabe geeignet erschien. Mein Interesse für Film und Theater war jedenfalls von da an geweckt und mein heimlicher Teenagerwunsch, einmal Schauspielerin zu werden, auch. […]

Trotz genügend Zerstreuung hatten alle Mädchen mehr oder weniger Heimweh. Die Eltern kamen zwar sonntags zu Besuch, doch nicht regelmäßig. Meine Mutter habe ich in diesem Schuljahr wenig gesehen, da jede Fahrt nach Puchberg Geld kostete, Vater eingerückt war und sie zusätzlich Geld verdienen musste. Briefeschreiben war zu schwierig für sie, und so lenkte ich meine zärtlichen Gedanken und Gefühle auf die drei bis vier Jahre älteren BDM*-Führerinnen, die neben den Professorinnen zu unserer Aufsicht bestellt waren. Jede von uns hatte ihren Liebling, und wir verehrten und himmelten sie an wie die Kleinen im Kindergarten ihre Tanten. Knapp vor Kriegsende, als die Alliierten von West und Ost einmarschierten, wurden die meisten Kinder von ihren Eltern nach Hause geholt. Nur zehn bis zwölf Mädchen, darunter auch ich, verblieben im Lager. Aus Angst vor dem Einmarsch der Russen, denen ein übler Ruf vorauseilte, machten sich

Elisabeth Illetschko, geb. Klier (1945)

die zwei noch vorhandenen pflichtgetreuen Professorinnen mit uns Mädchen auf die Flucht gegen Westen. Per Bahn fuhren wir Richtung Passau, wo wir in Plattling eine Umsteigmöglichkeit abwarten mussten, um die Fahrt nach Süden fortzusetzen.

Doch da kam der verheerende Fliegerangriff, bei dem ich zum ersten Mal den Tod, im wahrsten Sinne des Wortes, vor Augen hatte. Beim Sirenengeheul bekamen wir von unseren Begleiterinnen die Anweisung, uns schnell und fern vom Bahnhof einen Bunker oder anderen Keller zu suchen, da erfahrungsgemäß die Bahnhöfe die ersten Angriffsziele waren. Ich fand leider nicht weit genug vom Bahnhofsgelände entfernt einen betonüberdachten Abgang unter die Straße, gleich einem heutigen WC-Abgang, wo sich schon viele Menschen drängten. Als die Bomben fielen, presste eine Druckwelle nach der anderen komprimierte Staubwolken in den Unterschlupf und ich meinte zu ersticken. Den Ärmel meiner Jacke hielt ich unten zu und hoffte, durch den Ärmelstoff filtrierte Luft atmen zu können. Endlich ging der Angriff vorüber und wir konnten auf die Straße, wo das unvorstellbare Ausmaß der Verwüstung sich darbot. Keine Gebäude, keine Waggons (in denen wir vorher unsere Habseligkeiten verstaut hatten), keine Schienen, nur Schutt und Staub. Über tote Soldatenkörper hinwegsteigend fand ich meinen Teddybären und einen Teil meiner zerfetzten Steppdecke, nach angstvoller

Suche auch meine Kameradinnen und Begleiterinnen wieder. Wir waren alle glücklich, weil vollzählig und heil geblieben. Irgendwie bekamen wir Gelegenheit, mit einem Militär-LKW Richtung Süden weiterzukommen. Ich weiß nicht mehr, wie lange wir fuhren, bis der LKW und andere vor uns von Tieffliegern angegriffen wurden. Wir mussten aussteigen und in den nahen Wald fliehen. Diesmal war die Angst erträglicher, da ein Davonlaufen möglich, wenn auch riskant, war. Von da an fehlt mir jede Erinnerung, wie wir schließlich in St. Jakob am Pillersee, nahe Fieberbrunn in Tirol, landeten. Dort gab man uns Quartier im Gasthof zur Post, aber kaum etwas zu essen, denn Geld zählte nicht und zum Tausch konnten wir nichts anbieten. Wir schliefen am Boden auf Strohsäcken, in die wir nachts hineinweinten, wir gingen in den Wald, um Pilze und Beeren für eine Mahlzeit zu sammeln, die uns die Wirtin zubereitete. Die Zähesten von uns wurden für eine warme Mahlzeit zu den Bauern arbeiten geschickt. Eine von den drei Arbeitskundigen und Zähen war ich. Zum Kühehüten auf den Bergwiesen, zum Steineschleppen aus den Feldern, zur Heuernte und zum Geschirrabwaschen hat man mich für ein Vesperbrot* und eine Tiroler Knödelsuppe eingesetzt. Der Arbeitseinsatz hat sich bezahlt gemacht, weil ich mich geschickt genug anstellte, um Anerkennung und damit ein Essen als Lohn zu erhalten. Ich saß mit Familie und Gesinde am großen, runden Tisch und durfte (wenn auch als Letzte der Runde) aus der großen Pfanne in der Tischmitte Knödel und Suppe in meinen Teller schöpfen und den Löffel nach Gebrauch mit dem Tischtuch abwischen und in die Lade zurücklegen.

Einen Stein im Brett erwarb ich mir, als ich beim Geschirrwaschen – in der Art wie bei den Großeltern in Kittsee – ein zweites Schaffel* mit Schwemmwasser zurechtstellte. Das hatte man da noch nie so gesehen oder gemacht, hielt es jedoch für angebracht. Sechs Monate lang waren wir in diesem

Ort – für unsere Eltern verschollen und auch wir hatten von ihnen keinerlei Lebenszeichen oder Kenntnis, ob sie von den Bomben der letzten Tage verschont geblieben waren. Während zwischenzeitlich die Amerikaner mit ihren Jeeps Schokoladeriegel und Kaugummi verteilend Tirol von den Nazis befreiten, war nach Osten hin an der Enns eine Demarkationslinie errichtet worden, als Grenze zur russischen Besatzungszone. Zum Übertritt dieser Linie brauchte man einen behördlich ausgestellten Identitätsausweis mit Lichtbild, der anfangs nicht leicht zu bekommen war. Es war keine reiselustige Zeit, und Briefe erreichten ihren Adressaten fast nur durch Kuriere. Und wer kam schon nach St. Jakob? Heimweh war angesagt, bei jedem der Mädchen verschieden stark.

Ich fühlte mich durch die Anwesenheit der zwei Professorinnen behütet und war jung und optimistisch genug, dass alles ein gutes Ende nehmen würde, wenngleich die Möglichkeit des Verlusts meines Zuhauses oder meiner Mutter bestand. Schließlich fielen in den sechs Monaten Funkstille zwischen Tirol und Wien immer wieder Bomben in reicher Zahl auf die Hauptstadt. Eine davon zerstörte das Haus meiner Tante Resi in der Pappenheimgasse des 20. Bezirkes […]. Den ausgebombten Familien wurden Ersatzwohnungen zur Verfügung gestellt und meine Tante bekam eine gleich bei uns um die Ecke in der Tendlergasse. Wieder im dritten Stock mit einer großartigen Verbesserung in Form eines winzigen Kabinetts.

Unser Haus in der Spitalgasse 25 blieb von den Bomben verschont und nach eineinhalb Jahren Abwesenheit (ein Jahr Puchberg, sechs Monate Tirol) kehrte ich wieder heim in die Hausbesorgerwohnung mit Zimmer, Küche, Kabinett.

Robert Fischer

wurde am 13. Juli 1932 als Sohn eines Postbediensteten und einer Hausfrau in Mühlbach am Manhartsberg (Niederösterreich) geboren. Gemeinsam mit fünf Geschwistern wuchs er in der sogenannten Stadtrandsiedlung in Wien-Leopoldau auf. Da der Vater 1934 seine Arbeit verlor, war die finanzielle Lage der Familie angespannt: Die Lebensmittelversorgung wurde durch den Anbau von Obst und Gemüse im eigenen Garten sichergestellt.

Gegen Ende des Zweiten Weltkriegs nahmen Robert Fischer und sein um vier Jahre jüngerer Bruder an der Erweiterten Kinderlandschickung teil. Die Schüler wurden zunächst nach Dombóvár (Ungarn), später an verschiedene Orte in Niederösterreich gebracht. Im Frühjahr 1945 flüchteten die Kinder und ihre Lehrkräfte aufgrund des Herannahens der Roten Armee ins Salzkammergut. Im Sommer desselben Jahres erfolgte schließlich die Rückkehr der Jungen nach Wien. Da sich Robert Fischers Mutter zu diesem Zeitpunkt in Bayern aufhielt und der Vater sich in Kriegsgefangenschaft befand, kümmerte sich die Kinderübernahmestelle um die beiden Burschen und brachte sie in einem Kloster unter.

Nach Abschluss der Hauptschule absolvierte Robert Fischer eine Lehre zum Installateur und legte später die Meister- und Konzessionsprüfung ab. 1956 heiratete er. Das Ehepaar bekam eine Tochter und baute gemeinsam einen Installateurbetrieb auf, den Robert Fischer bis zu seiner Pensionierung führte.

Angeregt durch einen Zeitungsartikel zum Thema Kinderlandverschickung und die darin enthaltene Bitte um Erfahrungsberichte von daran Beteiligten schrieb Robert Fischer im Sommer 2018 seine Erinnerungen an „KLV-Lager in der Hitlerzeit" auf drei handschriftlichen Seiten nieder, die im folgenden Beitrag ungekürzt wiedergegeben sind.

„Für uns Kinder war es eine sehr schöne Zeit“

Zu Beginn möchte ich festhalten, dass wir während der Kinderlandverschickung (1944–1945) nie politisch befasst wurden. Die Aktion wurde meinem Empfinden nach nur zum Schutze der Schulkinder vor dem Bombenkrieg durchgeführt.

Mein Bericht beginnt in Ungarn. Im Februar 1944 wurde meine Klasse aus der neuen Hauptschule Aderklaaer Straße (21. Wiener Gemeindebezirk) samt Lehrer Glosauer per Bahn in ein Dorf nahe Dombóvár (Südungarn) zu „volksdeutschen“* Familien gebracht. In einem Gemeinschaftsraum wurde täglich ein provisorischer Schulunterricht durchgeführt. Wir waren etwa von Februar bis Juli dort und wurden dann nach Wien zurückgebracht. Kaum zu Hause, erlebte ich in Leopoldau – unbeschadet – einige Bombenangriffe, die ersten in Wien.

Bald darauf kam unsere Klasse ins Mostviertel nach Markt Ardagger. Wir wurden im Gasthaus Enenkel untergebracht und dort auch unterrichtet. Für uns Kinder war es eine sehr schöne Zeit. Wir machten Ausflüge auf den nahen Kollmitzberg, in die Donauauen, gingen oft schwimmen. Ein Bootsführer brachte uns mehrere Male auf eine nahegelegene Insel. Wir erlebten Natur pur, über uns flogen die amerikanischen Bomberverbände Richtung Wien. Dabei konnte ich den Abschuss eines Flugzeuges beobachten. Der Bomber erhielt einen Volltreffer und brach auseinander, die Trümmer stürzten in der Nähe von Wallsee herab. Unser Aufenthalt endete im September oder Oktober und wir fuhren wieder nach Wien.

Anschließend, nach etwa einer Woche, wurde unsere Klasse wieder mit der Bahn aufs Land nach Altenmarkt-Thenneberg gebracht. Dort wurden wir im größten Gasthaus einquartiert, wo wir Verpflegung und Unterricht bekamen. Es war wieder eine schöne und erlebnisreiche Zeit. Ich erlernte mit primitiven Bretteln das Schifahren, auf einem 20-Meter-

Robert Fischer bei einem kurzen Aufenthalt zu Hause (1944)

Hügel hinter dem Gasthaus.

Unser Aufenthalt endete im März oder April 1945; wir mussten vor den vorrückenden Russen fliehen. Auf Umwegen und Nebenbahnen wurden wir in mehreren Etappen über Maria Taferl, Kienberg-Gaming, Lunz am See, Gesäuse und Hallstätter See nach Bad Ischl gebracht. Die Bahn hatte für uns nur Viehwaggons bereit. Trotz schlechter Aussicht aus dem Waggon konnten wir fallweise die schöne Winterlandschaft im Gesäuse bewundern. Wir wurden in das Schloss Engleithen einquartiert. Dort erlebten wir den Abzug der deutschen Wehrmacht und kurz darauf den Einmarsch der Amerikaner.

Der Aufenthalt im Schloss Engleithen endete nach ca. zwei Monaten. Die deutsche Wehrmacht hinterließ zehn bis zwanzig Säcke Haselnüsse, die wir uns mit bösen Folgen schmecken ließen: Alle Schüler bekamen fürchterlichen Durchfall. Da wir nur eine Toilette zur Verfügung hatten, brauche ich das Ende dieser Geschichte wohl nicht zu schildern.

Kurz darauf wurden wir nach Ischl, in eine Pension in der Kaltenbachstraße, verlegt. Der Aufenthalt dort war „hungrig". Die Heimleiterin war korrupt: Sie versorgte sich selbst mit allem und ließ uns halb verhungern. Als Mahlzeit bekamen wir zwei bis drei Zentimeter große Kartoffeln und einige Gramm Butter. Um halbwegs satt zu werden, habe ich die

Kartoffelschalen auch verspeist. In dieser Notlage fanden wir im Keller Säcke mit getrockneten Zuckerrübenschnitzeln, die uns ganz gut schmeckten. Diese wurden uns dann öfters als Mahlzeit serviert. Dieser Aufenthalt endete im Sommer 1945. Wir wurden mit einem LKW nach Wien zurückgebracht. Unsere Familie war lange getrennt gewesen und fand nach Monaten wieder zusammen.

Gottfried Stepan

wurde am 18. September 1931 in Wien geboren. Als Sohn eines Goldschmiedes und einer gelernten Kontoristin wuchs er mit einer um elf Jahre älteren Schwester im 16. Wiener Gemeindebezirk auf. Die Familie lebte in einer Zimmer-Küche-Kabinett-Wohnung nahe der Schmelz.

Im Winter 1944 kam Gottfried Stepan im Zuge der Erweiterten Kinderlandverschickung nach Nový Smokovec (Neuschmecks) in der Hohen Tatra (Slowakei), von wo er im Herbst 1944 nach einer Hepatitiserkrankung heimkehrte. Nach einigen Monaten zu Hause trat er zur Jahreswende 1944/45 seinen zweiten KLV-Aufenthalt in Kaiserbrunn im Raxgebiet (Niederösterreich) an. Das Vorrücken der Sowjetarmee bewog die verantwortlichen Lehrkräfte im Frühjahr 1945 zur Flucht in Richtung Westen, die schließlich bis zum Kochelsee in Oberbayern führte, wo einige Dutzend Buben mit ihren Erziehern in einem ehemaligen Kloster unterkamen. Erst im September 1945 kehrte die Gruppe nach zahlreichen Verzögerungen und Umwegen nach Wien zurück.

Kurz darauf begann Gottfried Stepan die Lehre zum Goldschmied. 1949 legte er die Gesellenprüfung, vier Jahre später die Meisterprüfung ab und arbeitete fortan in der Werkstätte seines Vaters. Im Jahr 1956 heiratete er und bezog mit seiner Frau Edith eine kleine eigene Wohnung. Mitte der 1960er Jahre übernahm er schließlich den väterlichen Betrieb und führte diesen bis zu seiner Pensionierung im Jahr 1991 weiter. Gottfried Stepan verstarb am 31. März 2006 in Wien.

In den 1990er Jahren veröffentlichte der Autor zwei Fachbücher zum Goldschmiedehandwerk. Angeregt durch sein soziales Umfeld verfasste er weiters eine Autobiografie mit dem Titel „Mein Goldschmiedeleben" und ließ sie im März 2002 zu einer 144-seitigen

Broschüre binden, die er der Dokumentation lebensgeschichtlicher Aufzeichnungen übergab. Seine Erinnerungen an die Zeit der Kinderlandverschickung nehmen darin breiten Raum ein und werden im folgenden Beitrag gekürzt wiedergegeben.

„Auf geht's, wir ziehen nach Westen!"

[...] Ich wurde gegen meinen Willen in der Hitlerjugend eingeschrieben, angeblich, um mir das Schlampigsein auszutreiben. Ich wollte nicht gerne exerzieren und hasste die Kommando-Brüllerei. Aber es nützte nichts, ich musste mitspielen. Von Leibesübungen hielt ich sehr wenig. Wenn ich mit Klassenkameraden Fußball spielte, stand ich meist im Tor, da musste man am wenigsten rennen.

Als 1942 ein in eine braune Uniform gekleideter, fescher junger Mann in unsere Schule kam und dem Unterricht beiwohnte, verstummten alle eingeschüchtert. Mir jedoch imponierte der Kerl überhaupt nicht und ich gab auf die vom Lehrer gestellten Fragen offen und ohne zu zögern Antwort. Dies sollte ich noch sehr bereuen.

Kurz darauf erhielten meine Eltern die Mitteilung, ich sei unter weiß Gott wie vielen Knaben auserkoren worden, in die „Adolf-Hitler-Schule"* in der Ordensburg Sonthofen (Bayern) einzutreten. Meine Eltern fühlten sich geehrt. Es schmeichelte ihnen sehr, dass gerade ich für eine hervorragende Ausbildung ausgesucht wurde. Mir blieb der Bissen im Hals stecken. Alles wollte ich geduldig ertragen, bloß das nicht. Ich sah mich schon vor dem Frühstück Morgensport betreiben, im Gleichschritt den Speisesaal betreten und wieder verlassen. Auch wusste ich, ich würde jedes Mal bei der Betten- und Spindkontrolle auffallen. Nein, fürchterlich, das kann mir niemand zumuten! Sofort verweigerte ich jegliche Nahrungsaufnahme und stierte nur mehr leer vor mich hin, bis meine

Eltern einsahen, dass ich ein kleinkarierter Scheißer bleiben wollte und zu einem zukünftigen Gauleiter* nicht taugte.

Als Freunde suchte ich mir immer die wildesten, meist aus ärmeren Verhältnissen stammenden Buben aus. Ich wollte Einblicke gewinnen, meinen Horizont erweitern. Zum Bravsein wurde ich daheim ohnehin ununterbrochen angehalten. Meine Freunde waren meiner Mutter ein Dorn im Auge. Um ihr eine Freude zu bereiten, freundete ich mich mit dem ruhigsten Burschen meiner Klasse an. Er war blond, sehr introvertiert, hieß Frank und war ein geschickter Bastler.

Plötzlich hieß es, obwohl ich mir in letzter Zeit keines Vergehens bewusst war, meine Mutter soll in die Schule kommen. Mein Klassenvorstand (ein bornierter Rassenfanatiker), der auf mich – warum, weiß ich nicht – ein wohlwollendes Auge geworfen hatte, riet ihr, ich solle mir andere Freunde suchen, Frank sei Halbjude. Solche Eingriffe in meine Privatsphäre ließ ich mir nicht gefallen. Obwohl verdeckt, intensivierte ich diese Beziehung.

Zur selben Zeit wurden die Bombenangriffe der Amerikaner auf Städte immer häufiger und schwerer. Um wenigstens die Jugend zu schützen, verfügte die damalige Reichsregierung die Einrichtung von sogenannten KLV-Lagern. Man verlagerte ganze Schulklassen entweder in ländliche Gegenden oder ins befreundete Ausland.

Mein rassenfanatischer Klassenvorstand merkte, dass ich seine Warnung ignorierte. Um die Trennung von meinem halbjüdischen Freund durchzusetzen, überredete er meine Eltern, mich ihm mitzugeben. Er fuhr mit um ein Jahr älteren Schülern der vierten Klasse in ein solches Lager in die Hohe Tatra, ein Gebirge in der Slowakei. Die Slowakei war während des Krieges (wie heute) ein souveräner Staat; davor und danach war sie mit Tschechien in Staatsunion.

Mein Klassenvorstand meinte, der Lehrstoff einer höheren Klasse wäre meiner Intelligenz angemessen (es ist erstaunlich, wie leicht sich Eltern von der Genialität ihrer Kinder überzeugen lassen). Zu essen gebe es dort im Überfluss (ein glatter Schwindel), Bomben seien dort noch nie gefallen (das stimmte), und er würde auf mich aufpassen (leider). Übrigens, Halbjuden müssten zu Hause bleiben.

Allein schon der Begriff „Lager" hatte für mich den bitteren Beigeschmack von Erziehungsanstalt, dann noch mit älteren, mir unbekannten Burschen … Aber es blieb mir nichts übrig. Mit einem Koffer und in der schwarzen HJ-Uniform verabschiedete ich mich abends am Nordbahnhof. Das Herz war mir schwer. In Wien begann bereits der Frühling.

Der Zug war nur mit Kindern und Lehrern gefüllt und erreichte nach Mitternacht eine Stadt namens Pistian (ausgesprochen „Pischdian") – der Ortsname erregte unsere Heiterkeit. Mit unserem Gepäck wurden wir in eine riesige Halle mit Tischen und Sesseln geführt. Die Slowaken müssen geglaubt haben, dass wir halb verhungert ankamen. Man setzte jedem von uns eine irre Portion Mohn-Bandnudeln vor, die vor Fett trieften. Unsere Lehrer eilten von Tisch zu Tisch und forderten uns auf, kräftig zuzugreifen. Wir jedoch hatten den von unseren Müttern liebevoll mitgegebenen Reiseproviant aufgegessen und stocherten lustlos in den Bandnudeln herum. Noch heute sind mir Bandnudeln zuwider. Wir brachten vor lauter Aufregung über das Unbekannte, das uns erwartete, gepaart mit Heimweh, keinen Bissen hinunter.

Am nächsten Morgen ging es mit der Bahn bis Tatralomnitz, einer kleinen Stadt am Fuße des Gebirgsmassivs, und von dort mit einer elektrifizierten Lokalbahn etwas höher hinauf nach Nový Smokovec, zu Deutsch: Neuschmecks. Es war dies eine Art Höhenkurort, vergleichbar etwa mit dem Semmering, und tief verschneit. Es gab kaum Privathäuser, nur riesige Hotels und kleinere Familienpensionen. Der ganze Ort war sehr weitläufig, so alle Kilometer ein Hotel. Als wir ankamen, lag der Schnee fast eineinhalb Meter hoch und es war sehr kalt. In der Gegend benützte man noch Fahrenheit-Thermometer, bei denen wir uns nicht auskannten.

Meine Klasse, 28 Buben und zwei Lehrer, wurde in eine kleine Pension eingewiesen. Auch ein sogenannter Lagermannschaftsführer* wurde uns zugeteilt. Es war dies ein etwa siebzehnjähriger Bursche mit höherem HJ-Rang. Das war damals in jedem Lager so Sitte. Er fühlte sich für unsere vormilitärische Ausbildung, sprich Drill, zuständig. Die Zimmer waren unbeheizt und mit je sechs Schülern belegt, welche in Stockbetten schliefen. In der ersten Nacht froren wir entsetzlich mit nur einer dünnen Wolldecke. Nach Protest gab man uns eine zweite Decke. Wenn wir schlafen gingen, behielten wir so viel Kleidung wie möglich an. Glücklich waren diejenigen, welche einen Trainingsanzug hatten.

Mein Klassenvorstand war mir in Wien schon nicht sympathisch gewesen, die neuen Klassenkameraden musste ich erst langsam kennenlernen, und der Lehrstoff, in den ich mitten im Schuljahr von einem auf den andern Tag hineingestoßen wurde, war mir fremd. Außerdem war da noch der Lagermannschaftsführer, der uns mit seinem militärischen Gehabe quälte. Das fing, wie ich befürchtet hatte, mit Morgensport an; zu den Mahlzeiten durfte man sich erst auf Kommando hinsetzen. Am Morgen wurde die Fahne gehisst, am Abend eingeholt. Immer vor stramm angetretener Mannschaft. Betten und Spind wurden kontrolliert, und wenn dabei etwas nicht gefiel oder nicht im rechten Winkel lag, wurde alles auf den Boden geworfen, und zwar von allen Bewohnern der Stube. Man wurde dadurch für Versäumnisse anderer bestraft.

Genau so hatte ich mir das vorgestellt. Mir so etwas anzutun, wo ich von zu Hause den Status eines wohlbehüteten Knaben gewohnt war! Niemand putzte meine Schuhe oder kümmerte sich um Flecken in der Kleidung. Alles musste man selbst machen. Vor wenigen Tagen wurde mir noch die Zahnpaste aufs Bürstel gedrückt. Es war deprimierend.

Wurde nicht marschiert oder exerziert, mussten wir Marschlieder einstudieren. Jetzt reichte es mir. Ich leistete aktiven Widerstand und sang absichtlich gekonnt falsch. Somit war ich vom Singen befreit.

Aber das Ärgste kam erst. Wir mussten unsere eigenen schwarzen HJ-Uniformen ausziehen und wurden mit braunen Uniformen eingekleidet. Alle anderen Lager behielten ihre schwarzen Uniformen. Wo wir hinkamen, wurden wir komisch angeschaut. Uns war das peinlich. Warum gerade wir die Ausnahme waren, weiß ich nicht. Man hielt uns für eine Sondertruppe oder für eine dem Nationalsozialismus besonders ergebene Einheit.

Das schlug dem Fass den Boden aus. Ich war so unglücklich, wie man es nur sein konnte. Fast alle hatten schreckliches Heimweh; einige wenige gaben es bloß nicht zu. Hätten wir uns in der Landessprache verständigen können, wären wir ohne Koffer nach Hause gewandert. Einer hat es dennoch versucht. Er wurde heulend und unter Schimpf und Schande nach drei Tagen zurückgebracht. Dies entmutigte uns endgültig.

Nach drei Wochen reisten ca. hundert Ottakringer Buben in ein nur einen Kilometer entferntes Lager an, darunter war auch eine meinem Alter entsprechende dritte Klasse. Als mich mein Klassenvorstand so ganz beiläufig fragte, ob ich vielleicht überwechseln wolle, dachte ich mir: Schlechter kann es nicht werden – und griff begeistert zu. Er war von mir menschlich sehr enttäuscht.

Ich muss ihn noch etwas näher beschreiben: Er hatte eine kurzgeschnittene Stehfrisur, eine faltige, hohe Stirn, eng stehende Augen mit stechendem Blick, eine schmale Hakennase, einen fast lippenlosen Mund und am Kinn ein kleines dreieckiges Bärtchen – so habe ich mir immer den Teufel vorgestellt. Außerdem war er ein übertriebener Ästhet mit gezierten Bewegungen. Sein Gabelfrühstücksbrot aß er immer zur

Hälfte in eine Serviette eingewickelt. Ich kann mir nicht helfen, mir ekelte vor ihm. Heute kann ich darüber berichten, damals wusste ich nicht, wieso. Seine Zuneigung versetzte mich unbewusst in Angst. Ich war froh, ihm entronnen zu sein, und sah ihn niemals wieder.

Als ich mich im neuen Lager, der Villa Vesna, noch in der braunen Uniform anmeldete, sahen mich meine neuen Schulfreunde voll Entsetzen an. Vor der Symbolik dieser Farbe graute ihnen. Alle, besonders ich, waren froh, als ich sie ablegen durfte.

Es war herrlich, der Unterricht mit Gleichaltrigen fiel mir leichter. Das Haus war heller und moderner, verfügte über eine Zentralheizung, und nachdem die Angst vor meiner braunen Uniform gewichen war, verstand ich mich mit meinen neuen Kameraden ausgezeichnet. Zwar hatten wir auch einen Lagermannschaftsführer, so einen aufgeblasenen achtzehnjährigen HJ-Schnösel, der sich anfangs wild gebärdete, aber bei hundert Ottakringer Buben nicht viel zu plaudern hatte. Wir sind draufgekommen, dass Beschwerden bei unseren Lehrern sinnlos waren. Sie erklärten sich für unsere außerschulische Disziplin nur bedingt zuständig. Und Beschwerden bei seiner übergeordneten Dienststelle wären für ihn außerordentlich blamabel gewesen.

Nachdem wir ihn „gezähmt" hatten, verstanden wir uns prächtig. Vor offiziellen Auftritten ersuchte er uns höflich, ihn nicht zu blamieren. Wir markierten zackige Jungs, ließen mit uns herumbrüllen und schmetterten deutsche Soldatenlieder. Ich hatte meine Musikalität inzwischen wiedergefunden. Wenn wir unter uns waren, machten wir eher gemütliche Ausflüge, als dass wir marschierten. Sahen wir von Weitem ein anderes Lager daherkommen, formierten wir uns blitzartig zu einer äußerst disziplinierten Marschkolonne, bis wir wieder außer Sicht waren. Dieses Versteckspiel machte uns wirklich Spaß. Nie hätte man uns solch einen unbedingten

Gehorsam aufzwingen können. Aber weil wir uns mit unserem HJ-Lagerführer arrangieren konnten, spielten wir mit Freuden mit. Auch er hatte seinen Vorteil davon. Als Mann mit hervorragendem Durchsetzungsvermögen stand er bei seinen Vorgesetzten hoch im Kurs. Wenn die gewusst hätten, wie verzweifelt er über unseren anfänglichen Ungehorsam war … Er lernte bei uns den uralten österreichischen Grundsatz „Leben und leben lassen“ kennen.

Die Landschaft war dort wunderschön. Im Norden ein riesiger, steil ansteigender Berg ohne sichtbare Felsen. Dies war die Hohe Tatra. So etwas Beeindruckendes habe ich seither nie wieder gesehen. Der Berg war doppelt so hoch wie die Baumgrenze. Rundherum waren Urwälder, die gleich hinter dem Haus begannen. Wenn man auf dem hart gefrorenen Schnee in den Wald ging, durfte man den hohen Nadelbäumen nicht zu nahe kommen, sonst rutschte man unter die Zweige, in eine zwei Meter tiefe schneefreie Mulde, in der es windstill war. Um wieder herauszukommen, musste man Stufen in den Schnee treten. Im Sommer fanden wir ein großes Moränenfeld. Auf den runden, teilweise übereinander liegenden Felsen ließ es sich wunderbar herumklettern. Sehenswerte Wasserfälle gab es auch. Für abenteuerlustige Buben war es ein Eldorado. Unsere Lehrer standen Todesängste aus, wir könnten uns verirren oder irgendwo herunterfallen. Im Frühling, der dort viel später begann, konnten wir das Haus kaum verlassen. Der Boden war sumpfig. Die nachfolgende Zeit wurde von uns zu ausgedehnten Erkundungstouren genutzt.

Einmal in der Woche war Badetag. Nachdem dieses Ereignis beim ersten Mal in ein Chaos gemündet war, wurde ich zum Bademeister ernannt. Dies hatte zwei Gründe: Erstens betrachtete man mich als besonders reinlichkeitsliebend und zweitens hatte ich eine Armbanduhr, mit der ich die Badezeit für hundert Buben, die Lehrer, die hauseigene Krankenschwester und den Lagermannschaftsführer einteilen konnte. Das hatte seine Vorteile.

Einmal in der Woche konnte ich dafür den Unterricht schwänzen. Ich war Herr über die Zeit. Wer sich mit mir gutstellte, durfte etwas länger verweilen. Es gab nur eine Badewanne. Sie wurde von mir sauber gehalten. Schüler badeten zu zweit. Ich musste aufpassen, dass der ganze Körper eingeseift und auch die Haare gewaschen wurden. Bei einigen brauchte es mehr als gutes Zureden, um dies zu erreichen. Der Rücken wurde oft von mir geschrubbt. Erwachsene badeten einzeln und ohne meine Hilfe. Bei der Krankenschwester fand ich das bedauerlich.

Aber so schlecht kann ich nicht gewesen sein. Als ich fünf Wochen vor der Heimfahrt erkrankte, wurde der Posten des Bademeisters neu besetzt, und von allen Seiten hörte ich, ich sei viel besser gewesen. So machte ich im Herbst 1944, mit dreizehn Jahren, die Erfahrung jedes Künstlers: Erst wenn man stirbt, wird man gebührend anerkannt.

Gestorben bin ich nicht, aber es brach eine Epidemie akuter Gelbsucht aus. Zuerst dachte man, das Essen sei daran schuld. Die Krankheit breitete sich auch in anderen Lagern aus. Ein deutsches Militärärzteteam untersuchte die Erkrankten. Das Küchenpersonal wurde verdächtigt und heulte. Erst damals kam man zur Erkenntnis, dass es eine durch Bakterien übertragbare Gelbsucht gibt.

Merkwürdigerweise erkrankten viele Kinder, aber meines Wissens nur ein einziger Lehrer eines anderen Lagers. Bei uns erwischte es von hundert Buben sechs. Wir wurden unter Quarantäne gestellt. Hinter uns wurde die Türe versperrt. Nur die Krankenschwester hatte Zutritt. Wir erhielten keinerlei Medikamente. Wahrscheinlich gab es nichts, von dem man annehmen konnte, es würde uns helfen. Wie erhielten ausschließlich Zwieback, ungesüßten Tee und Karlsbader. Karlsbader ist ein weißes Salz, sieht aus wie Kristallzucker und wird in warmem Wasser aufgelöst. Es riecht nach faulen Eiern und schmeckt auch so. Es bewirkt Durchfall. Dreimal am Tag zwang man uns, einen vollen Becher dieses üblen Zeugs zu trinken. Man glaubt nicht, welche Probleme sich ergeben, wenn sechs Burschen mit Durchfall in einem Zimmer mit nur einer Toilette liegen und die Türe aus Quarantänegründen verschlossen ist …

Wir litten unter ständigem Gewichtsverlust. Waren wir vorher schon nicht allzu üppig ernährt worden, lernten wir jetzt das erste Mal ernstlich Hunger kennen. Wir konnten nur ans Essen denken und von nichts anderem sprechen.

Die ersten russischen Truppen standen schon in Polen, als alle KLV-Lager in der Slowakei geräumt wurden. Als wir mit dem Zug nach Wien kamen, war ich so geschwächt, dass man mich mit einem Taxi nach Hause brachte. Ich glaube, dazu brauchte man 1944 eine Sonderbewilligung. Ich sah so elend aus, dass meine Mutter in Tränen ausbrach, als sie mich sah. Durch ihre liebevolle Betreuung genas ich zusehends.

Alle Schulklassen wurden inzwischen wieder irgendwo aufs Land in neu errichtete KLV-Lager evakuiert. Mich ließ man vorläufig in Ruhe, da ich mich erstens schwächer stellte, als ich war, und zweitens mein Großvater väterlicherseits im Sterben lag.

Weihnachten 1944 waren die zweittraurigsten, an die ich mich erinnern kann. Die Rote Armee rückte immer näher. Deren Soldaten sollten sich, wie man so hörte, schlechter als Tiere benehmen. Der Krieg wurde allgemein als verloren betrachtet. An die Ankündigung von Wunderwaffen glaubte man nicht mehr. An allem herrschte Mangel. Niemand wusste, ob es nicht die letzten Weihnachten wären, die man noch erleben würde. […]

In den ersten Tagen des Jahres 1945 brachte mich mein Vater in mein neues KLV-Lager. Es war in Kaiserbrunn, wo auch die erste Wiener Hochquellenwasserleitung ihren Ausgang nimmt. Es war dies keine Ortschaft, sondern nur ein großer Gasthof mit Dependance und Nebengebäuden für die Försterei und einem uralten Gendarmen, der das Quellgebiet bewachen sollte. Es liegt an der Schwarza, einem Gebirgsfluss im Höllental, zwischen Schneeberg und Rax.

In Kaiserbrunn gefiel es mir von Anfang an. Meine hiesigen Mitschüler kannte ich schon von der Volksschule her und im Lagerleben hatte ich nun schon eine gewisse Erfahrung. Beides half mir sehr. Unsere Lehrer waren von der allgemeinen Weltuntergangsstimmung des Fünfundvierzigerjahres bedrückt und daher sehr verständnisvoll. Einen liebten wir besonders. Er trug den Geschichtestoff nicht wie üblich mit trocken heruntergeratschten Jahreszahlen vor, sondern schmückte seine Erzählungen mit teilweise böhmakelnd* vorgetragenen Raubersgeschichten aus. Dieser unvergesslich liebe Mensch erweckte in mir das Interesse für geschichtliche Themen.

Der unvermeidliche Lagermannschaftsführer war diesmal kein HJ-Schnösel, sondern ein junger verwundeter Soldat, der von seinen Erlebnissen gezeichnet und abgeklärt war. Mit ihm kamen wir ausgezeichnet zurecht. Obwohl er stets mit einem Krückstock ging, befürchtete er, nochmals einrücken zu müssen, und so war es auch. Wehmütig mussten wir von ihm Abschied nehmen. Wir hatten ihn richtig liebgewonnen. Sein Nachfolger, wieder so ein überhebliches Bürscherl, musste sich mit unserer Ablehnung zurechtfinden.

Wir waren zwei dritte Klassen und eine vierte Klasse Hauptschule, in der auch ich mich befand. In einer der dritten Klassen war ein merkwürdiger Knabe. Bei uns damals in Kaiserbrunn galt er als der größte Blödian und bezog täglich seine Prügel. An dieser allgemeinen Hatz habe ich mich nicht beteiligt. Er tat mir eigentlich leid. Nach Jahrzehnten, ich konnte es nicht fassen, wurde er für kurze Zeit österreichischer Minister. Wenn das nicht eine Bestätigung der Volkmeinung ist, dass uns hauptsächlich die größten Trottel regieren. [...]

Man wollte uns beschäftigen, darum sollten wir in Kaiserbrunn die Kunst des Schifahrens erlernen. Unter beträchtlichen Mühen – 1945 war alles schon sehr schwer aufzutreiben – besorgten meine Eltern ein Paar Holzschi mit Stahlkanten und einer Kandahar-Bindung. Dies stellte die Spitze der damaligen Sportartikelentwicklung dar. Alle beneideten mich. In puncto Leibesertüchtigung vertrat ich aber schon immer den Standpunkt Winston Churchills: „No Sports".

Ich stand nur zwei Mal auf den Brettln. Das Stehenbleiben hatte man mir als „watscheneinfach" beschrieben. Alle sprachen vom „Okristeln" (zu Deutsch: Abkristeln*) und vollführten dabei mit dem Steiß dieselben Bewegungen wie eine Ente, die aus dem Wasser steigt. Ich hielt nichts davon. Wir stiegen einen sanften Hang hinauf, ich schnallte an, rutschte hinunter und setzte zeitgerecht die Popo-Bremse ein. Das Aufstehen war eine arge Mühsal, sodass ich in Rage kam. Mein Stil wurde kritisiert. Als man mir dann noch erklärte, dass mein Bremsmanöver ausgesprochen unsportlich gewesen sei, nahm ich mir dies sehr zu Herzen. Ich schwor mir, von jetzt an gebe es für mich kein Bremsen.

Wieder stieg ich bergan, verschnaufte und rutschte den sanften Hang hinunter. Dann wurde es etwas steiler, danach überquerte ich eine verschneite Straße, dann wieder ein steileres Stück, ein kurzer Auslauf und dann die zugefrorene Schwarza. Ich war stolz, dies alles gemeistert zu haben. Dann aber brach das Eis unter mir, und ich stand bis zum Bauch im Wasser. Meine Schulfreunde, die Sauhunde, grölten vor Vergnügen. Ich musste Bluse und Hemd ausziehen, die Bindungen öffnen und die ach so wertvollen Schi ans Ufer werfen. (Erst Jahre später erfuhr ich, dass die Russen sie nach ihrem Eintreffen als Brennmaterial verwendet haben.)

Vorerst jedoch wurde ich für vierzehn Tage ins Krankenrevier eingewiesen. Ich war vom Unterricht befreit, musste heißen Tee mit Rum trinken und Aspirin schlucken. Schön war es, weil ich nämlich pumperlg'sund war.

Brennmaterial mussten wir selbst besorgen. Ein Förster zeigte uns die Bäume, welche wir fällen durften. Er nahm Rücksicht auf unser Alter und bezeichnete keine allzu dicken. Wir schnitten sie um, entasteten sie und schleiften sie zu Tal. Dort wurden sie in zwanzig Zentimeter lange Stücke zersägt und in handliche Scheite gehackt. Wer nicht arbeitete, hatte nichts zum Heizen. Vereinzelt kam es zu Holzdiebstählen. Aber wenn so ein Kerl erwischt wurde, gab's Saures. Unsere Lehrkräfte, alle im vorgerückten Alter, wurden von uns mitversorgt. Junge Lehrer gab es nicht, die waren alle an der Front.

Dann wurde es allmählich Frühling. Der Waldboden ringsum war mit einem Teppich von Schneerosen bedeckt. Etwas später blühte der Stängelenzian. Das sind 25 Zentimeter hohe Pflanzen, jede mit einer Vielzahl becherförmiger blauer Blüten. Allen Frauen, welche in unserer Abgeschiedenheit lebten, brachten wir fast täglich Blumensträuße.

Dreimal in der Woche übten wir das Singen im Chor. Unter Leitung unseres Lieblingslehrers sangen wir Heimatlieder, zum Beispiel „Es wor amol am Obend spot, a wundaschene Nacht ...".

Weil wir den Lehrer sehr mochten, sangen wir wie Engel. Durch seine Anweisungen lernten wir einiges über Chorgesang. Dies sprach sich herum und wir wurden zu Gedenkfeiern in der näheren Umgebung eingeladen. Wenn ein Angehöriger gefallen war, wurde in der Kirche, manchmal auch am Familiengrab, eine Heldengedenkfeier abgehalten. Wir sangen zum Abschluss immer „Ich hatt' einen Kameraden" und die Fahnen wurden gesenkt. Manchmal war das so ergreifend, dass uns die Tränen kamen. Wir waren sehr beliebt.

Mit unseren Lehrkräften machten wir Ausflüge auf Schneeberg und Rax. Wettermäßig war es eine schöne Zeit. Dies nützten die amerikanischen viermotorigen Bomber, welche in Begleitung von Jägern stundenlang über uns vorbeizogen. Oft versuchten wir sie zu zählen. Es gelang uns nie. Es waren zu viele. Wir betrachteten diese Machtdemonstration als verachtenswerte Prahlerei. Wenn Fliegeralarm war, verteilten wir uns in den Wäldern.

Dann auf einmal sahen wir, anfangs verblüfft, Wägen durch die schmale Straße des Höllentals westwärts ziehen. Zuerst nur am Tag, dann auch die ganze Nacht. Es waren meist Ungarn, oft auch in der Uniform der Pfeilkreuzler* (einer faschistischen ungarischen Partei, ähnlich den italienischen Schwarzhemden oder unserer SA). Ein Pferdewagen hinter dem anderen, manchmal auch Handkarren oder Kinderwägen mit Hausrat beladen. Eine schweigende Kolonne bedrückter Menschen. Erschrocken merkten wir, jetzt wird es ernst. Einige meinten, am besten wäre es, sich von den Russen überrollen zu lassen – was sollten sie schon Kindern tun? – und danach trachten, nach Wien zu unseren Eltern zu kommen.

Unsere Lehrer, welche für uns die Verantwortung trugen, hatten dies durchdiskutiert, riefen uns zusammen und erklärten uns, dass dies Blödsinn sei. Wir befanden uns in einem engen Tal, alle paar hundert Meter eine Brücke über die eiskalte Schwarza, die sicher alle gesprengt würden, um das Nachrücken des Feindes zu verzögern, und wir säßen ohne Verpflegung in der Falle. Außerdem sei die Freundlichkeit von Russen und Amerikanern unterschiedlich zu bewerten. Wir sollten versuchen, einen fahrbaren Untersatz für unsere Koffer zu basteln. Auf geht's, wir ziehen nach Westen!

Die Besitzerin von Kaiserbrunn schenkte uns ein Schwein. Es wurde in großen Stücken gebraten und ergab außerdem eine anständige Portion Bratensaft. Einige Laibe Brot wurden gegen Brotmarken besorgt und ein alter Kinderwagen zum Transport der Verpflegung vom Dachboden geholt.

Da nirgends Wagenräder aufzutreiben waren, zerlegte ich einen alten Kleiderständer. Er hatte zwei kräftige, rundgedrechselte Scheiben, mit einem Loch in der Mitte. Nur mit der Achse haperte es. Nirgends war eine passende Metallstange zu finden. Kurz entschlossen schnitzte ich mir einen Stecken zurecht und bastelte daraus ein Wägelchen für meinen Koffer.

Einige Freunde richteten sich ein Transportgestell nach Indianerart zu: ein A-förmiges Gerüst, der Koffer wurde darauf gebunden und die Spitze angehoben. Daran zog man und die zwei Enden schleiften am Weg hinterher. Diese Vorrichtung kannten wir aus Karl-May-Büchern.

Soweit ich mich erinnern kann, begann unsere Odyssee eine Woche nach Ostern. Wir reihten uns in die Kolonne ein. Nach 450 Metern brach meine Achse. An dieser Stelle rastete gerade eine Pferdewagenkolonne der „Organisation Todt"*. Das waren unbewaffnete, braun uniformierte ältere Herrn, deren Aufgabe darin bestand, bei technischen Notfällen oder Katastrophen helfend einzugreifen. Als einer dieser Männer unsere Schleifgestelle und meinen Achsbruch sah, erbarmte er sich und erlaubte uns, die Koffer bei ihm aufzuladen. Er sagte noch: „Wir ziehen alle in dieselbe Richtung, nach unserer Rast kommen wir nach. Wenn ihr am Straßenrand wartet, gebe ich euch die Koffer wieder herunter."

Wir waren glücklich und eilten unserer schon weit vorausmarschierenden Schar nach. Wir gingen ein ganz schön langes Wegstück zur „Singerin", einem Gasthaus, und von dort aus noch viel weiter über den Rossbachsattel nach Hohenberg, wo wir abends müde eintrafen. Am Straßenrand erwartete uns ein Lehrer, der uns zählte und in ein Gasthaus als Notunterkunft einweisen wollte. Er fragte, wo unser Gepäck sei, und wir erklärten es ihm.

Verärgert räsonierte er: „Ihr seid schöne Teppen, bei der

Singerin gabelt sich die Straße und eine davon führt in Richtung Steiermark. Jetzt bleibt da stehen und hofft, dass ihr Glück habt." Verdattert standen wir dort. Je mehr die Zeit verging, desto verzagter wurden wir. Nach langem, uns endlos erscheinendem Warten, sahen wir endlich unseren guten Mann. Er hatte zu tun, dass wir ihm nicht um den Hals fielen. Über so viel Dankbarkeit und Freude war er ganz überrascht. Dann erreichten wir, todmüde, aber auch froh, unsere Bleibe. Es war ein Mädchen-KLV-Lager. Wir durften im Speisesaal schlafen.

Am nächsten Tag hörten wir, die Russen seien schon in Wiener Neustadt. Wir waren ehrlich verzweifelt. Keiner von uns hatte auch nur einen Funken Zukunftshoffnung. Unser HJ-Lagerführer war irgendwie „versickert", plötzlich war er nicht mehr da. Wir sahen uns und unsere Eltern schon in einem Bleibergwerk in Sibirien bis zum Umfallen schuften. Nur wer diese Zeit miterlebt hat, kann unsere damaligen Gedanken verstehen. Uns brach wirklich eine Welt zusammen. Einige von uns Viertklasslern wollten lieber kämpfend sterben, als den Russen in die Hände zu fallen. Wir bürsteten unsere HJ-Uniformen aus und begaben uns zur Ortsgruppe. Bei der dortigen Frontleitstelle wollten wir uns zum Volkssturm melden. Der Volkssturm setzte sich zusammen aus alten Männern, Krüppeln, Fanatikern, Narren und Kindern, die einen Stahlhelm, eine Panzerfaust oder ein Gewehr erhielten und nach Möglichkeit die Rote Armee schlagen sollten.

Als wir darauf warteten, vorgelassen zu werden, stürzte unser Lehrer mit hochrotem Kopf herein und veranstaltete eine Watschenorgie. Im Elegant-Ausweichen hatte ich Übung, nur meine HJ-Kappe landete in einer Ecke. Er beschimpfte uns unflätig und brüllte dabei so laut, dass der dort Dienst tuende Feldwebel herbeikam. Es war ein uriger Bayer, der in seiner Mundart sagte: „I hedats eh gar niamols nit gnumma, de Rotzbuam de greislichen." Und weil wir schon da waren, erkundigte sich unser Lehrer nach einer Möglichkeit zur Weiterfahrt. Er erhielt folgende Antwort: „Waunn irgendamoi a Zug daherkimmt, stopf i enk eini.“ So kamen wir in einen total überfüllten Zug nach St. Pölten.

Dort verabschiedete sich auf Französisch (soll heißen, ohne die Lehrer zu fragen) der größte Bub unserer Klasse. Er war ein Riesenlackel* mit einer Bassstimme und mit schwarzbehaarter Brust. Er rasierte sich bereits, obwohl er erst 14 Jahre alt war. Wir anderen beneideten ihn deswegen alle.

Am St. Pöltener Bahnhof wurde uns ein Waggon zugeteilt. Wir waren ungefähr 85 bis 90 Personen. Tagelang fuhren, nein, rollten wir westwärts. Wenn Fliegeralarm war, blieben wir auf offener Strecke stehen. Dieselbe Strecke durchfährt man heute in zweieinhalb Stunden, wir benötigten damals Tage. In jedem Bahnhof drängten sich Leute dazu. In einer der Nächte erreichten wir endlich den Bahnhof Mauthausen. Gleich gegenüber befand sich ein Gasthaus, in dem wir einquartiert wurden. Es war wieder ein Mädchen-KLV-Lager. Wir erhielten eine herrlich schmeckende Gulaschsuppe mit einem Stück Brot. Danach fielen wir auf Tischen und Bänken in tiefen Schlaf. […]

Als ich morgens geweckt wurde, musste ich mich erst langsam in der Wirklichkeit zurechtfinden. Wir packten unseren Kram und gingen hinunter zum Donauufer, gleich unterhalb der damaligen Eisenbahnbrücke. Heute ist sie verbreitert und zweispurig von Autos befahrbar. Sogar für Fußgänger und Radfahrer ist ein Steg vorhanden. Das Ufer war kai-artig ausgebaut, mit Pollern zur Schiffsbefestigung. Zwischen Pflastersteinen waren Schienen eingelassen. Einige Lastkähne mit Stahldecks waren vertäut. Schleppschiff war keines da. Zwischen den Pflastersteinen waren eckige Aussparungen, in welche man junge Bäumchen gesetzt hatte.

Es hieß, wir sollen warten. Wir setzten uns auf die Koffer. Dreißig Meter von uns entfernt, fast unter der Brücke, war eine größere Ansammlung dunkel gekleideter, elend aussehender Männer und Frauen. Etwas näher, etwa zwölf Meter entfernt, stand knieweich ein alter Mann, ganz schwarz bekleidet, aber verschmutzt. Breitkrempiger Hut, schmales, ausgemergeltes Gesicht mit großen dunklen Augen, Vollbart und am Mantel den Judenstern.

Wir dachten: Schau, die armen Leute flüchten auch schon vor der Roten Armee. Er sah uns mit einem geradezu nach Hilfe schreienden Blick an. Er musste sich an einem Bäumchen festhalten, um nicht hinzufallen. Wir wollten ihm helfen. Am Morgen hatten wir unsere Tagesration, zwei doppelte Brote mit Schweinebraten, erhalten. Wir berieten uns. Einer kam auf folgende Idee: Wenn fünf von uns ihn einmal bei ihrem Brot abbeißen ließen, könnte er seines hergeben. Wir waren einverstanden. (Dass Juden kein Schweinefleisch essen dürfen, wussten wir wirklich nicht.) Eine Delegation von drei Buben in HJ-Uniform wurde mit einem eingewickelten Brot ausgesandt. Wir anderen sahen stolz zu.

Ein SS-Mann mit Stahlhelm und Gewehr – wir hatten ihn vorher unter der schwarz gekleideten Menschenansammlung gar nicht bemerkt – verhinderte das Vorhaben und trieb die drei zurück.

Wir waren wie vor den Kopf gestoßen. Was wird hier gespielt? Für uns war die SS eine Eliteeinheit. Verteidiger von Recht und Ordnung. Die Schutzmacht für Arme und Unterdrückte. Viele von uns wollten, wenn wir einmal erwachsen und für würdig befunden wären, in ihren Reihen unseren Militärdienst leisten. Wir hätten uns eher Lob als barsche Zurückweisung erwartet. Wir waren verwirrt. Als wir uns etwas erholt hatten, sahen wir uns um. Die Juden waren nicht mehr da.

Wir rätselten herum und kamen einhellig zu dem Schluss: Die müssen eine fürchterlich ansteckende Krankheit gehabt haben, welche diese Vorgangsweise rechtfertigte. Dieses Erlebnis hat uns noch lange beschäftigt.

Nach stundenlangem Warten führte man uns auf einen dieser Lastkähne. Er war schon mit anderen Flüchtlingen belegt. Uns wurde eine Ecke zugeteilt. Wir durften nur gruppenweise zum Luftschnappen an Deck. Unter Deck war ein behelfsmäßiger Latrinenverschlag. Alle litten unter dem Gestank. Irgendwann kam ein Schleppschiff, das uns nach Linz (ca. 27 Kilometer stromauf) bringen sollte. Wir benötigten dazu zwei Tage. [...]

Die etwa 90-köpfige Gruppe von Schülern und Begleitpersonen setzte die Flucht mit dem Zug über Salzburg und München bis Bad Tölz fort und gelangte schließlich per LKW nach Kochel am Kochelsee (Bayern), wo ein ehemaliges Kloster bereits längere Zeit von Schulklassen aus bombengefährdeten Städten im Ruhrgebiet als Unterkunft genutzt wurde. Schon auf der Fahrt wie auch den gesamten Sommer 1945 über war Hunger ein ständiger Begleiter der Burschen und das „Organisieren" von Essbarem entwickelte sich zu einer Hauptbeschäftigung. Außerdem hinterließ der Leiter des benachbarten deutschen KLV-Lagers einen bleibenden unangenehmen Eindruck in Gottfried Stepans Erinnerung.

Einen jugendlichen HJ-Führer wie in allen anderen Lagern gab es hier nicht, dafür gebärdete sich ein glatzköpfiger Oberstudienrat wie ein Tyrann. Er war fanatischer Nationalsozialist, mit dem Gesicht und auch dem Gehabe einer widerwärtigen, bösen Bulldogge. Niemals fand ich mehr einen Menschen, der das Böse so vollendet darstellte. Und gerade dies war sein Fehler. Hätte er nur eine Winzigkeit Humor oder Verständnis gezeigt, wäre er eine respektierte Persönlichkeit gewesen. So war er nur eine armselige Witzfigur. Augenblicklich verliehen wir ihm den Spitznamen „Bulli". Auch unsere Lehrer bemühten sich um eine möglichst große Distanz zu ihm.

Wenn ich mich so zurückerinnere, war unser Lager in zwei Gruppen gespalten. Hier Dortmunder, da Wiener. Wir lebten unter einem Dach und wollten voneinander nichts wissen. Das war, so glaube ich ganz fest, Bullis alleinige Schuld. Er versuchte nach dem Prinzip „Teile und herrsche“ zu regieren. Die Dortmunder Buben, welche er genauso wie uns schikanierte, waren wie wir arme Würstchen. Nur ließen sie es zu. Wir nicht. Außer einer etwas anderen Aussprache trennte uns eigentlich nichts von ihnen.

An vielen Dingen merkte man, dass der Krieg zu Ende ging. So hörten wir, ein nahegelegenes NSKK*-Lager würde aufgelassen. Die Bevölkerung könne sich nehmen, was brauchbar war. Unter Aufsicht unserer Lehrer gingen wir hin. Wir hofften auf Lebensmittel. Als wir ankamen, wurde gerade ein Soldat beim Überklettern des Tores von einem Wachposten erschossen. Verstört liefen wir zurück in unser Heim. Nach zwei Stunden schleppten Leute ganze Binkel* mit Mehl und Zucker vorbei. Als wir wieder ankamen, war nichts Essbares mehr zu finden. Ich sah das erste Mal, wie es nach einer Plünderung aussieht. Alles war verwüstet. Ich fand ein Paar hohe Rauleder-Arbeitsschuhe, für mich um zwei Nummern zu groß, und sechs Paar raue Militärsocken. Auch kratzende Militärdecken fanden wir damals attraktiv. Es waren harte Zeiten, und wir waren froh, überhaupt etwas gefunden zu haben. Von meinen erbeuteten Decken gab ich die Hälfte einem Dortmunder, der zu spät gekommen war. Er sah mich ganz verwundert an.

Unsere Wiener Lehrer empfahlen uns, die HJ-Uniformen verschwinden zu lassen. Ich schnürte mein Koppel* mit Dolch und meine Kappe in die Bluse, gab einige Steine dazu und warf das Paket, so weit ich konnte, in den See hinaus. Leider vergaß ich, das von meiner Mutter vorsorglich eingenähte Namensschild zu entfernen. Am nächsten Tag schwamm meine Bluse an der Oberfläche, wurde dem Bulli gebracht, und ich musste mir vor versammelter Mannschaft seine hämischen Schimpftiraden anhören. Ich schämte mich sehr.

Einige Tage danach sah ich das erste Mal einen Jeep. Auf der Motorabdeckung hatte er das Balkenkreuz, das deutsche militärische Erkennungszeichen. Dem darin sitzenden Leutnant bestürmten wir, was denn das für ein Fahrzeug sei. Er erklärte es uns und sagte auch, dass er das „Ende des großdeutschen Reiches" wäre, hinter ihm beginne Amerika. Traurig verabschiedeten wir uns von ihm.

Irgendjemand vom Haus hängte ein weißes Laken beim Fenster hinaus. Bulli schluchzte haltlos und brüllte, er wolle nimmer leben. Aber niemand half ihm dabei. Er wurde mit einem Beruhigungsmittel am helllichten Tag zu Bett gebracht. Erst am Tag darauf schlichen acht amerikanische Infanteristen im Straßengraben an unseren Fenstern vorbei. Auch dies stimmte uns traurig. Gegen so etwas, sagten wir uns, haben wir den Krieg verloren ... Danach passierte eine halbe Stunde gar nichts. Aber dann rollte eine nicht enden wollende Kolonne von Militärfahrzeugen an uns vorbei. Schwere Panzer, Geschütze, voll besetzte Lastwagen, Schützenpanzer, Jeeps und alle möglichen Trossfahrzeuge. Wir waren wieder beruhigt. Gegen so eine Übermacht durfte man schon einmal einen Krieg verlieren.

Gleich nach unserem Gebäude, hinter einer Buschreihe, war zu beiden Seiten der Straße eine große Wiese. Der linke Teil wurde ein großer amerikanischer Parkplatz. Rechts errichteten sie in Seenähe eine Zeltstadt. Unsere Lehrer verordneten uns Hausarrest.

War das Essen bisher schon grausam wenig, wurde es jetzt geradezu katastrophal. Nach wenigen Tagen hatten wir alle Kreislaufprobleme. Am Morgen beim Aufstehen mussten wir eine Zeit lang am Bettrand sitzen bleiben. Wer sich gleich zu erheben versuchte, landete auf der Nase.

Daraufhin gingen unsere Wiener Lehrer nach Kochel und ersuchten um eine Vorsprache beim amerikanischen Oberst. Bulli war zu dumm, zu stolz und auch zu feige dazu. Ein Fass Sauerkraut wurde uns zugesagt. Fünf Wiener Buben wurden mit einem Handkarren ausgesandt, es zu holen. Als wir zum Lager zurückkehrten, umringten uns die Dortmunder Buben und fragten, was wir da brächten? Als wir „Kraut" antworteten, fingen sie zu unserer Verblüffung mit einem Freudentanz an. Wir öffneten den Deckel und zeigten es ihnen, ihre Euphorie verwandelte sich in Enttäuschung und sie sagten: „Ooch Meensch, Sauerkohl!" Nach umständlichen Begriffserläuterungen war es geklärt: Sie hatten statt Kraut „Kreude" verstanden und meinten damit Pflaumenmus (bei uns Powidl) oder wenigstens Marmelade.

Ein herrenloses Pferd fingen wir ein und brachten es zum Fleischer. Er zerteilte es. Die Hälfte sollte dem Lager gehören, die andere ihm. Wir waren fassungslos, wie wenig uns blieb. Unser offensichtliches Misstrauen kommentierte der Metzger folgendermaßen: Leber, Milz, Herz und Lunge von Pferden seien ungenießbar – ob das stimmt, weiß ich bis heute nicht – und Schädel und Hufe habe er ebenfalls weggeschmissen. Wenn man ein Fass Sauerkraut und ein halbes Pferd auf hundert Buben, zehn Lehrer, eine Krankenschwester und das Küchen- und Reinigungspersonal aufteilt, kommt auf jeden nicht viel. [...]

Einige Tage nach Einmarsch der Amerikaner stürmte einer unserer Lehrer in unser Zimmer, als wir noch im Bett lagen. Er trug nur eine Turnhose, nicht einmal Hausschuhe hatte er an. Er tanzte wie verrückt herum, bis wir um ihn versammelt waren. Wie fürchteten, er wäre übergeschnappt. So hatten wir ihn noch nie gesehen. Dann sagte er unter Freudentränen: „Kinder, der Krieg ist aus, die Reichsregierung hat kapituliert."

Bei uns Buben wurde diese Nachricht wohl mit Erleichterung, aber ohne Enthusiasmus aufgenommen. Wir waren unter dem Regime aufgewachsen, wir fühlten uns als Deutsche und daher auch als Verlierer. Unsere Vorbilder waren Rommel, Mölders, Rudel, Udet, Dönitz usw. Der Krieg schien uns eher ein Abenteuer als etwas Verabscheuungswürdiges zu sein. Was wir vor dem Krieg von einer Demokratie erlebt hatten, war das widerliche Gezänk machtgieriger Politiker.

Das einzig Erfreuliche war: Der Hausarrest wurde aufgehoben. Wir durften nach dem Unterricht wieder ins Freie und mit unserem Schlauchboot herumpaddeln.

Plötzlich erschienen einige amerikanische Soldaten bei uns, verlangten nach dem Boss und Arbeitskräften zum Aufräumen der ausgeplünderten NSKK-Fahrschule. Bulli fühlte sich zuständig und stellte bereitwillig uns, 20 Wiener Buben, zur Verfügung. Wir hatten es nicht anders erwartet.

Das war den Amerikanern aber zu wenig. Widerwillig musste Bulli noch 30 Dortmunder Jünglinge herausrücken. Bei der Fahrschule angelangt, erhielten wir Eimer und Körbe. Die Böden der Hallen waren halbmeterhoch mit Akten, Formularen und Propagandaplakaten bedeckt. Unter dem Papierhaufen lagen Waffen, Munition und anderes Kriegsmaterial verstreut. Gleich neben der ersten Halle sollten wir das Kriegsmaterial aufschichten. Etwas entfernt davon wurden die Papiere verbrannt. Die Amerikaner achteten zigarettenrauchend darauf, dass die Haufen nicht verwechselt wurden. Zu zweit schleppten wir die Körbe Papier und die Kübel voll Munition zur jeweiligen Abladestelle. [...]

Langsam normalisierten sich die Zustände. Es gab wieder Lebensmittelmarken. Wenn man auch nicht viel bekam, etwas war es doch. So durften wir jede Woche 15 Stück 2-Kilo-Brotwecken vom Bäcker holen. Wieder wurden wir Wiener geschickt. Wir waren es schon gewohnt, die Baraberer* der Nation zu sein. Das erste Mal, als wir in den Keller der Bäckerei kamen, weiteten sich unsere Nasenflügel. Ein betörender Duft von frisch gebackenem Brot erfüllte den Raum. Überall gefüllte Regale mit knusprigen Broten. Der Bäckermeister sah uns den Hunger an und schenkte uns einen Wecken über das uns zustehende Kontingent. Das nächste Mal stahlen wir schon einen zusätzlichen. Wir wurden immer dreister. Alles Nachzählen half nichts. Wir manipulierten derart geschickt, dass wir auch mit sechs gestohlenen Wecken nicht erwischt wurden. Im Wald, weit vor dem Lager, erwarteten uns die anderen hungrigen Wiener. Es wurde geteilt und auf der Stelle aufgegessen. Nie gelang es uns, auch nur eine Scheibe Brot für den nächsten Tag aufzuheben.

Dann fiel es Bulli auf, dass wir gegen das Brotholen nicht protestierten, sondern sogar gerne gingen. Deshalb bestimmte er für das nächste Mal eine Dortmunder Partie. Wenn schon nicht wir, dann sollten wenigstens die anderen etwas davon haben. Wir klärten sie über die bisher erfolgreichen Praktiken auf. Zurück kamen sie verheult und ohne Brot. Der Bäcker verlangte in Zukunft ausschließlich nach Küchenpersonal, denn dieses war, wie nicht anders zu erwarten, nie hungrig.

Bulli räsonierte. Er habe ja gewusst, dass da was nicht stimmen kann, wir Wiener sollten uns schämen. Einer von uns gab die forsche Antwort: „Wir nicht, uns hat niemand erwischt."

Zwei Wiener Buben hatten das Bestehlen amerikanischer Lastkraftwagen perfektioniert. Nachdem sie uns an ihren Erträgen nicht beteiligten, wussten die anderen nichts davon. Sie hatten irgendwo eine Strickleiter gefunden, die sie nachts, wenn alle schliefen, beim Balkon herabließen und damit kommen und gehen konnten, wann immer sie wollten.

Sie schlichen auf den schlampig bewachten, nahen Armeeparkplatz und bedienten sich nach Herzenslust. Dabei übertrieben sie ein wenig. Sie stahlen Dinge, welche die Amerikaner selbst vor kurzem mühsam zusammengestohlen hatten. Ein Offizier beschwerte sich deswegen bei Bulli. Die Zimmer wurden durchsucht. Bei den zweien wurden Fotoapparate und Uhren gefunden. Die Militärpolizei führte sie ab. Wir dachten, dass weiß Gott was mit ihnen geschehen würde. Nach fünf Tagen waren sie wieder da und erzählten uns, sie hätten noch nie so gut und viel gegessen. Es sei das reinste Erholungslager gewesen. Leider wollte man sie nicht länger behalten. Wir anderen, die wegen Mundraub schon ein schlechtes Gewissen hatten, waren empört. Man hatte kriminelle Handlungen belohnt. Wir waren jung und unerfahren und grübelten darüber nach, welche Einstellung wohl die klügere wäre.

Der Sommer war damals wirklich wunderschön, fast immer war Sonnenschein und ganz selten ein Gewitter. Vormittags hatten wir Unterricht. Ferien entfielen dieses Jahr. Wir mussten die vielen abgesagten Schulstunden, die wir durch die Flucht und Fliegeralarme versäumt hatten, halbwegs nachholen. Forciert wurde Englisch gebüffelt und, weil Wien russisch besetzt war, auch einige Redewendungen in dieser Sprache. Nachmittags gingen wir Bootfahren oder sahen den Amerikanern beim Schießen auf Stoppeln, die im See schwammen, zu. Auch das Fischen mit Handgranaten und Tellerminen lernten wir von ihnen.

Nur eines lag uns auf der Seele: Wie soll es weitergehen? Wir hatten den Eindruck, wir hängen in der Luft. Niemand kümmerte es, was mit uns passierte. Seit Monaten hatten wir keine Verbindung zu unseren Angehörigen. Lebten unsere Eltern noch? Das Postwesen war, wie das Dritte Reich, zusammengebrochen. Wir hörten nur Gerüchte wie zum Beispiel: Wien ist nur mehr ein großer Trümmerhaufen. Die Russen regieren mit barbarischer Grausamkeit. Die wenigen Menschen, welche überlebt haben, sterben wie die Fliegen an Hunger und Typhus. – Das alles hielten wir für möglich. Nur als das Gerücht auftauchte, Österreicher hätten auf deutsche Kriegsgefangene, welche in oben offenen Waggons transportiert wurden, Steinbrocken von einer Brücke geschmissen, protestierten wir heftig. Unser Argument, dass Österreicher und Deutsche doch dieselben Uniformen trügen, war der Logik weniger zugänglich als so ein unsinniges Gerücht.

Wir litten unter Heimweh und berieten uns. Rein theoretisch gab es zwei Möglichkeiten, nach Österreich zu kommen. Südlich über die Berge, hinter dem Kochelsee und dem Walchensee, lag das von Franzosen besetzte Tirol. Wir fürchteten, unsere Kräfte würden nicht ausreichen, um unser Ziel zu Fuß zu erreichen. Außerdem war da die Ungewissheit, ob uns nicht die Franzosen zurückschicken würden. Wir hielten den anderen Weg für aussichtsreicher. Wir wollten mit unseren zwei Schlauchbooten den Abfluss des Kochelsees benutzen, dieser fließt in die Isar. Stromab liegt München, welches die Isar teilweise unterirdisch – überbaut wie der Wienfluss – durchfließt. Für diese Strecke hatten wir Fackeln. Die Isar mündet in die Donau, und schon wären wir zu Hause. Sollten wir irgendwo gestoppt werden – so hirnverbrannt konnte nicht einmal ein Russe sein, uns stromauf zurückzuschicken.

Unsere Wiener Gruppe war als Ganzes zu groß für zwei Schlauchboote. Acht Schüler und der etwas sportlichere Lehrer sollten in See stechen. Ein Probeschwimmen wurde veranstaltet, da jeder von uns einer der acht Glücklichen sein wollte, welche dieses Abenteuer miterleben durften. Beim Schwimmen legte ich mich ins Zeug und schwamm wie der Teufel. Leider war es ein Tag für Engel. Meine Schwimmkünste wurden als zu dürftig empfunden. Traurig gingen die Zurückgewiesenen in ihre Zimmer und schrieben jeder für sich eine Liste von Angehörigen, die von den Bootfahrern verständigt werden sollten, falls sie noch lebten. Von unseren kärglichen Essensrationen wurden haltbare Lebensmittel zurückbehalten als Reiseverpflegung für unsere Abenteurer. Diese wieder verschenkten entbehrlich scheinende Dinge an die Zurückbleibenden. Es war ein aufregend schöner Zeitabschnitt. Die acht Bootfahrer waren in euphorischer, die anderen in wehmütiger Aufbruchsstimmung. Wir hatten endlich wieder Hoffnung.

Der amerikanische Oberst der Militärverwaltung, welcher unserem Unternehmen bisher wohlwollend zugestimmt hatte, zog plötzlich sein Einverständnis zurück. Als er unsere tiefe Enttäuschung sah, versprach er, sich um eine Transportmöglichkeit zu kümmern. Tatsächlich, nach vierzehn Tagen hieß es, wir sollen uns bereithalten. Die Schlauchboote schenkten wir den Dortmundern und lebten von da an nur mehr aus den Koffern, jederzeit aufbruchbereit.

An einem Vormittag erschien ein offener Militärlastwagen mit einem deutschen Feldwebel am Steuer und einem amerikanischen Soldaten als Bewacher. Wir erhielten Reisepapiere bis Salzburg. Als wir abfuhren, winkten uns alle Dortmunder Buben nach. Ihre Lehrer blieben im Haus. Wir waren gerührt.

Wir fuhren und fuhren. Dann sahen wir das erste Mal in unserem Leben eine Autobahn. Gehört hatten wir schon davon. Jetzt fuhren wir darauf. Für uns war es eine Sensation. Vor der österreichischen Grenze war eine gesprengte Autobahnbrücke. Es gab eine Umfahrung, ins Tal hinunter und auf der anderen Seite hinauf, zurück zur Autobahn. Doch die im Tal stationierte amerikanische Militärpolizei ließ uns ums Verrecken nicht durch. Unsere Papiere interessierten sie nicht. Wir mussten zurück in die Grenzstadt Freilassing.

Dies sollte nicht die letzte Unterbrechung auf einer Heimreise mit vielen Hindernissen sein. Erst nach einer Woche wurde die Weiterfahrt nach Salzburg erlaubt, nach weiteren zwei Wochen erfolgte die zwischenzeitliche Unterbringung der Kinder in einem Flüchtlingslager in Bad Fusch, einem Höhenkurort an der Glocknerstraße. Mitte September gelangte die Schülergruppe schließlich auf Lastwägen zurück nach Salzburg.

Bald waren wir in Salzburg und bestiegen einen Zug, der nur mit Schülern und Lehrern besetzt war. Es war ein sogenannter Heimkehrerzug, der sogar, wie wir später erfuhren, in Wiener Zeitungen angekündigt wurde. Nur eines kann ich nicht verstehen: Wie kündigt man einen Zug an, der eineinhalb Tage lang von Salzburg nach Wien fährt? Unser Zug musste oft warten, um englischen, amerikanischen und französischen Militärzügen die Vorfahrt zu ermöglichen. Als wir früh am Morgen Wien erreichten, durften wir einen abgesperrten Bereich des Westbahnhofs nicht sofort verlassen. Es hieß, der Bürgermeister von Wien, ein gewisser General Theodor Körner, wolle uns erst noch begrüßen.

Außerhalb der Absperrung hörte man eine Menschenmenge murmeln. Wir wollten endlich wissen, ob unsere Eltern noch lebten, und alle Bürgermeister dieser Welt interessierten uns nicht im Geringsten. Aber nein, wir mussten auf einen Menschen warten, den wir nicht kannten. Dass er General war, imponierte uns bis zu dem Zeitpunkt, als einem von uns einfiel, dass auch die Heilsarmee Generäle habe. Endlich traf er ein. Er begrüßte alle Lehrer mit Handschlag. An uns ging er huldvoll lächelnd vorbei. Wir mussten noch warten, bis alle ausgiebig begrüßt waren und er sich verabschiedet und zum Auto begeben hatte. Dann erst wurde das Tor geöffnet und wir durften gehen.

Nach wenigen Metern sah ich meinen Vater. Ich ließ den Koffer fallen, fiel ihm um den Hals und heulte wie ein Schlosshund. Ich war so glücklich, ein Familienmitglied lebend vorzufinden. Es war der 19. September 1945, ein Tag nach meinem vierzehnten Geburtstag.

Dieter Roth

wurde am 23. Oktober 1932 in Wien geboren. Gemeinsam mit seinen Eltern und einem älteren Bruder lebte er in einer Wohnung auf der Landstraßer Hauptstraße im 3. Wiener Gemeindebezirk. Sein Vater war Chemiker und Inhaber einer Fabrik für chemische Produkte, seine Mutter führte den Haushalt.

Im Alter von elf Jahren nahm Dieter Roth an der Erweiterten Kinderlandverschickung teil. Gemeinsam mit seinen Schulkollegen (darunter auch Walter Beckenbauer, siehe den nächsten Beitrag dieses Bandes) wurde er im Februar 1944 in die Slowakei „verschickt“. Zunächst kamen die Buben in ein KLV-Lager in Helpach (Hel'pa), das wenig später nach Pistian (Piešt'any) verlegt wurde. Weitere Stationen waren Maria Schmolln und Seewalchen (Oberösterreich).

Während seine Schulkameraden im Herbst 1945 nach Wien zurückkehrten, blieb Dieter Roth bis 1947 in Oberösterreich, weil auch seine Eltern im Zuge einer Evakuierungsaktion aus Wien dorthin gekommen waren. In den folgenden Jahren besuchte er ein Internat in Waidhofen an der Thaya (Niederösterreich). Nach der Matura studierte er ein Semester Chemie und arbeitete dann in der Firma seines Vaters. Später war er in der Motorrad- und schließlich in der Chemiebranche tätig, wo er im Verkauf und im Außendienst arbeitete.

1967 heiratete Dieter Roth und wurde Vater von zwei Töchtern.

Angeregt durch die ab Mitte der 1990er Jahre veranstalteten regelmäßigen Treffen seiner ehemaligen Schulkameraden schrieb Dieter Roth speziell für diesen Adressatenkreis seine KLV-Erlebnisse nieder und ergänzte diese später um die Erfahrungen anderer Lagerteilnehmer. Ein Artikel in der Tageszeitung Kurier im Sommer 2018 veranlasste ihn dazu, seine Aufzeichnungen für wissenschaft-

liche Zwecke zur Verfügung zu stellen. Der mit Computer abgefasste Erinnerungstext umfasst im Original elf Seiten, die hier leicht gekürzt wiedergegeben werden.

„Die verbliebenen KLVler verbrachten die Zeit mit Organisieren …"

Infolge der zunehmenden Fliegerangriffe auf Wien wurde beschlossen, Schüler im Rahmen der Kinderlandverschickung in als sicher geltende Gebiete zu entsenden, unter anderem in die Slowakei. Diese war nach der Besetzung der Tschechoslowakei durch die deutsche Wehrmacht unter dem „Hlinka-Regime"* unabhängig und theoretisch neutral geworden, militärisch aber mit dem Deutschen Reich verbunden.

Im Schuljahr 1943/44 besuchte ich die erste Klasse der Oberschule für Knaben in der Josef-Gall-Gasse im zweiten Bezirk, genannt „Schüttelvarieté", weil sich ganz in der Nähe der Zirkus Renz befand. Am 21. Februar 1944 fuhr ich mit Mitschüler Hrybar, einigen Schülern der Unterbergergasse im 20. Bezirk, einzelnen Klassen der Kleinen Sperlgasse und der Vereinsgasse sowie mit Lagerleiter Schönbrunner, den mein Vater als Zeichenlehrer im Realgymnasium gehabt hatte, nach Helpach (Helpa), zwischen Hoher und Niederer Tatra, in die „neutrale" Slowakei.

Lehrer waren die Professoren Schönbrunner (Deutsch, Geschichte, Zeichnen, Werken), Schwarz (Englisch) und Sigmund (Mathematik), von uns Sigi genannt. Untergebracht waren wir im Gutshof Lucansky. Es gab viel Schnee, so dass einige, auch solche, die es überhaupt nicht konnten, Ski fuhren. Die Verpflegung war gut. Nur mit dem Frühstück, bestehend aus Milch mit großen Haferflocken, Marmeladebrot und Äpfeln, konnten sich anfangs nicht sehr viele anfreunden.

Dieter Roth (auf dem Baum) mit Lagerkameraden in Pistian/ Piešťany (1944)

Mittagessen, Jause und Abendessen wurden sofort akzeptiert, denn es gab hier noch alles an Lebensmitteln.

In der ersten Zeit war bei den Muttersöhnchen der Trennungsschmerz schon stark, so dass diese vor allem nachts heulten. Doch der LMF* brachte uns mit militärischer Disziplin schnell auf andere Gedanken, vor allem abends mit den gefürchteten „Maskenbällen", das hieß: Antreten in Winterausrüstung, dann Turnadjustierung, dann Trainingsanzug, dann Sommerkluft* und zum Schluss wieder Winterausrüstung oder andere Variationen. […]

Pistian (Piešťany)

Im April 1944 ging es aufgrund des Vorrückens der Russen und der Aktivitäten slowakischer Partisanen nach Bad Pistian an der Waag, ins Haus Berlansky. Es war ein Haus mit Paw-

Antreten der Buben vor dem Lagermannschaftsführer (1944)

latschen*, also einem Eisengang im ersten Stock über dem Hof, an welchen unsere Stuben anschlossen. Wir hatten dem Zeitgeist gemäß unsere Räume nach verschiedenen germanischen Helden benannt: Totila, Teja etc. Anfangs hatten wir noch den Lagermannschaftsführer* von Helpach. Dann kam ein Thüringer namens Rademacher nach, der uns als einziges Wiener Lager unter etlichen deutschen Lagern auf Vordermann brachte, durch viel „Schleifen" am steinigen und gatschigen* Waagufer. Dies war für uns auch deshalb unerfreulich, weil die DJ*-Uniform und die Schuhe von uns nachher wieder auf Hochglanz gebracht werden mussten.

Pistian war als Schwefelbad vor allem in der Monarchie bekannt, und das Wahrzeichen des Bades war ein Mann, der seine Krücken überm Knie zerbrach. Außer dem Palace Hotel aus der Gründerzeit gab es noch einige vornehme Hotels, welche von rekonvaleszenten Offizieren der deutschen Wehrmacht belegt waren. Wir konnten im EVA-Bad, mit Thermalwasser und Schwefelgestank, ab Mai unter Anleitung des LMF schwimmen und vom Dreimeterbrett „Mutsprünge“ üben.

Nach Ostern stand ein Besuch des Flugplatzes in Pistian am Programm. Ein slowakischer Leutnant, der unter der deutschen Wehrmacht seine Ausbildung gemacht hatte, erklärte uns die Tatra-Ausbildungsmaschine und die „Me 109 F“*. Einer nach dem anderen kletterte ehrfurchtsvoll in die Pilotenkanzel. Ich stellte mich nach Besichtigung unter das Flugzeug, gleich neben den Propeller. Einer drückte den Starter – platsch, hatte ich eine kräftige Ohrfeige vom Propeller erhalten. Die Schadenfreude der anderen war sehr groß. Als Ausgleich wurde ich einige Tage später von einem slowakischen Piloten mit dem Auto abgeholt und zum Flugplatz gebracht. Dort wartete der Leutnant in Fliegermontur. Er befahl mir zum Flugzeug mitzukommen. Dann kletterte er hinein, öffnete die Fallschirmgurte, ließ mich auf seinen Schoß setzen und zurrte sich wieder fest. Kanzel nach vorn geschlossen, gestartet und auf die holprige Piste – los.

Ich brachte vor Aufregung und Angst kein Wort heraus. Der mit großem Rumpeln erfolgte Start war bald vorbei, und steil ging es zu den Wolken. Es kam die erste Kurve, dann kamen noch einige, hinauf, hinunter. Er erklärte mir laut die Umgebung, aber aufgrund des Fluglärms verstand ich nicht viel. Er flog bis zu den Karpatenausläufern und dann ging es mit einigen „Raufs“ und „Runters“ wieder zurück. Am Flugplatz angekommen, ging es mir wie dem „Grafen Bobby“*: Was ich zuerst unten gehabt hatte, war jetzt nach dem Sturzflug ganz oben.

Das Essen war gut, aber nicht so hervorragend wie in Helpach. Es gab viele Mohnmehlspeisen: von Mohnnudeln, Mohnstrudel und Fleckerln mit Mohn und Zucker bis zum Mohngugelhupf reichten die Variationen. Mancher erinnert

Buben beim DKT-Spielen im Stiegenaufgang zu ihrer Unterkunft (1944)

sich heute noch mit Abscheu an die zweite Variante, den Nussstrudel, wobei die Nüsse bitter waren. Eines Tages gab es zu unserer Freude Palatschinken, welche der Köchin, die anscheinend bei den Eiern gespart hatte, aber etwas zäh geraten waren. Da wir alles, was uns zum Essen vorgesetzt wurde, aufessen mussten, damit wir „hart wie Kruppstahl, zäh wie Leder und flink wie Windhunde" werden sollten, war es ein Problem, wenn es nicht schmeckte oder zu viel war; obwohl wir Cerny – einen Mordsriegel* von einem Buben – hatten, der meist die übrig gebliebenen Speisen der anderen verdrückte. Einige beschlossen, die zähen Palatschinken vom Speisezimmerfenster im ersten Stock gassenseitig aus dem Fenster zu werfen. Wie es der Teufel will, trafen sie aber eine Frau mit Hut, worauf ein Dienstmädchen von Berlansky aufgebracht heraufkam und den Vorfall radebrechend schilderte.

Zusätzliches Schleifen durch LMF Rademacher war die Folge. Etwas später schüttete Steiner Wasser vom Eisengang in den Hof, traf aber Rademacher. Weiteres ausgiebiges Schleifen am Waagufer war angesagt.

Der Nachfolger von Rademacher war angenehmer und spielte gerne DKT*. Das wurde reichlich ausgenützt. Meist wurde, wenn der LMF am Gewinnen war, den Verlierern unbemerkt aus der Bank Geld zugesteckt, damit das Spiel länger dauerte und keine Zeit fürs Exerzieren blieb.

Einmal war Tulis mit Eßmeister auf einem Hügel am anderen Waagufer unterwegs, als sie von zwei größeren Slowakenbuben mit Prügeln angegriffen wurden. Eßmeister zog seinen DJ-Dolch und verletzte einen, worauf sie das Weite suchten. Tulis meldete den Vorfall dem Lagerleiter, was aber ohne Konsequenzen blieb.

Da einige Schüler infolge mangelnder Hygiene des Küchenpersonals unter Spulwürmern litten, erhielten wir alle zum Frühstücksbrot etliche abgeschälte Knoblauchzehen; auch die wenigen Fleischspeisen waren reichlich mit Knoblauch gewürzt. Kurz vor Ostern bekam ich eine Bindehautentzündung und erhöhte Temperatur und musste ins Stadtspital von Pistian. Die Verpflegung war besser als bei Berlansky und die Behandlung gut. In der Slowakei gab es noch alles ohne Marken zu kaufen. Unser Ziel waren Süßigkeiten und Eis. Doch wir hatten keine Kronen. Einige Findige kamen auf die Idee, internationale Postantwortscheine, welche die Eltern in Wien gegen Reichsmark kauften, in Pistian am Postamt gegen Kronen einzutauschen.

Eines Tages, Ende April, rief mich der Lagerleiter Schönbrunner zu sich. Ich solle dem Sohn des slowakischen Gesundheitsministers Gesellschaft leisten und mit ihm Deutsch sprechen. Der Gesundheitsminister war im Palace Hotel zur Kur. Dies war ganz angenehm, erstens gab es eine gute Jause und zweitens musste ich nachmittags nicht beim Singen und

Schleifen durch den LMF dabei sein. Unsere Turnlehrerin, eine blonde Sexbombe, traf ich manchmal im Palace Hotel, wo sie von den auf Kur- bzw. Genesungsurlaub anwesenden Offizieren öfters zum 5-Uhr-Tee oder Abendessen eingeladen wurde. Im Juli wurden wir doch etwas plötzlich aus Pistian abberufen, da das Gerücht kursierte, in der Tatra gebe es Partisanen.

Vor der Abreise nach Maria Schmolln schrieb ich meinem Vater, er möge mir viele Antwortscheine senden, denn ich wollte eine Schweizer Uhr kaufen – es gab Omega, Doxa, IWC, welche in Wien am Schwarzmarkt bereits das Doppelte bis Dreifache kosteten. Papa nahm das nicht so ernst, und so bekam ich nur wenige Antwortscheine.

Maria Schmolln

Im Juni 1944 ging es weiter nach Maria Schmolln bei Mattighofen in Oberösterreich, am Nordrand des Kobernaußerwaldes. Wir fuhren mit der Nordbahn über Stadlau zur Verbindungsbahn. Im Bahnhof Hauptzollamt* beschloss die zweite Klasse, die Gelegenheit zu nutzen und in Wien abzuhauen. Wir Jüngeren trauten uns nicht, mit unseren Koffern den Waggon zu verlassen, obwohl ich den Bahnhof und die Umgebung mit Stadtbahn und Pressburger Bahn gut kannte und auch die Ausreißer informierte, wie sie aus dem Bahnhof hinauskommen konnten.

Vom Hauptzollamt fuhren wir über die Verbindungsbahn zur Westbahnstrecke, dann ab Attnang-Puchheim Richtung Mattighofen. Von Mattighofen wurden wir mit einem Autobus nach Maria Schmolln gebracht.

In Maria Schmolln kamen wir in einem Kloster unter. […] Zuerst waren wir im ersten Stock in Zweier-Stockbetten, dann war ein Teil im zweiten Stock in hohen Vierer-Stockbetten. Im Herbst übersiedelten ich und einige andere in den zweiten Stock, wobei wir unsere Strohsäcke neu füllen mussten. Schönbrunner hielt uns auch an, den Steinboden im ersten Stock zu reinigen, was zur Folge hatte, dass die Schmutzränder unter den Fingernägeln lange nicht weggingen.

Das Essen wurde im 50 Meter vom Kloster entfernten Gasthof Schrempf eingenommen und war bedeutend schlechter als in Pistian. Einziger Lichtblick für mich und einige andere war, dass wir unsere Wäsche mittels Leiterwagerl, im Winter mit einem Schlitten, zu einer drei Kilometer entfernten Wäscherin brachten, welche uns meist mit guter Blutwurst und Erdäpfelschmarrn kulinarisch verwöhnte.

Im Sommer mussten wir Erdäpfelkäfer suchen. Beim ersten Bauern gab es auf dem Feld nur trockenes Brot und etwas Most, abends Stosuppe aus Buttermilch mit wenig Erdäpfeln und nachher großzügigerweise für jeden von uns eine große Buchtel. Nachdem ich aber beim Hereinkommen schon gesehen hatte, dass die Pfanne in der Bratröhre ziemlich voll war, konnte ich beim Verlassen des Hofes durch geschicktes Ablenken der anderen einige Buchteln unter das DJ-Hemd schmuggeln. Geschwind hinaus, denn die Buchteln waren noch heiß.

Bei den anderen Bauern war es besser, es gab Speck zum Brot, eine ordentliche Stosuppe aus Buttermilch und Rahm und genügend Buchteln. Weiters wurden wir von der Lagerleitung zum Heidelbeersammeln mit Blechdosen angehalten, was nur mürrisch und wenig erfolgreich ausgeführt wurde. Außerdem mussten wir die von feindlichen Flugzeugen abgeworfenen Flugzettel einsammeln und – natürlich ungelesen, no na – sofort dem LMF übergeben. Auch wurden wir vor gefährlichen, weil mit Sprengladungen versehenen Füllfedern oder Spielzeugen gewarnt, die angeblich nach Luftangriffen gefunden wurden. […]

Neben dem Klostergebäude war an der Ecke ein kleines Häuschen, in dem der Kameradschaftsbund einen Pulvervorrat für die damals immer häufiger werdenden Gefalleneneh-

Beim Heidelbeersammeln in Maria Schmolln (1944)

rungen aufbewahrte. Anfangs hatten wir Spaß, als uns Schönbrunner selbst das Knallen von Nestlé- oder Maggi-Dosen mittels Karbid beibrachte. Dann kamen einige auf die glorreiche Idee, Schwarzpulver aus dem kleinen Häuschen am Klosterareal zu entwenden und es damit zu versuchen. Die Knallerei war beträchtlich, leider zerriss es dabei aber viele der Patentdeckeldosen.

Da Maria Schmolln auf einem Hügel liegt, wurde das Wasser mittels eines Windrades am Hügel in den Ort gepumpt. Vom Klosterwald ging ein langer Stollen zum Pumpgestänge, welcher natürlich ein idealer Ort für unseren Erkundungsdrang war. Wir konnten durch die höhere Lage die zahlreichen Kondensstreifen der englischen und amerikanischen Bomberverbände, welche nur selten von der 8,8-Flak* aus Braunau belästigt wurden, gut sehen.

Am 20. Juli 1944 bekamen wir vier Wochen Heimaturlaub. In Lambach wurde der Zug aufgrund eines Fliegeralarms (wegen Tieffliegern) angehalten. Ein Teil von uns versteckte sich unter den Waggons, die anderen liefen die Böschung hinunter, darunter auch ich, flott durch die hohen Brennnesseln. Da wir kurze Hosen trugen, waren viele Blasen die Folge. […]

Das Essen wurde kriegsbedingt immer schlechter. So waren wir stets auf Nahrungssuche. Einige erfuhren, dass der Pfarrer im Keller Äpfel lagerte. Der Bolzen des Vorhängeschlosses wurde auf der Rückseite abgeschliffen, dadurch ließ sich der Bügel des Schlosses öffnen. Der Pfarrer bemerkte schön langsam den Schwund, konnte sich diesen aber nicht erklären und hatte die in der Landwirtschaft des Klosters arbeitenden Schwestern in Verdacht.

Da es ab Herbst ziemlich kühl war und wenig geheizt wurde, gingen wir im angrenzenden Klosterwald Holz holen. Anfangs wurden nur dünne oder morsche Bäume und Klaubholz verwendet. Später wurden durch das Anhängen einiger gewichtiger Lagerteilnehmer auch größere Bäume entwurzelt. Einer erkrankte durch Unterkühlung so schwer, dass Schönbrunner schon Kerzen für sein Ableben bereitstellte.

Im November inszenierte Schönbrunner ein Theaterstück nach bekannten Opernmelodien: „Rinaldo Rinaldini, der große Räuberhauptmann“. Die oberen Klassen spielten die Hauptrollen, wir durften gnadenweise manchmal statieren. Weber, der schon in Pistian mit war, sang die Titelrolle. Im Ohr ist mir noch die Melodie des Gesangs der Räuber: „Rinaldo Rinaldini, großer Hauptmann, wache auu-au-auf, denn die Sterne gehen schon u-unter, denn die Sterne gehen schon u-unter, und die Sonne geht schon auu-auf.“

Wir verbrachten das Weihnachtsfest in Maria Schmolln, mein Papa organisierte den Transport der Weihnachtsgeschenke, welche die Eltern in Wien gekauft hatten, für uns nach Maria Schmolln. Wir sangen alte Weihnachtslieder wie „Vom Himmel hoch …“, den Andachtsjodler* etc.

Seewalchen

Im Februar ging es weiter nach Seewalchen am Attersee in die Supper-Villa (unsere Professoren und 18 Schüler kamen nicht mit). Lagerleiter war Direktor Förster vom Realgymnasium 18 (RG 18), weiters waren ein Lehrer sowie Schüler aus dem RG 18 dabei.

Das Essen war für die damaligen Verhältnisse nicht so schlecht, ich erinnere mich noch sehr gerne an die flaumigen, großen Germknödel, welche uns die Köchinnen servierten. Wir hatten die Schlafsäle im zweiten Stock. Unser Zimmer war das Eckzimmer mit einem Erker nach Südwesten.

Da es abends sehr fad war und wir lesen wollten, kam Scholz auf folgende Idee: Angeregt durch das Patent des früheren Lagerleiters Schönbrunner bastelte er eine Stromzufuhr, welche er mittels Wasserflasche und Salz auf die Taschenlampenstärke von 3,8 Volt herabdrosselte, mit einer dünnen Zuleitung zu jedem Stockbett. Da die Gefahr bestand, dass das Ergebnis seiner Basteleien entdeckt wurde, baute er in die Eingangstüre einen Stromunterbrecher ein, falls die Türe aufging. Als Förster Licht im zweiten Stock bemerkte, schlich er sich hinauf, riss schnell die Türe auf – aber es war finster. Seine Frage „Wer hat hier Licht gehabt?“ konnten wir mit gespieltem Erstaunen verneinen.

Ein anderer Zeitvertreib war, zwei Reihen von zwei bis drei Burschen zu einer Steckdose zu stellen. Die ersten zwei bei der Steckdose steckten je ein Stück Draht oder einen Schraubenzieher in den Kontakt. Kam nun ein Unbeteiligter in die Nähe, wurde flugs von denen am Ende der Reihen seine Hand ergriffen, worauf es den Kontaktschließer heftig beutelte.

Im April 1945 kamen wir dahinter, dass sich in einem Zimmer im Erdgeschoß ein Lager des Gauleiters* Eigruber* befand. Darin waren Heller-Wiener-Zuckerln, Früchtezuckerln, Stock-Weinbrand, Rum und Sondermischung-Zigaretten sowie Briefpapier gelagert. Uns gelang es, mittels Dietrich das Schloss zu knacken, und so stand der Aufbesserung unserer Rationen nichts im Wege. […]

In den ersten Maitagen rückten die ersten amerikanischen Truppen in Seewalchen am Attersee ein. Zuerst Sherman-Panzer, hohe Ungetüme von Tanks, gefolgt von Jeeps mit aufmontierten Maschinengewehren, Mannschaftswagen, „six-by-six" geheißen (weil der Dreiachser mittels Differentialwellen alle sechs Räder antreiben konnte), mit Mannschaften, die es eilig hatten, nach Osten bis zur Enns zu gelangen. Dann kamen die Besatzer, welche sofort Ausgehverbot und die Abgabe aller Waffen und Fotoapparate – keiner weiß warum – verfügten. Wir hatten im KLV-Lager noch bis Mitte Juni Schule, doch dann verbot die amerikanische Militärregierung den „nazistischen" Unterricht, mit dem Ergebnis, dass das Land Oberösterreich später das Schuljahr nicht anerkannte, während in Wien, wo schon ab März kein Unterricht mehr stattgefunden hatte, diese Zeit als volles Schuljahr angerechnet wurde. Die Folge war, dass wir viel Freizeit hatten, welche wir zum „Organisieren" nützten.

Vorerst ging es darum, das Zeltlager der Luftwaffen-Nachrichtenabteilung im Park des Schlosses Kammer am Anfang des rechten Ager-Ufers zu erkunden. Ein LKW dieser Abteilung war auch im Park nahe der Supper-Villa abgestellt. Dieser hatte außer einem Fernschreiber und einer Funkanlage auch etliche Aluminiumdosen mit Filmen aus der NS-Zeit geladen. Wir veranstalteten nach der Flucht der Wehrmachtsangehörigen aus lauter Langeweile kurze Freudenfeuer mit den Zelluloidfilmen. Weiters war im Park noch ein Wehrmachts-BMW mit Beiwagen abgestellt. Eßmeister fand heraus, dass im Amtshof etliche deutsche Wehrmachtsbenzinkanister gelagert waren. Diese zu sammeln war etwas schwierig, denn man musste sie aufheben, um ihren Inhalt zu überprüfen. Dies wurde ihm mit der Zeit zu mühsam, so dass er mit einem brennenden Zündholz kontrollierte. Eine Stichflamme und total versengte Augenbrauen des Blondschopfes waren die Folge.

Scholz war beim Organisieren sehr agil. Eines Tages überredete er Tulis, Eßmeister und noch einen anderen, einen kleinen Anhänger, welcher an der Friedhofsmauer stand, wo die Amis ihr Lager aufgeschlagen hatten, auf Verwertbares zu untersuchen. Die Partie wartete, bis die beiden Posten weit genug weg waren, einer schlüpfte unter die Plane und warf den anderen die erbeuteten Sachen über die Friedhofsmauer. Ein weiteres Mal wurde, als die Amis dort ihre Sherman-Panzer sowie Schützenpanzer und LKWs gelagert hatten, dieselbe Methode mit großem Erfolg zur Erbeutung von Nahrungsmitteldosen, Zigaretten (nur ganze Packungen) und sogar einer Uhr angewandt. […]

Die Amis hatten die Auflage, den Mist und was sie nicht mehr brauchten, mit Benzin zu übergießen und zu verbrennen. Einige Konservendosen überstanden diese Prozedur, meist enthielten diese „Ham in brodo with raisins“*, was uns nur anfangs wegen des großen Hungers schmeckte. Mit der Zeit kamen wir dahinter, dass die olivgrünen wachsgetränkten Wellpappkartons, welche die eiserne Ration für die Soldaten darstellten, oft noch zur Hälfte voll waren und entrissen diese, soweit es ging, dem Feuer, wobei mit etwas Glück noch 9er-Packungen Zigaretten, Kaugummi, Alufolie mit löslichem Kaffee und Dosen mit Palmölfett darin waren, außerdem auch Wasserdesinfektionsmittel und Präservative.

Infolge der Absetzung des Bürgermeisters und Parteimitglieds fiel für die Bewohner der Supper-Villa die Versorgung mit Lebensmitteln aus. (Kommentar des neuen oberösterreichischen Bürgermeisters: „Was gengan mi die Weaner an?“)

Die verbliebenen KLVler verbrachten die Zeit mit Organisieren von den Amis und mit Baden. Die Burschen waren ab Ende Mai völlig auf sich allein gestellt, das heißt ohne Lebensmittelzuteilung. Einige bogen aus Stecknadeln provisorische Angelhaken, um zu fischen. Die Amis, die an der Uferpromenade Quartier bezogen hatten, waren auch erpicht aufs Fischen, sodass ein Tauschhandel – Angelhaken gegen Zigaretten – stattfand. […]

Die Amerikaner speisten ab Juni im Garten des Gasthauses Häupl. Als die KLVler bemerkt hatten, dass das übrig gebliebene Essen von den GIs* in zwei Tonnen geworfen wurde, kamen sie auf die Idee, durch ein Loch im Drahtzaun des Gastgartens zu klettern und sich mit leeren Konservendosen um die Essensreste anzustellen. Wenige gaben diese her, meist hatten die Amis noch ihre Zigarettenstummel im Essen ausgedrückt und reichten die Reste durch den Zaun weiter.

Zwischendurch wurde aus den Beständen des Eigruber-Lagers ein fleißiger Tauschhandel mit den Bauern betrieben: Zigaretten gegen Speck und Eier. Das ging nur, wenn keine Bäuerinnen anwesend waren, die mehr auf Schmuck aus waren. So hieß es manchmal warten, weil der Bauer sagte: „Kemmts späida, wonn d' Bäurin nit do is." Auf einer Elektroplatte wurde fleißig Speck mit Ei, Eierspeise oder Erdäpfel mit Speck gekocht. Als die Erdäpfelvorräte zur Neige gingen, machte sich Tulis auf den Weg zu den Amis nach Kammer am Attersee, wo sie in der ehemaligen Kadettenschule ihr Lager hatten und sich auch die Zentralküche befand. Er sprach beim First Lieutenant vor und erhielt zwei Säcke Reis. Diese wurden mit einem rasch organisierten zweiachsigen hölzernen Kohlenwagen nach Seewalchen transportiert. Die Steigung zur Supper-Villa benötigte aber Hilfskräfte, die umgehend vom Lager angefordert wurden. So gab es dann Reis in etlichen Variationen. Einige konnten nach ihrer Rückkehr nach Wien noch lange keinen Reis riechen. […]

Als die Schüler des RG 18 mit Lagerleiter Förster Seewalchen verließen, blieben nur zwölf Mannen in der Supper-Villa zurück. Von dort reisten sie Ende Oktober 1945, mit Ami-Zigaretten, die in Wien mehr als Geld wert waren, reichlich versorgt, zuerst auf einem LKW, Typ „six-by-six“, nach Attnang-Puchheim. Anschließend gelangten sie in einem geschlossenen Zug der Amerikaner, welcher von den Russen nicht kontrolliert werden durfte, über Linz nach Wien.

Walter Beckenbauer

wurde am 26. August 1932 in Wien geboren. Gemeinsam mit seiner um zwei Jahre älteren Schwester und seinen Eltern lebte er zuerst in einem kleinen Haus am Stadtrand in Aspern. Als der Vater seine Arbeit als Tischlergeselle verlor, zog die Familie mit der Aussicht auf eine neue Anstellung nach München, kehrte aber bereits neun Monate später nach Wien zurück und bewohnte fortan eine Mietwohnung im 20. Bezirk.

Im Rahmen der Kinderlandverschickung kam Walter Beckenbauer im Februar 1944 in die heutige Slowakei. Gemeinsam mit etwa 80 Schülern seines Gymnasiums wurde er zunächst in einem Lager in der Niederen Tatra untergebracht, das nach kurzer Zeit nach Pistian (Piešťany) im Westen der Slowakei verlegt wurde. Im Juli 1944 übersiedelte das Lager nach Maria Schmolln (Oberösterreich), im Februar 1945 erfolgte schließlich ein weiterer Umzug nach Seewalchen am Attersee (Oberösterreich). Während seines KLV-Aufenthalts schrieb Walter Beckenbauer regelmäßig Briefe an seine Eltern, in den letzten Kriegsmonaten riss der Kontakt jedoch ab. Nach Kriegsende verblieben die Kinder mangels Transportmöglichkeit noch mehrere Monate in Seewalchen. Erst im Oktober 1945 kam es zur ersehnten Rückkehr nach Wien.

Mit 16 Jahren verließ Walter Beckenbauer das Gymnasium, absolvierte eine kaufmännische Lehre und war danach als Angestellter im Gummi- und Schaumstoffgroßhandel tätig. 1958 heiratete er, bezog mit seiner Frau Johanna eine Wohnung in Wien-Favoriten und wurde Vater einer Tochter.

2018 meldete sich Walter Beckenbauer anlässlich eines Zeitungsaufrufs zum Thema Kinderlandverschickung und berichtete, dass er seit Mitte der 1990er Jahre regelmäßige „KLV-Lagertreffen" mit einst gemeinsam „verschickten" Schulkollegen veranstalte. Ergän-

zend zu den Aufzeichnungen seines Lagerkameraden Dieter Roth (siehe den vorangegangenen Beitrag in diesem Band) schrieb Walter Beckenbauer anschließend auf zehn handschriftlichen Seiten eigene persönliche Eindrücke und Erinnerungen nieder, die hier vollständig abgedruckt sind. Bedauerlicherweise konnte der Verfasser die Fertigstellung dieses Buches nicht mehr erleben. Walter Beckenbauer verstarb im August 2021 an seinem 89. Geburtstag.

„Ein deutscher Junge darf doch keine Angst zeigen"

KLV-Unterkunft Haus Berlansky in Pistian/Piešťany (1944)

Am 17. Februar 1944 fuhren wir, ca. 80 Schüler von vier Gymnasien – erste bis dritte Schulstufe –, in die Slowakei, nach Helpa in der Niederen Tatra, am Fluss Hron (Gran). Wir wurden im Gutshof Lucansky untergebracht. Soweit ich mich erinnern kann, war es winterlich und eisig kalt, aber dank unserer warmen Winteruniform hatten wir keine Probleme.

Von unserem Lagermannschaftsführer* (LMF) wurden wir mit kleineren und größeren Schikanen auf Vordermann gebracht.

Nach etwa sechs Wochen, Ende März, wurde unser Lager in Anbetracht des Vorrückens der russischen Armee nach Bad Piestany an der Waag, einen Kurort mit Schwefelbädern, verlegt. Im Haus Berlansky wohnten wir in Stuben à ca. zwölf Buben, teilweise in Stockbetten, jeweils mit einem älteren Schüler aus der zweiten Klasse als Stubenältestem.

Walter Beckenbauer (hintere Reihe, Zweiter von links) mit Lagerkameraden in Winteruniform (1944)

Seitens des neuen LMF, eines Deutschen, wurden die Stuben immer auf das Genaueste kontrolliert. Jeder von uns hatte einen kleinen Spind, in dem wir unsere Wäsche und sonstigen Utensilien unterbringen konnten. Wenn bei der morgendlichen oder abendlichen Kontrolle durch unseren LMF nicht alles ordentlich und „auf Kante" eingeschlichtet war, warf er den Inhalt sämtlicher Spinde einer Stube auf den Boden und wies darauf hin, dass in fünf bis zehn Minuten Stubenappell sei und alles in Ordnung sein müsse. Durch diese militärische Methode war natürlich jeder bemüht, seinen Spind in Ordnung zu halten, um nicht den Zorn und die Beschimpfung der anderen abzubekommen.

Zu erwähnen wäre, dass es eine „Bettnässerstube" gab, die von drei Schülern unserer ersten Klasse bewohnt wurde. Zum Gespött der anderen mussten sie täglich ihre durchnässten Strohsäcke oder Matratzen sowie das Leintuch auf den Eisengang* im ersten Stock, wo ihr Zimmer war, herausstellen bzw. -hängen.

Marsch über die Waagbrücke in Pistian/Piešťany (1944)

In der Slowakei mussten wir natürlich auch die deutsche Jugend repräsentieren und durften nur in der DJ*-Uniform in der Öffentlichkeit auftreten. Mitte Juni kam der Reichsjugendführer und spätere Gauleiter* von Wien, Baldur von Schirach, nach Piestany, um die Lager – es gab auch eines von deutschen Schülern – zu besichtigen. Im großen Kurpark hielt er eine Propagandarede, und ihm zu Ehren musste bei jedem Alleebaum einer von uns, natürlich in Uniform, als Ehrenwache stehen.

Ein- bis zweimal wöchentlich besuchten wir – in Marschkolonne mit LMF – das große Schwefelbad. Die meisten von uns konnten schon schwimmen, aber die wenigen, die es nicht konnten, wurden vom LMF zu einem Sprung ins tiefe Wasser gezwungen oder einfach vom Beckenrand hineingestoßen. Ein deutscher Junge darf doch keine Angst zeigen.

Außerdem gab es noch Geländeübungen, bei denen der LMF auf einem Ackerfeld stand und jeder von uns versuchen musste, sich so nahe wie möglich an ihn heranzupirschen.

Gruppe von Buben in Uniformen der Hitlerjugend (1944)

Die Uniform war natürlich vom Erdboden dementsprechend schmutzig und musste am nächsten Tag wieder in tadelloser Ordnung sein.

Im Juli 1944 nach dem Schulschluss – wir stiegen alle in die nächste Schulstufe auf – verließen wir Piestany. Wir fuhren mit der Ostbahn – mit einem langen Aufenthalt in Wien-Landstraße, bei dem uns einige verließen, die teilweise von der Mutter abgeholt wurden oder unbemerkt abgehauen sind –, nach Maria Schmolln in Oberdonau*.

Wir, die jetzt zweite Klasse, hatten das Quartier im Kloster von Maria Schmolln. Es gab Zimmer mit Zweier- und sogar Dreierstockbetten. LMF gab es nicht mehr, dafür in jeder Stube einen Stubenältesten aus der dritten Klasse, der auf

Ordnung und Disziplin schauen musste. Wir hatten einen richtigen Nazi-Jungen, der sich mit Boxhieben und Schlägen Respekt verschaffen wollte. Einer von uns wurde von ihm derart zusammengeschlagen, dass er kurze Zeit später von seiner Mutter nach Hause geholt wurde.

In Maria Schmolln waren wir fast nur noch in Zivilkleidung, denn aus den Uniformen waren wir schon herausgewachsen und neue gab es zu diesem Zeitpunkt fast nicht mehr. Täglich mussten wir zum Morgenappell vor dem Kloster antreten. Die Leitung hatte der jeweilige PvD (Pimpf* vom Dienst). Mittags marschierten wir täglich zum Gasthof Schrempf, wo unsere dritte Klasse ihr Quartier hatte und wir auch unsere Mahlzeiten einnahmen. Vormittags hatten wir Unterricht, nachmittags wurden wir fallweise zum Holzsammeln oder zum Heidelbeerpflücken eingeteilt. Wer eine volle Heidelbeerdose ablieferte, hatte anschließend Freizeit.

Einmal wöchentlich gab es abends die Putz- und Flickstunde, wo wir unsere bescheidene Kleidung in Ordnung bringen mussten. Nachschub von zu Hause war ja fast nicht zu erwarten, da Bekleidung und Schuhe nur mehr mit Bezugscheinen gekauft werden konnten. In den Sommermonaten waren wir meistens nur mehr in leichter Bekleidung – Leiberl, Turnhose – und barfuß unterwegs.

Mit unseren Professoren – es waren schon ältere Herren, die nicht mehr zum Militär mussten – trieben wir auch unseren Spaß. Unsere Opfer waren Prof. Schwarz (Englisch) und Prof. Sigmund (Mathe und Geo).

Ende Juli fuhren wir für drei bis vier Wochen nach Wien auf Urlaub. Unterwegs wurde unser Zug wegen Fliegeralarm angehalten, und wir mussten alle so rasch wie möglich aussteigen und uns vom Zug entfernen oder in den nahen Wald laufen. Bombenabwurf gab es keinen.

Bei unserer Rückkehr nach Maria Schmolln waren wir wieder um einige weniger, da manche bei ihren Müttern zu

Die Buben des KLV-Lagers Maria Schmolln „bei einer kleinen Rauferei“ (1944)

Hause geblieben waren. Den Herbst verbrachten wir, soweit wir nicht zum Holz- oder Eierschwammerlsammeln eingeteilt waren, nachmittags mit Fußball- oder Völkerballspielen.

Zur Weihnachtszeit wurden sechs von uns Schülern eingeteilt, die Geschenke unserer Eltern vom Bahnhof Mattighofen mit einem größeren Plateau-Handkarren abzuholen. Maria Schmolln liegt auf 557 Meter Seehöhe, Mattighofen auf 450 Meter. Auf einer Entfernung von ca. acht Kilometern ging es rund 100 Höhenmeter bergab. Einer von uns nahm die Deichsel zwischen die Beine und lenkte, die anderen saßen alle obenauf. Die Fahrt ging mitten durch den Kobernaußer Wald auf einer Naturstraße und wir hatten viel Spaß. Mit der vollen Ladung bergauf hatten wir natürlich unsere Mühe, aber wir schafften es.

Zur Weihnachtsfeier besuchten uns unsere Mütter und Geschwister, die Väter waren ja im Kriegseinsatz. Meine Mutter wollte mich bei dieser Gelegenheit mit nach Hause nehmen, aber ich habe mich anders entschieden und bin geblieben.

Ende Februar 1945 – wir, die zweite Klasse, waren schon wieder um einige weniger – verließen wir Maria Schmolln und fuhren mit der dritten Klasse nach Seewalchen am Attersee. Die vierte Klasse musste uns leider verlassen, denn 14- bis 15-jährige Schüler wurden bereits dringend für die Wiener Flaktürme* als Helfer der Artilleristen gebraucht.

Unsere Unterkunft in Seewalchen war die Supper-Villa, mit einer riesigen umzäunten Gartenanlage. Ende März 1945 wurde in unserem Park auch eine deutsche Wehrmachtseinheit, eine Funkertruppe mit all ihren Autos und sonstigen Geräten, einquartiert. Die dritte Klasse kam im Gasthof Häupl unter, in den 1960er bis 1980er Jahren ein Haubenlokal.

Da wir, die ehemaligen Maria Schmollner, nur mehr 15 bis 18 Schüler waren, wurden wir im Unterricht mit Schülern aus Wiener Neustadt, die ebenfalls in der Supper-Villa wohnten, zusammengelegt. Für uns war das natürlich eine wesentliche Umstellung, da wir an unser Lehrpersonal schon über ein Jahr gewöhnt waren. Stuben- und Morgenappell gab es keinen mehr. Unser Tagesablauf bestand am Vormittag aus Unterricht und am Nachmittag, soweit wir nicht Küchenhilfsdienst leisten mussten, aus Freizeit und Schwimmen beim hauseigenen Bootshaus am Attersee. Das Ganze änderte sich erst, als Anfang Mai die amerikanischen Truppen kampflos in Seewalchen einmarschierten.

Unsere Funkereinheit hatte zwei Tage vorher schon das Weite gesucht – unter Zurücklassung verschiedener Geräte und einiger Fahrzeuge wegen Treibstoffmangels. Für uns hat sich eine Fundgrube aufgetan. Alles, was brauchbar war, wurde abmontiert. Wilfried Scholz, schon damals ein kleiner Ingenieur, installierte in unserem Zimmer eine elektrische Heizplatte, auf der wir uns bescheidene Maggi- und Koriandersuppen kochten. Im Kaufhaus Anderl konnten wir uns die Trockenpackungen kaufen.

Mit dem Einzug der Amerikaner war nicht nur unser Unterricht zu Ende, sondern auch die Verpflegung, da die Deutschen für nichts mehr zuständig waren und der neue Bürgermeister von Seewalchen es ablehnte, uns versorgen zu lassen. Bis wir vom Roten Kreuz verköstigt wurden, organisierten wir uns durch kleinere Diebstähle verschiedene Lebensmittel. Auch beim amerikanischen Truppenlager, einer sehr großen Anlage an der Friedhofsmauer, die nur durch einen Posten bewacht war, sind wir fündig geworden. In der Nacht waren meistens zwei von uns zum Bäcker unterwegs, der uns Semmeln, Mehl und Brot gab, die wir gegen unsere Reservedecken eintauschten. Im Sommer war uns mit *einer* Decke ja warm genug.

Da auch die Lagerleitung auf keinerlei Ordnung und Disziplin mehr schaute, waren wir fast den ganzen Tag nur mehr am Attersee. Immer wieder spielten wir mit dem Gedanken, vom Lager abzuhauen. Aber wir ließen diese Pläne wieder fallen, da wir keine Möglichkeiten sahen, über die Demarkationslinie an der Enns zu kommen. Dazu brauchte man eine Identitätskarte, die wir leider nicht hatten.

Anfang Oktober wurden wir, die letzten zwölf von 80 Schülern, informiert, dass wir in zwei bis drei Wochen nach Hause fahren werden. Da uns bekannt war, dass die Ernährungslage in Wien sehr schlecht war, versuchten wir alles Mögliche von den Feldern der Bauern zu stehlen bzw. zu organisieren. Mein Kollege Roland Baumgartner zimmerte eine Holzkiste – woher er das Material dafür hatte, weiß ich nicht –, in der wir zwei alles einlagerten: Kartoffeln, Rüben, Karotten, Kraut usw.

Gegen Ende Oktober war es endlich so weit, wir erreichten Wien und unsere Mütter und Geschwister – nach mehr als 20 Monaten. Die Väter waren, soweit sie den Krieg überlebt hatten, noch in Gefangenschaft.

Im Jahr 1994, 50 Jahre nach unserer Abfahrt im Jahr 1944, organisierte ich ein Lager-/Klassentreffen, bei dem 18 ehemalige Schüler erschienen. Diese Treffen haben wir bis heute beibehalten, obwohl wir nur noch sehr wenige sind.

Friedrich Waidacher

wurde am 15. September 1934 in Graz geboren und wuchs als Einzelkind in bescheidenen Verhältnissen auf. Sein Vater war Musiker, häufig arbeitslos und erhielt später eine Kanzleistelle im Magistrat. Seine Mutter hatte vor seiner Geburt als Pianistin im Stummfilmkino gearbeitet und spielte in späteren Jahren auch in einer Tanzschule auf. Die junge Familie lebte zunächst bei den Eltern der Mutter und übersiedelte dann in eine Zimmer-Küche-Wohnung im Griesviertel.

Nach der Volksschule besuchte Friedrich Waidacher eine Oberschule, die im Herbst 1944 aufs Land, nach Admont (Steiermark), verlegt wurde. Das KLV-Lager, dem er zugeteilt wurde, befand sich in einem Hotel. Auch nach Kriegsende blieben er und seine Schulkollegen noch einige Monate dort; im Sommer 1945 fuhr er auf eigene Faust mit dem Zug nach Hause.

Nach der Matura im Jahr 1952 absolvierte Friedrich Waidacher eine Handelsakademie und arbeitete kurze Zeit als kaufmännischer Angestellter, bevor er 1955 einen Posten als Musiker und Aufnahmeleiter beim Rundfunk annahm. 1965 heiratete er Christiane Verena Felice und zog mit ihr zwei Kinder groß. Er studierte Musik am Landeskonservatorium in Graz sowie Musikwissenschaft, Philosophie, Psychologie, Völkerkunde, Kunstgeschichte und Volkskunde an der Universität Graz. Nach Abschluss seines Studiums begann er im Steiermärkischen Landesmuseum Joanneum zu arbeiten, ab 1977 übernahm er dessen Leitung. Zudem lehrte er Museologie an mehreren Universitäten und publizierte in unterschiedlichen wissenschaftlichen Disziplinen.

Im Jahr 2000 brachte Friedrich Waidacher auf Bitte seiner Nachkommen Kindheits- und Jugenderinnerungen unter dem Titel „Zwischen Juliputsch und Staatsvertrag" zu Papier, die insgesamt

53 computergeschriebene Seiten umfassen. Daraus ist der folgende Textbeitrag über die Zeit der Kinderlandverschickung entnommen.

„Es war wie ein böser Traum …"

[…] Am 15. September 1944, meinem zehnten Geburtstag, fuhr ich zu Schulbeginn mit dem Zug nach Admont. Die Oberschule war wegen der Bombenangriffe auf das Land verlegt worden. Kinderlandverschickung hieß dies, wie alles in Diktaturen und beim Militär abgekürzt KLV. Meine Mutter hatte mir einen Pappkoffer mit Wäsche mitgegeben, die mit roter Stickerei signiert sein musste. Meine Nummer war 125. In Selzthal stieg ich aus und wurde sofort von einem dort wartenden Lümmel in der Uniform der Hitlerjugend angeschnauzt und zum Antreten in Linie befohlen. Dort standen schon ein paar andere Buben mit ihren Habseligkeiten auf dem Bahnsteig. Der Bahnhof ist bis heute kaum verändert, jedes Mal wenn ich mit dem Zug vorbeifahre, sehe ich mich dort stehen.

Wir fuhren weiter bis Admont. Dort bezogen wir unser Zimmer, das Stube genannt wurde. Es war in einem requirierten ehemaligen Hotel untergebracht, dessen Eigentümer passionierter Jäger war und unseren Speisezettel mit seiner Beute – meist handelte es sich um zähes Hirschfleisch – zu bereichern pflegte. Mein Vetter Wicki und ich wurden in Stube 5 eingeteilt. In ihr standen drei Stockbetten aus rohem Holz, die keine Einsätze hatten, sondern nur mit losen ungehobelten Brettern abgedeckt waren.

Jeder erhielt einen großen Rupfensack* und musste diesen im Hof aus einem riesigen Strohhaufen stopfen. Er sollte für lange Zeit unser Lager bilden. Natürlich hatten wir keine Ahnung, dass Stroh binnen kurzer Zeit zusammensacken würde, und stopften die Säcke viel zu locker. Auch fehlte uns die Kraft zum Nachstopfen. Das Liegen auf der dünnen Strohschichte und den losen Brettern erforderte eine besondere Technik und sorgte für häufig unterbrochenen Schlaf. Manchmal rutschte auch ein Brett durch und fiel hinunter, entweder auf den Boden oder auf den Darunterliegenden. Auch stach das Stroh durch die Bettwäsche und raschelte bei jeder Bewegung.

Das Schwierigste jedoch war das Aufbetten, genannt Bettenbauen. Der von den Hitlerjugendführern angestrebte und von uns geforderte Idealtypus des KLV-Lager-Bettes war nämlich kantig und rechtwinkelig. Alle Abweichungen wurden zum Anlass für extra angesetzte Schikanen. Schließlich sollten wir Pimpfe*, die wir automatisch Mitglieder des Deutschen Jungvolkes (DJ, sprich „De-Jott") geworden waren, ja nach dem Willen des Oberverbrechers in Berlin hart wie Kruppstahl, zäh wie Leder und flink wie die Windhunde werden. Wir bekamen auch eine Uniform verpasst, die im Wesentlichen aus einem Braunhemd, einer Jacke und einer Schirmmütze bestand. Als Beinbekleidung trugen wir eine Art weite Schihose. Die Schuhe waren individuell. Meine waren hohe Schweinslederschuhe mit sehr rutschigen Sohlen, was besonders im Winter beim Marschieren hinderlich war.

Mein erstes Schuljahr im Gymnasium war also in Wirklichkeit der Versuch, Kinder bereits in frühem Alter für spätere Heldentaten zu konditionieren. Wir wurden Objekte der sogenannten vormilitärischen Jugenderziehung. Diese wurde, getreu der diktatorischen Ideologie, nach dem Motto „Jugend erzieht Jugend" vollzogen. Unser Leben war nichts als streng eingeteilter „Dienst". Abwechselnd hatte ein anderer HJ-Lümmel – es gab in Admont auch einige Klassen der Oberstufe – Dienst als Unterführer vom Dienst (UvD) und weckte uns am frühen Morgen mit grellem Pfeifengetriller und dem Ruf „Tagwache!".

Zum Waschen gab es, ausgenommen am Mittwochabend, nur kaltes Wasser in einer Waschschüssel. Die Mahlzeiten wurden in militärischer Ordnung im Speisesaal eingenommen. Zum Frühstück gab es Schwarzbrot, auf das schon am Vorabend dünne Zwetschgenmarmelade mit zähen Schalen aufgestrichen worden war. Das Brot war daher schon völlig aufgeweicht. Dazu eine Art übersüßten Zitronentees. Jeder Bub musste sich hinter seinen Stuhl stellen, bis der Lagermannschaftsführer* (er wurde selbstverständlich LMF genannt), ein Flegel aus der siebenten Klasse, „Guten …" schrie, worauf wir im Chor „Hunger!" brüllen mussten.

Dann ging es zum Unterricht. Behelfsmäßige Klassen waren in Erdgeschoßsälen des Hotels eingerichtet. Ich habe während meiner gesamten Schul- und Studienzeit nie mehr so schlechte Ergebnisse erzielt wie in diesem einen Jahr in Admont. Meine beiden Zeugnisse – es gab Trimestergliederung, das dritte Trimester fiel wegen des Kriegsendes aus – tragen auch die entsprechenden verbalen Beurteilungen. „In den Leibesübungen sehr faul und ohne Interesse, sonst ordentlich und nett" steht mit einem Ungenügend in meinem Zeugnis vom 31. 3. 1945. Dazu muss man wissen, dass Leibeserziehung an erster Stelle stand.

Das Mittagessen wurde in üblicher Weise eingenommen. Wenn wir zu Tisch marschierten, war schon die Suppe angerichtet. In jedem Teller schwammen bereits mehrere ertrunkene Fliegen. Wir fischten sie aus der Suppe und legten sie auf dem Tellerrand ab. Wer zu spät kam, fand seine Suppe voll mit allen Fliegen seiner Nachbarn.

Das Essen war überhaupt im besten Falle Nahrungsaufnahme. In der Küche arbeiteten polnische Fremdarbeiterinnen*, die sich redlich bemühten, aber unter den gegebenen Umständen nichts Besseres zustande bringen konnten. Eine von ihnen, Jela, hatte uns besonders ins Herz geschlossen. Sie war massig und kräftig und umarmte uns gerne. Wir drehten dabei unsere Nasen immer weg, weil sie völlig verfaulte Zähne hatte und schrecklich aus dem Mund stank. Wer schnell aß, hatte die Chance, in der Küche noch etwas nachzubekommen. Das wird zur Gewohnheit. Ich muss mich heute noch zu langsamerem Essen ermahnen.

Die Mahlzeiten der Lehrer waren freilich von anderer Qualität. Dies konnten wir gut überprüfen, weil an jedem Ende der langen Speisesaaltische ein Lehrer saß und sich seine Extra-Mahlzeit gut schmecken ließ. Manchmal, wenn einem die Portion zu groß war, gab er die Reste einem neben ihm sitzenden Schüler. Besonders gefürchtet war, nicht nur in dieser Hinsicht, der Altsprachler und Doyen der Schule. Zum einen hatte er einen Bart, in dem die Speisereste sich verfingen, zum anderen hölzelte* er unter reichlichem Versprühen von Speichel. Mit der Aufforderung „Do hoscht" streifte er die in seinem Bart verbliebenen Brösel auf den Teller und schob diesen weiter. Das Opfer musste alles aufessen.

Abends gab es oft einen undefinierbaren süßen Brei, anscheinend aus Getreide – die Hüllspelzen sprachen dafür. Er wurde KLV-Soße genannt.

Einmal gab es verdorbenes Hirschfleisch mit Soße. Es schmeckte fürchterlich und war so zäh, dass wir es nicht zerteilen konnten. Auf demselben Teller war auch eine Portion Salat von roten Rüben angerichtet. Dadurch rannen die fettige Soße und der rote Saft ineinander, alles sah entsprechend aus, wurde kalt und stockte. Die meisten schafften es vor Angst und Hunger trotzdem, den Fraß hinunterzuwürgen. Der Wicki nicht. Ihm wurde schlecht. Also trat eine junge Pädagogin hinter seinen Stuhl, packte ihn an den Haaren und stopfte ihm das Essen mit Gewalt in den Mund. Solange, bis Wicki alles auf den Teller erbrach. Sie stopfte weiter, bis ihr selber grauste und sie aufgab. Diese Person, sie unterrichtete Leibesübungen und hörte auf den schneidigen Namen Mary, übte nachts auch privat mit den Schülern der höheren Klassen.

Eine andere Pädagogin saß einmal mit derart gespreizten Beinen an ihrem Tisch auf dem Podium, dass uns Buben sämtliche möglichen Aussichten eröffnet waren. Als Erster kam der Wicki drauf, als er einen hinuntergefallenen Bleistift aufhob. Als er längere Zeit unter der Bank blieb – wir saßen nebeneinander –, fragte ich ihn, ob ihm was fehle. Er winkte mit Tränen in den Augen und flatternden Nasenflügeln. Ich bückte mich auch und sah das Wunder. Die Nachricht ging schnell durch alle Reihen und viele Buben kamen zu Wicki, um unter seiner Bank etwas zu suchen.

So wurden wir auf das Leben vorbereitet. Auch die HJ-Lümmel sorgten für unsere Bildung. Regulär durch tägliches Exerzieren. Dazu marschierten wir nach der Lernstunde am späteren Nachmittag unter dem Absingen von Liedern, die auch heute in gewissen Kreisen noch gerne gesungen werden, stramm in die Umgebung von Admont, in die sogenannte Eichelau. „Die blauen Dragoner, sie reiten …" und „… denn wir fahren gegen En-gel-land" waren besonders beliebt. Dort angekommen, wurden wir geschliffen, wie man sagte. Das heißt, wir mussten sinnlose Übungen vornehmen, wie Häschenhüpfen, Liegestütze und zugleich singen, lange Zeit eingehaltene halbe Kniebeugen und selbstverständlich Exerzieren. „In Linie angetreten – marsch, marsch!" – „Hinlegen – auf – marsch, marsch – hinlegen!"

Bei den kleinsten Verzögerungen, die selbstverständlich provoziert wurden, gab es Sondereinlagen zur Strafe. So ging es bis zum Einbruch der Dunkelheit. Admont liegt nicht in einer besonders milden Klimazone. Daher erlitt ich im Verlaufe der Ertüchtigung und aufgrund ungenügender Kleidung Erfrierungen an den Händen, Füßen, Ohren und Knien. Noch lange nach dem Kriege litt ich im Winter unter juckenden und rot angeschwollenen Gelenken und Ohren.

Die Nächte wurden manchmal durch Sonderaktionen interessant gestaltet. So krachte etwa um Mitternacht die Stubentür auf und zwei HJ-Flegel traten ein. Wir mussten sofort aus den Betten springen, der Stubenälteste erstattete Meldung.

Dann schoben die Lümmel unsere Spinde von der Wand weg, öffneten sie, warfen ihren Inhalt – Leib- und Bettwäsche, Kleider, Schuhe und persönliche Habseligkeiten – in einen Haufen auf den Boden und stürzten die Spinde selbst darüber. Bei der eine Stunde später erfolgenden Kontrolle musste selbstverständlich alles wieder peinlich genau eingeräumt sein.

Für die vielen Heiminsassen gab es viel zu wenige Klosette. Als eine Muschel verstopft und bis zum Rand mit Fäkalien gefüllt war, gab es wieder eine Mitternachtseinlage: Wir mussten der Reihe nach antreten und mit den bloßen Händen den Dreck in einen Eimer schaufeln und wegtragen. Ich konnte es mir etwas erleichtern, indem ich vorschlug, die braunen Fingerspuren an der Wand zu retuschieren. Ich hatte nämlich in meinem Malkasten noch eine Tube Deckweiß.

Hunger hatten wir immer. Manchmal gab es von zu Hause ein Packerl, dessen Inhalt in der Stube aufgeteilt wurde. Meine Mutter schickte mir Haferflockenbusserln. Die Mütter – Väter waren ja alle eingerückt – durften sogar einmal auf Besuch kommen. Das war sehr genau geregelt. Meine Mutter weinte nur, als sie mich und die Umstände sah, in denen wir leben mussten. Immerhin räumte sie meinen Spind so schön zusammen, dass ich am nächsten Tag ein Lob vom Lagermannschaftsführer erhielt.

Wir verfügten trotz allem auch über ein wenig Freizeit. Wenn wir keinen Ausgang hatten, verbrachten wir sie in den Stuben und unterhielten uns damit, dass wir den Schwächsten quälten. Ich war nicht tätig dabei, beobachtete jedoch gleichgültig. Manche Buben ließen sich von anderen so unterdrücken, dass sie, als „Sklave“ angeredet, alles für sie taten. So fruchtbar war die Nazi-Erziehung. Auch vertrieben wir uns die Zeit mit irgendwelchen Spielen, die irgendwer aufgebracht hatte. Eine Zeit lang war es Mode, dass ein Bub hyperventilierte, den Atem anhielt und ein anderer ihm daraufhin von hinten den Brustkorb mit aller Kraft zusammenpresste.

Dies führte zu sofortigem Bewusstseinsverlust mit der Chance auf Halluzinationen. Wir hatten ja schließlich weder synthetische Klebstoffe noch gar echten „Stoff".

An einem Winterabend ging ein solcher Spaß fast daneben. Ein Schüler, er hatte ein großes Abszess an der Oberlippe, kam die längste Zeit nicht mehr aus seiner Bewusstlosigkeit heraus, taumelte stöhnend im Zimmer umher und fiel dann wie ein Klotz der Länge nach auf das Gesicht. Dabei platzte sein Abszess und verspritzte eine Mischung aus Blut und Eiter. Wir wurden dann doch etwas nervös und holten den LMF. Mittlerweile war der Bub wieder zu Bewusstsein gelangt und saß benommen auf dem Boden. Auf die Frage, was denn passiert sei, meinten wir, dass er vielleicht die Gase aus dem undichten Kachelofen nicht vertragen habe. Wir kamen ungeschoren davon.

In unserer Stube wohnten zwei Brüder, Söhne eines Grazer Apothekers und Nazis, der im Ledermantel mit einer BMW-Beiwagenmaschine umherzufahren pflegte und seine Kinder grundsätzlich mit Watschen erzog. Die beiden vertrugen sich nicht, überhaupt nie. Eines Abends, es war Mittwoch, der ältere hatte gerade sein ihm zustehendes Lavoir mit warmem Wasser geholt und auf das Stockerl gestellt, begann sich sein Bruder gleich darin zu waschen.

Dies hatte zuerst verbalen Protest, jedoch unverzüglich auch brachiale Maßnahmen zur Folge. Wir anderen bestiegen sofort die Galerie unserer Stockbetten, da bekannt war, dass die beiden erbarmungslos zu raufen pflegten. Als wir unsere Plätze bezogen hatten, waren die ersten Schupfereien und das Haarereißen bereits erledigt und die beiden schon bei ernsteren Tätlichkeiten. Treten, würgen und Faustschläge ins Gesicht. Das erste Blut war schon geflossen, als es dem jüngeren gelang, beide Hände seines Bruders auf das Stockerl zu fesseln, von dem die Schüssel mit dem Wasser längst heruntergefallen war. Er bekam sein schweres hölzernes Federpennal zu fassen und schlug damit so lange auf die Hände des Gefangenen, bis dieser nur noch grölte, dass ihm die Finger versagen. Dann war der Kampf zu Ende. Wir waren zufrieden.

Dies alles fand freilich statt, nachdem ich mich bereits völlig in mich zurückgezogen hatte, um nicht zugrunde zu gehen. Es war wie ein böser Traum, aus dem ich manchmal kurz erwachte und mich beobachtete, als wäre ich ein anderer.

Was habe ich in diesem furchtbaren Jahr gelernt? Tiefe Abscheu vor allem Militärischen, vor Uniformen, Ideologien, Reden, Propaganda, Diktaturen, Unterdrückung. Außerdem kann ich gut Strümpfe stopfen, Knöpfe annähen, Betten machen und Unterschriften fälschen.

Gab es in dieser Zeit auch Erfreuliches? Ja. Die beiden KLV-Lager – das zweite mit den Oberstufenschülern war im Hotel Post untergebracht – wurden zwar von einem SS-Offizier geleitet, der einen Arm verloren hatte und daher an die Heimatfront versetzt war. Ihn sahen wir jedoch nur sehr selten und er kam auch nur vorbei, um kurz zu bellen. Unsere eigentlichen Quäler waren zwei HJ-Lümmel aus der siebenten Klasse. Sie waren, getragen vom stolzen Wohlwollen der Lehrerschaft, für alles zuständig, was uns das Leben erschwerte.

Da erfuhren wir eines Tages, dass der eine beim Bergsteigen in den Admonter Haller Mauern tödlich verunglückt war. Dies war die erste gute Nachricht, seit wir in Admont eingerückt waren. Beim Begräbnis mussten wir in Uniform und mit blankgeputzten Schuhen Spalier stehen. Es fiel uns nicht leicht, unser zufriedenes Grinsen zu unterdrücken.

Wir haben den Kerl wirklich gehasst. Alle, sogar jene, die bis heute Herzensnazis geblieben sind. Wir haben ihn vorbehaltlos gehasst, ihm alles Schlechte gewünscht und frohlockten, als unsere Wünsche erfüllt wurden. Das System, dessen Opfer auch wir waren, tat alles, um miesen Charakteren freie Hand beim Ausleben ihrer sadistischen Tendenzen zu gewähren. […]

Die zweite erfreuliche Nachricht, zumindest für mich, war die vom Ende des Nazireiches. Der Doyen der Schule, der schon genannte Altsprachler, teilte der versammelten Lagerbesatzung mit gebrochener Stimme hölzelnd mit, dass der „Groschadmiral Dönitsch die Kapitschulatschion untertscheischnetsch" habe. Er vollzog später wie viele andere eine rasante Pirouette und wurde nach einem langen, erfüllten Leben unter großer Assistenz als erzkatholischer Hüter des antiken Erbes zu Grabe getragen.

Ja, noch etwas habe ich damals gelernt: Erwachsenen sicherheitshalber grundsätzlich bis zum eindeutigen Beweis des Gegenteils nichts zu glauben.

Zu den besonderen Freuden der Anführer und aller Kinder, die ihren Geschmack teilten, gehörte die sportliche und kämpferische Ertüchtigung.

Admont ist ein beliebtes Schigebiet. Also erhielten wir jeder ein Paar Schi. Viel zu lange Gebirgsjägerbretteln aus Eschenholz, weiß gestrichen mit grünem Mittelstreifen. Die Bindung ist heute in Schimuseen ein begehrtes Sammlerstück. Dazu gab es hölzerne Stöcke. Wir mussten die Bretter schultern und einen steilen Hang hinauftragen. Oben hieß es anschnallen. Das war mit der Bindung und meinen Schweinslederschuhen unmöglich. Ich versuchte, den ledernen Fersenriemen so weit wie möglich über die Ferse zu ziehen, dass ich die Schier nicht sofort wieder verlor. Dann fiel ich schon das erste Mal hin und konnte nur mit Mühe wieder aufstehen. Der pappige Schnee blieb sofort auf der Lauffläche kleben und es gelang mir nicht einmal, mich wie die meisten anderen, die schon Schi fahren konnten, in eine Reihe zu stellen. Dann mussten wir gleich abfahren. Wieder einige Stürze. Dann gab ich auf. Zu Hause angekommen, ließ ich meine Bretter verschwinden.

Beim nächsten Ausrücken stellte ich betroffen fest, dass sie verschwunden seien. Zu meinem Glück gab es keinen Ersatz.

Also war meine Laufbahn als Schifahrer beendet. Während die anderen im Schneetreiben den Hang auf und ab keuchten, saßen ein Mitschüler, der sich ähnlich verhalten hatte, und ich gemütlich in der Stube und spielten Karten. In diesem Winter mussten wir auch einmal trotz fehlender Schi mit allen anderen zum Turnunterricht ausrücken. Wicki und ich gingen früher heim, und als die flotte Mary uns vermisste, glaubte sie, wir seien im Schnee verloren gegangen. Als sie verfroren und aufgelöst ins Heim kam, hatten wir schon zu Abend gegessen. Sie sah uns nur vernichtend an, sagte jedoch kein Wort.

Zu den Höhepunkten unseres DJ-Daseins gehörte ein großes Geländespiel gegen die nach Zahl, Alter und Hingabe weitaus überlegenen Schüler des benachbarten Stiftsgymnasiums. Es handelte sich dabei um eine der Eliteschulen, die die Partei für die Ausbildung ihrer künftigen Führungsschichte geschaffen hatte. Prominente spätere Politiker und Kulturschaffende haben ihren ersten Schliff in einer solchen Anstalt erhalten. Es war selbstverständlich, dass die Schüler unserer Oberschule den Feind mimen mussten, während die anderen die Angreifer und vorgesehenen Sieger waren. Trotzdem gab es genügend Dumme, die Stellungen aus Schnee bauten und unzählige Schneebälle vorbereiteten, die über Nacht froren und steinhart waren. Ich kann mich nur daran erinnern, dass ich mich gleich aus dem Staube machte. Mein Abscheu vor all dem Nazi-Getue war vollkommen. [...]

Manchmal wurden wir auch als Helfer in der Landwirtschaft eingesetzt. Etwa beim Setzen von Saatkartoffeln, die wir in einer großen alten Marmeladedose mittragen mussten. Auch zur Rübenernte wurden wir eingeteilt. Da wir nie genügend zu essen bekamen, ließen wir uns manchmal heimlich einen Bissen von einer rohen Rübe schmecken. Schokolade kannte ich nicht, Bananen waren mir dem Aussehen nach von alten Reklamen bekannt. Die erste bekam ich erst lange nach Kriegsende zu essen. Als Wicki und ich einmal eine verlorene

Lebensmittelkarte fanden, gingen wir damit hoffnungsfroh in die Bäckerei, um vielleicht eine Semmel dafür zu bekommen. Sie war aber schon abgelaufen. […]

Als der Frühling kam und das Deutsche Reich mehr und mehr bröckelte, war offenbar auch die Luftabwehr nicht mehr sehr wirkungsvoll. Eines Nachmittags wurden Wicki und ich auf unserem Heimweg am Waldrand von einem alliierten einmotorigen Jagdflugzeug überrascht, das uns im extremen Tiefflug entgegenkam. Wir waren so verblüfft, dass wir nicht einmal versuchten, uns zu verstecken. Der Pilot – wir konnten genau sehen, dass er ein Schwarzer war – hatte offenbar Mitleid mit uns und flog einfach weiter.

Trotz der bereits eindeutigen Lage versuchten einige Verbrecher aus der Wehrmacht gemeinsam mit Gesinnungsgenossen im Lehrkörper unserer Schule mit uns Kindern eine „Werwolf-Bewegung"* aufzubauen, die sich den anrückenden Truppen der Roten Armee entgegenstellen sollte. Zu diesem Zwecke wurden wir mit der damals beliebtesten panzerbrechenden Waffe vertraut gemacht, die den mythischen Namen „Panzerfaust" trug. Auch instruierte man uns im Umgang mit Gewehrgranaten. Es ist dem energischen Einschreiten des damaligen Schuldirektors Bruno Petrischek zu danken, dass es schließlich nicht mehr dazu kam. Sein Name sei in Ehren gehalten.

Admont lag nach Kriegsende in der sowjetischen Besatzungszone. Einige Obernazis aus dem Lehrkörper, wahre Helden, flohen natürlich, wurden jedoch aufgegriffen und sofort liquidiert. Die Normalnazis waren etwas schlauer und verschwanden unauffälliger. Alle, die blieben, waren selbstverständlich nie welche gewesen.

Der Betrieb in unserem Heim ging irgendwie anarchisch weiter. Unterricht hatten wir keinen, dafür wurden wir zur Arbeit eingeteilt. Täglich am Morgen mussten wir antreten, durchzählen und dann die Ladefläche eines Lastwagens besteigen. Dieser brachte uns in ein riesiges Marketenderlager, das der Versorgung der deutschen Wehrmacht gedient hatte – vornehmlich wohl der höheren Ränge. Es lag unweit des Bahnhofes. Dort mussten wir alles Gelagerte verpacken, das dann in Güterwaggons geladen und in die Sowjetunion transportiert wurde. Das meiste hatten wir nie zuvor gesehen, der Luxus war unbeschreiblich: Leder, Stoffe, Geschirr, Taschenmesser, Bekleidung, Schokoladen, Spirituosen, Taschenlampen, Kosmetika, Spielkarten, Dosenschmalz, alles vom Feinsten.

Wir stahlen wie die Raben. Vor allem Pullover hatten es uns angetan, da wir ja im Winter immer gefroren hatten. Am Ende der Schicht mussten wir wieder antreten und durchzählen, und dann wurden wir kontrolliert. Ein einheimischer Kapo* und ein Sowjetsoldat gingen langsam um unsere Kolonne herum und schauten uns genau an. Wir hatten alle gestohlenen Kleidungsstücke übereinander angezogen und unsere HJ-Jacken darüber geschlossen. Loses Gut, das nicht am Körper Platz hatte, ließen wir synchron zu den Umkreisungen der Wächter vor oder hinter der Kolonne von Hand zu Hand gehen. Erwischt wurden wir nie.

Eine der Besonderheiten, die wir dort klauten, war eine spezielle Schokolade. Ich hatte ja, wie die meisten von uns, noch nie Schokolade gesehen, nur den Geruch kannte ich von einer alten Blechdose, in der diese Köstlichkeit einmal aufbewahrt worden war. An ihr pflegte ich manchmal zu riechen. Was wir in großen Mengen mitnahmen, war allerdings eine in runden Schachteln verpackte Notration für Kampfflieger, die auch nach langen Nachteinsätzen noch wach sein mussten. Sie hieß Scho-Ka-Kola und bestand aus Schokolade, Traubenzucker und Cola-Extrakt. Das perfekte Aufputschmittel also. Wir aßen selbstverständlich große Portionen davon und blieben daher mühelos die ganze Nacht hellwach. Damit uns nicht langweilig wurde, spielten wir im Hause Verstecken.

Da es keinen LMF mehr gab, wurden wir auch nicht dafür bestraft. Am nächsten Tag spürten wir nicht die geringste Müdigkeit.

Von den Sowjets – sie wurden als „die Russen" bezeichnet – merkten wir kaum etwas. Einige Male kam einer von ihnen in der Nacht zu uns ins Zimmer, grinste unbeholfen und ging wieder. Einer verwendete eine Klomuschel zum Frischhalten von Butter. Einen anderen kannten wir schon sehr gut, er war unser Kontrollor im Marketenderlager und zeichnete sich durch einen auffallend großen Mund aus. Wir nannten ihn den „Lawurpapperten"*. Er trug ständig eine Signalraketenpistole mit sich und unterhielt sich auch am Tage unermüdlich mit dem Abschießen bunter Leuchtraketen. Andere hatten den eingeschüchterten Admontern mit der Aufforderung „Ura, Ura!" ihre Armbanduhren weggenommen und trugen jeweils mehrere an beiden Unterarmen. Auch ein Fahrrad ohne Gummireifen war zum Wegnehmen interessant. Ein Soldat fuhr damit unter lautem Geschepper die abschüssige Kopfsteinpflasterstraße neben der Stiftsmauer entlang. Wir erwarben einen rudimentären Russisch-Wortschatz: stoj!* – dawai! – njet! – mehr war auch nicht notwendig.

Am Straßenrand lagen sterbende Pferde mit aufgetriebenen Bäuchen. Wir sahen ihnen zu.

Zu essen fanden wir auch manchmal etwas. Einmal eine Packung getrocknetes Gemüse, das von den Soldaten der deutschen Wehrmacht „Drahtverhau" genannt worden war. Wir waren froh darüber und kauten es ausdauernd.

Sonderbar: Vielen meiner Mitschüler hatte ihr Klein-Nazi-Dasein gefallen und sie bedauerten, dass wir, wie sie sagten, den Krieg verloren hatten. Manche haben bis heute nichts dazugelernt. Daher nehmen sie auch mit Begeisterung an großen Treffen der ehemaligen „Admonter" samt Gedenkmesse teil.

Im Sommer kam mir der Gedanke, nach Hause zu fahren. Ich hatte von meiner Mutter monatelang nichts mehr gehört, und in Admont kümmerte sich praktisch niemand mehr um uns. Also packte ich eines Morgens meinen Pappkoffer, trug ihn zum Bahnhof, erkundigte mich, ob es einen Zug nach Graz gebe, und setzte mich in einen Waggon. Tatsächlich fuhr der Zug an und erreichte nach sehr langer Fahrt in den späten Abendstunden Graz.

Der Zug hielt nicht am Hauptbahnhof, weil dieser durch Bomben beschädigt war. Wir mussten im Bahnhof Gösting aussteigen. Ich ging durch das nächtliche und menschenleere Graz zur Idlhofgasse. Dort fand ich unsere Wohnung leer vor. Das Haus war bei einem Bombenangriff zu Ostern teilweise zerstört worden. Wo meine Mutter war, wusste ich nicht. Also nahm ich meinen Koffer wieder auf und wanderte nach Süden zur Triestersiedlung in der Hoffnung, dort meine Großmutter vorzufinden.

Die Wohnung lag im Hochparterre, daher konnte ich mich mit Steinwürfen bemerkbar machen. Die Großmutter blickte schließlich verschlafen aus dem Fenster, es war schon lange nach Mitternacht. Als sie mich erkannte, weinte sie. Gleich gab sie mir etwas zu essen und zu trinken – ich war schon völlig ausgehungert – und brachte mich zu Bett. Ich schlief sofort ein.

Am nächsten Vormittag kam meine Mutter – der Großvater war zu ihr gefahren, um sie zu verständigen – und weinte auch. Die bisher schlimmste Zeit meines Lebens – ich schreibe dies in meinem 67. Lebensjahr – war vorüber.

Gertrude Meitz

wurde am 30. Mai 1932 als Gertrude Cerni in Wien geboren und wuchs als jüngstes von drei Kindern im 2. Bezirk auf. Gemeinsam mit ihren beiden Brüdern und ihren Eltern wohnte sie in einem Gemeindebau in der Nähe des Messegeländes. Das Einkommen des Vaters, der bei der Bahn als Ladeschaffner bzw. Wagenschreiber arbeitete, reichte kaum aus, um die Familie zu ernähren, so dass die Mutter, eine gelernte Schneiderin, stets bemüht war, das Familieneinkommen durch private Näharbeiten aufzubessern.

Anfang 1944 wurde die Unterstufe des Gymnasiums Novaragasse und damit die Schulklasse von Gertrude Cerni in das damalige „Protektorat Böhmen und Mähren" „verschickt". Im Herbst 1944 wurde das KLV-Lager nach Winterbach bei Puchenstuben (Niederösterreich) verlegt, wo zur selben Zeit auch Schulklassen aus anderen Wiener Gymnasien untergebracht waren (siehe die Beiträge von Elfriede Grünsteidl-Flieder und Luitgard Knoll in diesem Band). Gegen Kriegsende mussten die Mädchen mit ihren Lehrkräften noch weiter nach Westen flüchten und kamen schließlich in St. Anton am Arlberg (Tirol) in einem Hotel unter.

Im Herbst 1945 kehrte Gertrude Cerni nach Wien zurück. Obwohl sie eine begeisterte Schülerin war, verließ sie – bedingt durch eine schwere Erkrankung ihrer Mutter – das Gymnasium nach der fünften Klasse, um selbst Geld verdienen zu können. Zunächst arbeitete sie als Zahnarzthelferin, später war sie als Sekretärin bzw. Handelsvertreterin in der Textilbranche tätig, bevor sie sich schließlich in diesem Sektor selbstständig machte. Bis in die 1980er Jahre lebte Gertrude Meitz mit ihrem Ehemann und ihren beiden Töchtern in Wien, dann zog sie mit ihrem Gatten nach Würnitz (Niederösterreich), wo sie sich seit vielen Jahren im Bildungs- und Heimatwerk und als Lesepatin engagiert.

Darüber hinaus betätigt sie sich literarisch: Neben einem Theaterstück und Gedichten veröffentlichte sie 1998 in Erinnerung an ihren unkonventionellen Vater das Buch „Ein Denkmal für Stanislaus" im Verlag Franz Steinmaßl, Grünbach. Darin berichtet Gertrude Meitz am Rande auch von ihrem KLV-Aufenthalt; die Erzählung von ihrer Heimkehr wurde daraus entnommen und in den nachfolgenden Beitrag integriert. Der Hauptteil des Texts entstand eigens für dieses Buchprojekt im Anschluss an einen Schreibaufruf in der Tageszeitung Kurier im Sommer 2018.

„Man erwartete von einer Zwölfjährigen selbstständiges Handeln …"

Eine kleine Vorgeschichte: Ich hatte die Volksschule mit Bestnoten absolviert und nach Meinung meiner Lehrer sollte ich ein Gymnasium (im Dritten Reich „Oberschule") besuchen. Meine sonst so kluge Mutter fand, es wäre unnötig, sich das schwer erarbeitete Schulgeld vom Mund abzusparen, wo ich doch sicher mit 18 Jahren heiraten und nie studieren würde. Also kam ich in die Hauptschule und hatte am Ende der ersten Klasse wieder nur Einser. Nun wollte auch Mama den Lehrern nicht mehr widersprechen und ich durfte ohne Aufnahmeprüfung die zweite Klasse der Oberschule für Mädchen in der Novaragasse, Wien 2, belegen. […]

1943/44 erreichte der Luftkrieg Wien, und den Eltern wurde von der Direktion angeboten, die Kinder in ein KLV-Lager zu schicken. In meinem Fall war es ein Komplettprogramm – also nicht nur die Schüler, sondern auch der Lehrkörper unserer Schule samt Direktorin übersiedelten in das damalige „Protektorat Böhmen und Mähren", zunächst nach Wihorschau (Běhařov) im heutigen Böhmen. Das Schulgebäude in der Novaragasse wurde in ein Lazarett umgewandelt.

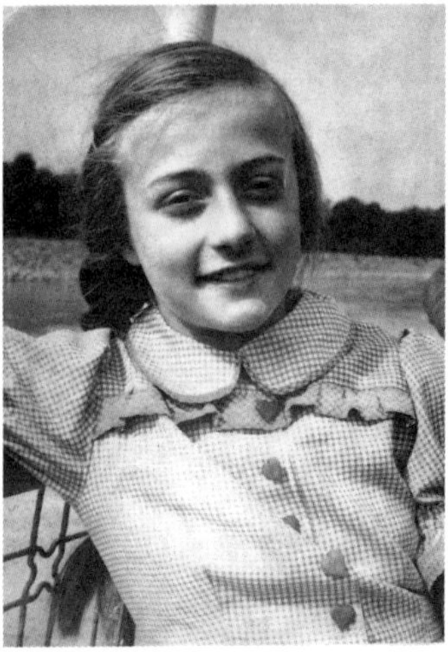

Gertrude Meitz bei einer Schifffahrt in der Wachau (1943)

Für mich war die Übersiedlung ein echtes Abenteuer. Im Gegensatz zu anderen Kindern hatte ich kaum Heimweh und den neuen Schulbetrieb fand ich toll. Sooft das Wetter es erlaubte, fand der Unterricht im Freien statt, das Essen war gut und wir hatten reichlich Zeit für Spiel und Sport. Natürlich galt es, das Zimmer und seine Sachen in Ordnung zu halten. Unsere Kästen kontrollierte die BDM*-Führerin, eine 16-jährige Auslandsdeutsche* aus Pressburg, die sich halt manchmal wichtigmachte und schlampig verstauten Kasteninhalt mit einem Handstreich auf dem Boden fegte, uns aber sonst nicht weiter behelligte.

Jeden Morgen wurde die deutsche Fahne im Garten gehisst und der tägliche Heeresbericht vorgelesen; weitere politische Schulungen gab es nicht. Wenn wir in großer Gruppe ins Dorf wollten, marschierten wir im Gleichschritt und sangen Wander- und Marschlieder; das hat das Gehen erleichtert und uns nicht gestört, wahrscheinlich aber doch die tschechischen Dorfbewohner.

Den Schulunterricht nahm ich zu leicht und – oh Schreck – am Ende des ersten Trimesters (es gab drei Trimester und sechs Schulnoten) hatte ich in Englisch und Mathematik je einen Fünfer! Mama war entsetzt, informierte meinen Lieblingsbruder Paul – elf Jahre älter als ich und Soldat im Fronteinsatz – und dieser wieder „redete" mir mittels Feldpostbrief so eindringlich ins Gewissen, dass ich tagelang weinte. Nun, seine Worte haben genützt, ich begann, den Unterricht wieder ernst zu nehmen und hatte am Ende des Schuljahres in beiden Fächern die Note Zwei.

Warum ich das erzähle? – Weil es die innige Beziehung zu meinem Bruder Paul beleuchtet. Sein damaliges Schreiben ging leider verloren, aber ich besitze noch einen anderen Brief, in dem er mir rät, immer ehrgeizig, wach und fleißig zu bleiben. Ich denke oft an ihn.

Aus mir unbekannten Gründen wurde unser Lager von Wihorschau nach Schernuwka bei Tischnowitz (heute Tišnov) nahe Brünn verlegt, wo wir ein Ferienheim für Nonnen bezogen. Das halbe Haus und der wunderschöne Blumengarten standen uns zur Verfügung, der Klausurbereich war tabu. Auf gutes Benehmen wurde geachtet und wir grüßten immer höflich. Einmal hat mich eine Nonne gerügt, weil ich pfeifend durch die Gänge eilte. Sie meinte, das wäre nicht mädchenhaft. Küchenchefin war vermutlich eine Nonne, den Rest besorgte anderes Personal. Es gab auch eine Krankenschwester, die uns medizinisch betreute. Schulbetrieb wie gewohnt, außer den Wehrmachtsberichten keine politischen Erziehungsmaßnahmen. Allerdings muss ich sagen, dass Hitler für uns der Größte war, und an den „Endsieg"* glaubten wir sowieso. Noch heute sehe ich das milde Lächeln meiner Mutter, wenn ich in Gesprächen den Endsieg beschwor. Als man uns 1945 berichtete, Hitler sei „im Kampf um Berlin" gefallen, haben wir Kinder geweint.

Einmal besuchte mich meine Mutter. Sie schlief im Dorf bei einer tschechischen Familie, mit der sie, wie ich vor ihrer Abreise erfuhr, eine Vereinbarung getroffen hatte: Da das Ende des Dritten Reiches 1944 für vernünftige Leute schon abzusehen war, ahnte Mama, dass sich der Hass der Einheimischen eines Tages gegen alles Deutsche richten würde (was ja später auch geschehen ist). Daher sollte ich bei den ersten Anzeichen

Lehrer-Erholungsheim in Winterbach

das Heim verlassen und bei dieser Familie unterschlüpfen; sie würde mich beschützen. Ich habe es versprochen, aber bevor es dazu kommen konnte, wurde unser Lager nach kurzem Wien-Aufenthalt nach Winterbach bei Puchenstuben verlegt.

Wir wohnten im Lehrerheim (ich glaube, es steht noch heute), Schulbetrieb und Alltag verliefen wie gewohnt. Bei einem Geländelauf brach ich mir den linken Unterarm. Zur Erstversorgung fuhr ich mit einer Begleitperson per Bahn ins Krankenhaus nach Mariazell, alle weiteren Untersuchungen absolvierte ich alleine – auch als ich mir sechs Wochen nach Gipsabnahme den Arm an gleicher Stelle nochmals brach. Man erwartete von einer Zwölfjährigen selbstständiges Handeln, und es hat mir nicht geschadet. In Winterbach konnte mich Mama öfter besuchen und damals funktionierte auch noch der Briefverkehr. […]

Im Vorfrühling 1945 – das genaue Datum weiß ich nicht mehr – hieß es, die Russen seien schon gefährlich nahe und unser Lager solle Richtung Westen evakuiert werden. Unsere Köchin verarbeitete alle vorhandenen Lebensmittel zu Kuchen, Braten und Broten und packte diese in einen riesigen Koffer. Unsere Koffer waren kleiner, wir durften nur das Notwendigste mitnehmen. Dann ging's per LKW nach Kienberg-Gaming und wir wurden in einen offenen Viehwaggon gesteckt. Es war saukalt, aber noch weinten nur wenige Kinder. In Amstetten verbrachten wir die Nacht im überheizten, total überfüllten Wartesaal. Soldaten und Wehrmachtshelferinnen lagen schlafend am Boden, wir hatten solches noch nie gesehen! In Amstetten verschwand auch der Koffer mit den Lebensmitteln und nun kam zur Angst und Erschöpfung auch noch der Hunger. Unsere Lehrer waren großartig; ich denke, es muss für sie noch schlimmer gewesen sein als für uns.

Per Viehwaggon ging es immer weiter Richtung Westen. Schließlich landeten wir in St. Anton am Arlberg und wurden in der Pension Alpenrose einquartiert. Allerdings nur für wenige Tage, dann bezogen wir den ersten und zweiten Stock des nobelsten Hotels im Ort, des Hotel Post. Wir fühlten uns wie im Himmel! Natürlich gab es keinen Schulunterricht, aber die Lehrer bemühten sich, uns zu beschäftigen und bei Laune zu halten. Das Essen war knapp, Obst gab es gar nicht. Damals habe ich mir angewöhnt, den üppig wachsenden Sauerampfer zu essen.

In den letzten Kriegstagen gaben die abziehenden deutschen Truppen einen im Arlbergtunnel stehenden, mit Lebensmitteln voll beladenen Zug zur Plünderung frei. Wir Kinder haben auf Wunsch der Lehrer eifrig mitgemacht und viele Kisten mit Marmelade erobert.

Einmarsch der Franzosen, Kriegsende! Natürlich wollten die Franzosen auch nobel wohnen; daher mussten wir zuerst in die oberen Stockwerke ziehen, schließlich aber das Hotel ganz verlassen. Man verlagerte uns in das Sportheim St. Christoph; da gab es Matratzenlager und Stockbetten, aber wir waren rundum zufrieden. Nur die Sorge um unsere Eltern und Geschwister plagte uns und schürte Heimweh. Und natürlich wurden wir, die mitten im Wachstum steckten, von den mageren Suppen und dünnen Broten nie wirklich satt.

Wir pflückten Brennnesselspitzen für Brennnesselspinat, sammelten Beeren und waren ständig auf der Suche nach Essbarem. Auf der Passhöhe hielten französische Truppen immer kurze Rast und sie warfen uns Kindern, wenn wir mit bittenden Augen dort standen, oft Konservendosen und Süßigkeiten zu. Mir war das peinlich, ich blieb meistens im Hintergrund und habe nur einmal eine kleine Dose Corned Beef ergattert. Da natürlich alle meine Freundinnen davon auch was haben wollten, blieb mir nur ein winziger Bissen.

Meine Heimkehr nach Wien habe ich bereits im Buch „Ein Denkmal für Stanislaus" geschildert:

„Im August 1945 war's endlich so weit: Die Gemeinde Wien holte ihre Kinder wieder zurück nach Hause. Weil die Amerikaner uns untersuchen und ein wenig aufpäppeln wollten, gab es in Kitzbühel noch einmal Zwischenaufenthalt. Mitte September 1945 stand unser Bus dann endlich vor dem Wiener Rathaus. Ein Gemeinderat hielt die Begrüßungsansprache und dann entließ man uns ganz formlos.

Man muss sich das heute vorstellen: Zehn- bis dreizehnjährige Kinder schickte man ganz einfach quer durchs zerbombte Wien nach Hause, nicht wissend, was sie dort erwartete! Manche Eltern hatte man verständigt; andere, zum Beispiel meine, wussten überhaupt nichts.

Offensichtlich ließen sich die Verantwortlichen wegen solcher Kleinigkeiten keine grauen Haare wachsen. Ich marschierte also mit meinem kleinen Koffer Richtung Donaukanal, über den provisorischen Steg beim Schwedenplatz in die Praterstraße, vorbei am Tegetthoff-Denkmal und dem ausgebrannten Riesenrad – und sah endlich unser Haus. Zerschossen und schäbig, aber noch mit allen fünf Stiegen und sechs Stockwerken. Im Hof saß Frau Olejnik. Als sie mich von weitem erblickte, sprang sie auf und rannte, laut „Fini, Fini, die Gerti ist da!" rufend zu unserer Wohnung. Mama stürzte mir mit weit geöffneten Armen entgegen und wir hielten uns vor

Freude schluchzend umschlungen. Sogar Vater war herbeigeeilt und drückte mich gerührt an seine Brust.

Natürlich war ich ausgehungert und Mama wärmte mir sofort den Rest vom Mittagessen, grüne Fisolen. Unsere Küche hatte einen Treffer abbekommen, das große Loch war nur mit Brettern zugenagelt, und auch sonst sah es wild aus. Plötzlich kam ein russischer Soldat in die Küche; mir blieb der Mund offenstehen. Was Mama mir noch nicht gesagt hatte: In allen größeren Wohnungen unseres Gemeindebaus, so auch in unserer, hatte man russische Offiziere zwangseinquartiert. Propagandaverseucht hielt ich alle Russen für gefährliche Halbwilde, aber Mama nahm schnell meine Hand und der Russe lachte mich freundlich an. ‚Eto vascha dotschka? Prekrasnaja dewuschka!' Mama übersetzte: „Ist das Ihre Tochter? Hübsches Mädchen!" Damit war der Bann gebrochen und meine Angst ein für alle Mal vergessen. [...]"

Die Freude, wieder zu Hause zu sein, war groß, und Mama durfte nach Monaten der Ungewissheit endlich eines ihrer Kinder ans Herz drücken. Otto kam Anfang 1948 aus der Kriegsgefangenschaft zurück, Paul blieb verschwunden. Wenige Tage vor Kriegsende war seine Einheit nach Wien verlegt worden. Er ging nach Hause, wollte nicht mehr in die Kaserne zurück. Der Nachbar drohte, ihn anzuzeigen, und so bat Mama, er möge noch einige Tage durchhalten, der Krieg wäre sowieso bald zu Ende. Paul ging – und ward nicht mehr gesehen. Der Gedanke, Paul in den Tod geschickt zu haben, hat Mama bis ans Ende ihrer Tage gequält.

Luitgard Knoll

wurde am 30. März 1933 als Luitgard Maresch in Wien geboren und wuchs als Einzelkind im 3. Wiener Gemeindebezirk auf. Ihr Vater war Latein- und Griechischlehrer an einem Wiener Gymnasium; 1939 wurde er zum Kriegsdienst eingezogen. Ihre Mutter wurde während des Zweiten Weltkriegs in einer Süßwarenfabrik kriegsdienstverpflichtet.

Im Februar 1944 wurde die Unterstufe der Mädchenoberschule, die Luitgard Maresch besuchte, in die Region Tatralomnitz (Tatranská Lomnica) in der Slowakei verlegt. In dem Gebiet der Hohen Tatra waren zu dieser Zeit Schülerinnen und Schüler zahlreicher Wiener Schulen in KLV-Lagern untergebracht. Im Lager „Weißwasser" trafen Luitgard Maresch und Elfriede Flieder aufeinander und schlossen eine bleibende Freundschaft; zeitgleich hielt sich auch die um zwei Jahre ältere Inge Pavlik in der Umgebung auf (siehe die zwei nachfolgenden Beiträge dieses Bandes von Elfriede Grünsteidl-Flieder bzw. Inge Grund).

Aufgrund der zunehmenden Bedrohung durch kriegerische Auseinandersetzungen in der Slowakei kehrten die Kinder und ihre Lehrkräfte im August 1944 nach Wien zurück. Im September desselben Jahres kam Luitgard Maresch in ein KLV-Lager in Puchenstuben (Niederösterreich), kurz darauf erfolgte ein Umzug ins nahegelegene Winterbach. Vor der herannahenden Sowjetarmee flüchteten die Lehrkräfte im Frühjahr 1945 mit den Kindern nach Westen und fanden nach mehreren Zwischenstationen schließlich Unterkunft in St. Anton am Arlberg (Tirol). Hier traf Luitgard Maresch unverhofft auf ihre Mutter, die verzweifelt nach ihr gesucht hatte. Während die anderen Lagerteilnehmerinnen im August 1945 nach Wien zurückkehrten, blieben das Mädchen und seine Mutter in St. Anton.

In den darauffolgenden Jahren besuchte Luitgard Maresch das Gymnasium in Landeck (Tirol). Nach der Reifeprüfung erhielt sie ein Stipendium der Fulbright-Stiftung, das es ihr ermöglichte, für ein Jahr ein College in den USA zu besuchen. Anschließend studierte sie an der Universität Graz und legte am Dolmetsch-Institut die Übersetzerprüfungen für Englisch und Französisch sowie anschließend das Doktorat ab. Als Studienkollegen lernte sie hier Helmfried Knoll kennen, den sie nach ihrer Promotion 1956 heiratete. Das Paar zog nach Wien und bekam fünf Kinder.

Luitgard Knoll arbeitete eine Zeit lang als Übersetzerin und gab später Nachhilfe in Englisch und Französisch. Außerdem engagierte sie sich in Literaturkreisen und sozialen Organisationen. Vor einigen Jahren begann sie mit der Niederschrift ihrer Lebenserinnerungen für ihre Nachkommen; diesem Manuskript ist der folgende Textausschnitt entnommen. Im Zuge einer Beschreibung sportlicher Aktivitäten ihrer Kindheit werden für Luitgard Knoll spontan auch Erinnerungen an die Zeit der Kinderlandverschickung wach.

„Auf, ihr lieben Kinderlein, jetzo muss geschieden sein …“

[…] Im KLV-Lager „Weißwasser" gab es einen kleinen Hügel, auf dem im Winter Sport betrieben wurde – es gab sogenannte „Schlitter" – Kurzschi aus Holz, recht lustig zum Abfahren. Auf dem vorhandenen Sportplatz wurde hauptsächlich Ball gespielt. Ich besitze noch das kleine Heft, in dem ich alle Schülerinnen der ersten bis vierten Klassen aufgeschrieben habe sowie die Lehrkräfte und die Jungmädelführerinnen. Es gab auch eine Krankenschwester. Hatte man Fieber, kam man in die „K." (Krankenstube), eine Abkürzung, die meinen Vater beunruhigte; wahrscheinlich dachte er an Korrektionszelle oder so etwas. Einmal war ich wirklich schwer krank und hatte eine Art von Maul- und Klauenseuche mit hohem Fieber. Im Spital, wo ich ambulant behandelt wurde, sprachen die

Luitgard Knoll, rechts, mit zwei Zimmerkameradinnen beim Spielen im Wald (1944)

Ärzte von Mundfäule. Einige mit Scharlach wären im August 1944 fast nicht mehr nach Hause gekommen, da die Russen schon im Anmarsch waren. Sie wurden mit Panzern evakuiert.

Mir wurde zunächst Simulieren unterstellt, da meine Erkrankung unerwartet und vielen ungelegen kam. Ich hatte mir nämlich am Vortag – nicht gerade kameradschaftlich – bei der Köchin, Frau Duchon, „endlich einmal wieder Haferschlatz" bestellt, was auf große Entrüstung der anderen Mädel stieß. Ich musste mir ein Heft anlegen, in dem ich aufschrieb, wie viele Löffel der verhassten Speise ich jeder abnehmen würde. Und dann wurde ich krank! Man belagerte die „K.", bis sich die Lehrkräfte den Lärm verbaten und ich, wie gesagt, ins Spital musste.

Der Tagesablauf war wie in einem Internat mit Essen, Freizeit, Lernzeit und Schule und recht abwechslungsreich. Unbegreiflich ist mir, wie man uns allein in den Wald zum Spielen ließ, stundenlang, ja sogar tagelang, als wir einmal wegen

Quarantäne keine Schule hatten. Wir bauten uns Häuser aus Reisig und waren begeistert, wenn irgendein Wild seine Bemmerl* hineinlegte; wir fingen Schmetterlinge (leider), fanden Schlangenhäute auf Baumstümpfen, aßen rohe Schwammerl, ohne uns zu vergiften, und waren total sorglos. Zu allen möglichen Gelegenheiten wurden Theaterstücke einstudiert, man verkleidete sich; natürlich musste man auch seine Wäsche selber flicken und Strümpfe stopfen. Gesungen wurde viel, auch auswendig gelernt, und die Briefe nach Hause wurden zensuriert. Manchmal fuhren wir mit anderen Lagern auf Sportfeste und zu deutschen Minderheiten in umliegende Dörfer. Unser „Weißwasser" war ein alter Waldgasthof nach Salzkammergut-Art mit geschnitzten Balkons etc. Die Schmutzwäsche wurde wöchentlich eingesammelt, ein Badezimmer gab es auch; in den Zimmern mit Stockbetten nur Waschgestelle mit Lavoir und Kübel. Wir wurden einmal sehr gerügt, weil unser Lavoir einen ungeputzten schwarzen Rand hatte; so etwas galt auch für Fingernägel, die in Reih' und Glied inspiziert wurden. Hie und da durften wir (singend) in den nahen Ort Matlarenau spazieren, um ins Kino zu gehen. Es gab herrliche Filme wie „Der große König", „Kadetten", „Quax, der Bruchpilot" und ähnliche. Viel davon steht in meinen Briefen. Der Hauptort hieß Tatralomnitz.

Mit dem Taschengeld, das wir bekamen, konnte man nicht sehr viel anfangen, aber es gab immerhin hölzerne Serviettenringe wie in Goisern und ähnliche rustikale Mitbringsel.

Einmal bekam mein Vater Urlaub, da durfte ich heimfahren, mutterseelenallein, zuerst zum Bahnhof Tatralomnitz, dann mit der Bahn nach Sillein, wo die Reise vorerst zu Ende war, weil keine Züge verkehrten und ich in einer HJ-Dienststelle – meiner Erinnerung nach mehrere Tage – am Bahnhof warten musste. Zu meinem Entsetzen wurde ich Zeuge, wie die Burschen Palatschinken aus einer Pfanne in die Luft schleuderten.

Pension Weißwasser in Tatralomnitz/Tatra Lomnice (1944)

Irgendwie kam ich nach Wien und auch wieder zurück. Für die Rückfahrt hatte man mir eine große Schachtel anvertraut, in der sich Dinge von den Eltern einiger Kameradinnen befanden, die keinen Urlaub hatten. Ich hatte aber lange nicht alle angerufen, wie versprochen. Das sind unvergessliche Erlebnisse, für die ich mich schäme. Meine Strafe war zumindest, dass ich die schwere Schachtel auf dem Rückweg die fünf Kilometer (oder mehr) vom Bahnhof ins Lager schleppen musste.

Im benachbarten Bubenlager starb eines Tages der Lagerleiter. Wir hätten zu gern seine Leiche gesehen und starrten mit Ferngläsern ständig in die Richtung in den Wald. Einen dieser gleichaltrigen Buben, Rudolf Viktor Karl, haben Helmfried und ich später bei den Wiener Schriftstellern kennengelernt. Er bestätigte meine Erinnerungen an den Tod des Leiters und erzählte, dass die Russen bei seiner Heimkehr aus der Tatra einen seiner Kameraden erschossen. Das blieb uns erspart, aber wir hörten wochenlang vor unserer Rückkehr nach Wien Kanonendonner, den unsere Lehrkräfte als Straßensprengungen verharmlosten. Sie hatten eine schreckliche Verantwortung.

Zuletzt lasen sie uns auch die Todesnachrichten aus dem „Völkischen Beobachter"* (kurz VB) vor, wenn wieder einmal Bomben auf Wien gefallen waren. Tante Paula verlor damals zwei ihrer zwölf Kinder: einen als Soldat, die Jüngste auf einem LKW unter Bomben. So sehr wir erleichtert waren, wenn es uns nicht direkt betraf, so abenteuerlich war es doch auch, das muss ich zugeben. Die Parten mit hunderten Namen nahmen oft ganze Zeitungsseiten ein, die dick schwarz umrandet waren. Es entwickelte sich großer Hass gegen alle „Feinde", und die eigenen Ritterkreuzträger* wurden total verherrlicht. Ich kann mich nicht erinnern, ob wir von der Invasion in Frankreich Kenntnis bekamen. Von Stalingrad wusste ich, aber da war ich ja noch zu Hause.

Meine Mutter erzählte später, sie und andere Mütter hätten vor Beginn des slowakischen Aufstandes* immer wieder bei der HJ angerufen, der die Lager unterstanden, und sie seien mit „Gute Frau ..." schnoddrig* abgespeist worden.

Trotz allem gab man mich im September 1944 sofort wieder in ein KLV-Lager, diesmal an der Mariazellerbahn, zuerst nach Puchenstuben, dann kam ich mit einigen anderen nach Winterbach. Unsere Unterkunft hieß Lehrerheim, der Unterricht fand im größeren Gasthof Koller statt.

Das Leben verlief ähnlich wie in der Slowakei: sehr lustig, im Winter mit viel Schnee. Einmal rutschten wir (in Ermangelung von Rodeln) einen steilen Abhang Richtung Laubenbachmühle auf unseren Hosenböden hinunter und zerfetzten uns total unsere Trainingshosen. In einem erhaltenen Brief bitte ich Mutter um einen Stoffrest zum Flicken. Wir hatten nun andere Lehrkräfte, aber auch sie waren schon in der Slowakei gewesen, in „Rivalenlagern" (z. B. Orava). Man muss vor allen diesen Frauen den Hut ziehen, sie waren unglaublich. Der Lagerleiter war ein Kollege meines Vaters aus Lehrerzeiten. Wir nannten ihn das „direkte Ohr", seine Frau, die er mithatte, das „indirekte". Sie waren unglaublich steif und altmodisch und haben uns später in St. Anton besucht und mit meinem Vater rege korrespondiert.

Zu Weihnachten durften wir nach Hause. Vorher gab es ein Heinzel- und Wichtel-Spiel, das folgendermaßen funktionierte: Jedes Kind zog ein Zetterl, auf dem der Name des zu betreuenden Wichtels stand; der Betreuende hieß Heinzel und hatte natürlich auch selbst einen solchen, wodurch er zum Wichtel wurde. Da wir ja fast nichts besaßen, musste man sich immer irgendwelche Überraschungen für den Wichtel ausdenken: zum Beispiel ein halbes Butterbrot spendieren, Blumen pflücken und diese um den Mittagsteller legen, aber manchmal riss man sich auch geliebte Spielsachen vom Herzen und kam sich edel vor. Es wurde viel gezeichnet, Brieferl geschrieben („Lieber Wichtel"), der Phantasie waren keine Grenzen gesetzt.

Wir schrieben auch dauernd nach Hause, was uns die Mütter alles schicken sollten, ich glaube aber nicht, dass wir Packerln bekamen. Nur zu meinem zwölften Geburtstag erhielt ich einen etwas dickeren Brief, in dem mir die liebe Mutter einige Seiten Oscar-Wilde-Märchen aus einem Tauchnitz*-Buch schickte und die von ihr fein säuberlich geschriebenen Vokabeln dazu! Das ist ebenso noch vorhanden wie zahlreiche Briefe, alle nummeriert, in denen der Lageralltag und die Feste bunt geschildert werden. […]

Am Dienstag, dem 3. April 1945 – der Ostersonntag war der 1. April – zogen wir in finsterer Nacht mit unseren Rucksackerln zum Tor hinaus und ließen die restliche Habe bei einem Nachbarn, der uns auch das meiste aufhob. Die so später wiedergewonnene Puppe tauschte ich 1947 gegen ein Leintuch ein. Wir durften nur das Nötigste mitnehmen, während die Lehrkräfte doch einige Koffer hatten. Nachträglich begreiflich, es war sicher fast alles, was sie besaßen; aber damals nahmen wir es ihnen übel. Unterwegs dichteten wir eine „Fluchthymne“, in der wir 15 Strophen lang Erlebnisse und Stationen unserer Flucht besangen, nach der Melodie des Liedes „Auf, du junger Wandersmann ...“:

„Auf, ihr lieben Kinderlein,
jetzo muss geschieden sein
vom schönen, schönen Lehrerheim.
Woll'n uns auf die Flucht begeben,
denn der Russ' droht unserm Leben,
großer Hunger, Viehwaggon,
siehste wohl, das kommt davon.

Aufgestanden um halb drei,
jede holt ihr Zeug herbei
und haut dann ab in schnellem Trab.
Leider war es noch ganz dunkel
ohne jedes Sterngefunkel,
bis Neubruck man musste geh'n,
unser Zug fuhr erst um zehn.

In dem kleinen Warteraum
konnte man sich rühren kaum
und um halb acht der Magen kracht.
Doch dann kamen die Soldaten,
die uns gleich zum Essen baten.
Jede kriegt ein Mordstrumm* Brot,
aus war's mit der Hungersnot. [...]

Unvergesslich war die Nacht,
die wir schlaflos zugebracht.
Man saß, o Schreck, im Rinderdreck.
Regen strömte auf uns nieder,

durchgeweicht bis auf die Glieder,
kam man in Waidhofen an;
es war fürwahr kein leerer Wahn.

Kommt man an den Salzachfluss,
pickt man schon vor Dreck und Ruß;
Es rinnt, wie schad', die Marmelad'.
Unser Koffer ward entwendet,
mit dem Essen war's beendet,
und dann kam die Hungersnot,
jeden Tag drei Stückchen Brot. […]

Als man dann zum Bahnhof kam,
alles schon im Regen schwamm,
zu unserm Schreck auch das Gepäck.
In dem Wagen ohne Fenster
sahen alle Schreckgespenster.
Auch in Innsbruck ging's erst an,
denn da krähte noch kein Hahn.

Imst, Landeck, da war nicht viel,
bis man endlich kam ans Ziel.
Da lag, oh weh, noch sehr viel Schnee.
Ohne uns noch viel zu fretten*,
legten wir uns in die Betten,
und nun hat die Flucht ein End',
weil die Zeit so furchtbar rennt.

Daraus geht das meiste hervor, aber die Höhepunkte der drei Wochen, die wir unterwegs waren, will ich doch noch schildern. Wir verbrachten auf Niederbordwagen*, die wir nicht verlassen durften – es war ja Verdunkelung* und man hätte verlorengehen können –, in strömendem Regen die Nacht in Waidhofen an der Ybbs. Wie es die anderen schafften, aufs

Klo zu gehen, weiß ich nicht; ich war jedenfalls verzweifelt mit mir selbst beschäftigt und ließ es schließlich einfach rinnen – in dem Regen eh schon wurscht*, aber für mich grauenhaft.

Ich konnte nicht ahnen, dass Mutter inzwischen – auf Befehl der Stadtregierung – Wien mit dem letzten Donauschiff verlassen hatte und auf der Suche nach mir bis Pöchlarn gelangt war. In Waidhofen lebten zwei Schwestern von Großvater Fritz. Mutter schlug sich zu ihnen durch und erfuhr, dass wir die Nacht davor dort gewesen waren. Unsere Lehrerin, Frau Professor Titze, hatte meine Tante Gertrud in der Nacht besucht (offenbar wusste sie doch, dass der Zug nicht so schnell weiterfahren würde) und ihr als alter Kollegin von unserer Flucht erzählt. Dazu muss man aber anmerken, dass die Lehrkräfte von Station zu Station unserer abenteuerlichen Reise selbst nie wussten, wohin es ging. Es war wie das Spiel „Schnitzeljagd" mit immer neuen Marschbefehlen von der HJ, der die KLV-Lager unterstellt waren. Also konnte Tante Gertrud meiner Mutter auch nicht weiterhelfen.

Irgendwann verloren wir durch Abkoppelung von Waggons die Hälfte unseres Transports, und Mutter fand die falsche Hälfte in Bad Tölz oder Rosenheim oder sonst wo in Bayern, wo zwar Professor Erlach war, nicht aber ich.

Ich erinnere mich an Tiefflieger. Als wir wieder einmal in Viehwaggons – wohl auf der Westbahn – unterwegs waren, mussten wir unter die Waggons und eine Mitschülerin verrichtete ihr großes „Geschäft" – offenbar auf Frau Professor Bergers Hand oder Finger, jedenfalls schrie diese ganz empört auf. (Was wäre bei plötzlichem Anfahren des Zugs wohl passiert?)

In Kitzbühel wurden wir in der Volksschule „gelagert", bekamen Essen in großen Häfen* vom BDM* und waren uns sonst viel selbst überlassen. Das Grauslichste war aber die Radiomeldung, die wir durch eine offene Kaffeehaustüre hörten, dass Wien kapituliert hatte. Damit war unsere Welt zusammengebrochen. Es war klar, dass wir nie wieder nach Hause kämen.

Da fiel mir endlich ein, was meine Eltern mit mir ausgemacht hatten: Bei „schlechtem Ausgang des Kriegs" müssten wir alle versuchen, nach Bregenz zu kommen, wo Tante Heidi bei ihren Eltern, den evangelischen Pfarrersleuten, wohnte. Ich hatte noch eine Postkarte mit dem Bildnis unseres Führers(!) und vertraute sie, mit meiner Kitzbühler Adresse versehen, der Post an, die ja eigentlich nicht mehr funktionierte. Durch die Hilfsbereitschaft eines Soldaten der Wehrmacht kam für Mutter einige Tage später ein Telefongespräch mit Tante Heidi zustande, die meine Karte gerade erhalten hatte.

Als aber Mutter in Kitzbühel eintraf, waren wir schon weg, und niemand wusste, wohin. Wir Mädel waren mit einem LKW abtransportiert worden, der bei Roppen wegen einer zerstörten Brücke nicht weiterkonnte. Ohne es zu wissen, überholte uns Mutter und kam vor uns in St. Anton am Arlberg an, wo man ihr kopfschüttelnd und mitleidig sagte, Kinder kämen hier sicher keine mehr her, die Front sei im Kommen und massenhaft KLV-Lager ohnehin schon hier gestrandet. Das reichte für den längst fälligen Nervenzusammenbruch. [...]

Wir kamen jedenfalls eines Abends nach Innsbruck und übernachteten im Regen, rund um die hohe Sirene auf dem Bahnhofsplatz; außer dieser Sirene war nach meiner Erinnerung vom Bahnhof nichts mehr übrig. Wir hängten uns unsere Regenhäute um und legten die Rucksäcke im Kreis auf das Pflaster. Dann fing es an zu schneien, ich glaube nicht, dass jemand geschlafen hat. In einem Zug ohne Fenster fuhren wir weiter über Landeck nach St. Anton, das für längere Zeit meine Heimat werden sollte. Das wusste ich aber noch nicht, ebenso wenig, wie dass ich Mutter gleich wiedersehen würde. Diese war, aufgewärmt in der Backstube der mitleidvollen Frau Ploner, einer ehemaligen Wienerin, und auf deren

Rat nochmals zum Bahnhof gegangen – eigentlich, um nach Innsbruck zu fahren, wo man ja (in der HJ-Dienststelle) vielleicht mehr über uns wusste.

Elfi Flieder und ihre Mutter, genannt Tante Mitzi – sie konnte nach einem Mariazellbesuch zu Ostern nicht mehr zurück nach Wien und begleitete uns als weitere Hilfskraft –, standen neben mir am Fenster des Zuges. Offenbar schien der Mond, denn auf meine Bemerkung, wie gut Elfi es doch in dieser trostlosen Situation habe, riet mir Tante Mitzi, ich solle mein Leid nur dem Mond klagen, dann würde meine Mutter in St. Anton am Bahnhof stehen und mich in die Arme nehmen. Ich war ziemlich empört darüber, wie man einer Zwölfjährigen eine so unsinnige Geschichte zumuten konnte. Als beim Aussteigen dann meine Mutter vom Bahnsteig aus meinen Namen rief, hielt ich ihre Stimme für die einer Lehrkraft. Ich weiß auch überhaupt nicht mehr, ob ich glücklich oder erleichtert war; wir waren alle so müde und wurden gleich auf das Hotel Post und das Hotel Valluga verteilt. Die Mutter des Valluga-Besitzers, Frau Homa, gab Mutter und mir für diese eine Nacht ein Dachzimmerl, weil sie von unserem Wiedersehen sehr gerührt war.

Von da an wurden wir immer wieder aus- und woanders einquartiert, weil die Franzosen einmarschierten und selbst Quartiere brauchten. Wir mussten uns die Straße entlang aufstellen und sollten winken. Das konnte ich nicht; für mich waren es die Feinde. In St. Christoph änderte sich das dann, als uns die Franzosen auf unser eingelerntes „Nous avons faim" (wir haben Hunger) manchmal etwas gaben, und wenn es nur Kakaopulver war, das im Übrigen sehr nach Ersatz* schmeckte. Da waren die weggeworfenen Speisereste (Weißbrot, Käse, halbe Konserveninhalte) schon ergiebiger, die wir aus dem Bach fischten, wenn aus dem Gasthof Arlberghöhe oberhalb unseres Sportheims das nicht Verzehrte vom Koch ins Wasser geworfen wurde. Auf Spaziergängen in der unwirtlichen Gegend auf 1880 Meter fanden wir manchmal amerikanische Riesendosen, die auch bei den Franzosen als Militärverpflegung dienten. Sie waren halbleer, aber nie verdorben, sodass wir noch etwas davon hatten. Meine Mehl- und Reisdosen sind solche Stücke.

Aus ähnlichem Material machte ein Spengler in Zams die ersten Haushaltsgeräte, die wir erwerben konnten. Mutter hatte noch lange einen rot lackierten Trichter und ein Reibeisen aus Blech, in das man mit Nägeln scharfe Reibausnehmungen geschlagen hatte. Man wurde sehr erfinderisch. In St. Anton hatte eine deutsche Truppe abgerüstet und die Soldaten hatten weggeworfen, was ihnen nichts mehr wert schien. Einzelne Socken wurden aufgetrennt und neu gestrickt, mit Stricknadeln, die aus Leitungsdraht waren und mühsam zugespitzt wurden. Ein Problem war nur das Waschen solcher Wolle, denn von Seife konnte man nur träumen. Nicht einmal die im Krieg erhältliche Sandseife gab es. Im Fluss Rosanna lag ein altes Militärauto, das weideten wir aus und verwendeten die ledernen Sitzbezüge für Sohlen, die man an Socken nähen konnte, sofern man Zwirn dafür hatte; das war die nächste Mangelware. Aber neben der Galzigbahn gab es ein Geschäft, wo man Mitleid mit uns hatte. Ein oder zwei alte Spulen von damals sind noch im Nähkastl.

Einerseits hatte jedermann Angst, mit irgendwelchen Erinnerungen an die soeben vergangene Zeit des Dritten Reiches angetroffen zu werden. Andererseits wollten wir Kinder auch nicht auf persönliche Souvenirs verzichten. Mutter wickelte ihr Parteiabzeichen in ein Knäuel Stopfwolle, das ging dann wohl verloren. Einige Mädel warfen ihre „Wolfsangel", das Abzeichen der Jungmädel*, in ein Tintenflascherl.

Ich muss noch erklären, wieso wir als Lager schließlich in St. Christoph auf 1800 Meter Höhe landeten. Irgendwo musste man uns ja unterbringen, und in St. Anton selbst war alles beschlagnahmt. Das heutige Bundessportheim war winzig damals, mit Matratzenlagern wie auf Alpenvereinshütten und einigen wenigen Zimmern. Ich hatte das Glück, mit Mutter und einigen Mädeln ein solches Zimmer zu bewohnen.

Eines Tages erschien eine Rot-Kreuz-Delegation, die nach verstreuten KLV-Lagern suchte und Briefe von den Kindern und Lehrkräften an die Heimatadresse mitnahm. Nur wer auf diesem Weg Antwort erhielt, dass in Wien jemand und ein Dach über dem Kopf wartete, durfte „einreisen". Mutter schrieb an Verwandte um Auskunft, da sie unsere Wohnung im 3. Bezirk samt Kanarienvogel dem ausgebombten Ehepaar Davidek überlassen hatte. Dieses hatte schon einige Zeit zuvor mein Kabinett* bewohnt und unsere Küche mitbenützt. Zurück kam folgende Nachricht: In der Wohnung ist jetzt eine weitere Familie, die Russen haben alle „verlassenen" Wohnungen der Gemeinde überlassen, samt Möbeln. Meine Spielsachen wurden fortgeschafft, da diese Leute kinderlos waren, und die Bibliothek kam an die Städtischen Büchereien. Daher ist in einigen Büchern, die wir später zurückbekamen, noch ein Stempel drin: „Städt. B., Liste T". Der Name des früheren Besitzers wurde nicht vermerkt. [...]

Da es sich bei all diesen verlassenen Wohnungen um eine „Schenkung" an die Gemeinde handelte, mussten meine Eltern bis in die 1970er Jahre Miete für die eigenen Möbel an die Gemeinde zahlen, als die einquartierten Familien sie nicht mehr brauchten. Die Belege sind alle aufgehoben. Da meine Eltern Parteimitglieder waren und die Hausbesorgerin auf Mutter schlecht zu sprechen war wegen der vielen Einquartierungen im Haus, war klar, dass es zunächst besser sein würde, in Tirol zu bleiben und zu hoffen, dass Vater auch noch zu uns stoßen würde.

Als die Rotkreuzler wieder da waren, ging Mutter kurzerhand in St. Anton zu einem gewissen Viktor Korda, seines Zeichens Musiklehrer aus Wien mit Frau und Tochter, der ein ganz kleines KLV-Lager leitete, das im Haus Thöny bei der

Kirche untergebracht war. Sie sagte zu ihm: „Wenn Sie noch einmal im Leben mit ihren Leuten nach Wien zurückwollen, dann jetzt, sonst ist es zu spät." Er ergriff die Gelegenheit, ohne vorher mit den Rotkreuz-Leuten Kontakt gehabt zu haben, und muss wohl angekommen sein, denn seine Enkelkinder gingen später mit unseren Kindern in den Kindergarten.

Auf der Rückreise, an der auch meine Schulkameradinnen teilnahmen, gab es eine lange Verzögerung, als sich herausstellte, dass die Rotkreuzler Butter schmuggelten, weshalb auch die Kinder zunächst nicht nach Wien zurückdurften. Es wurde später auch berichtet, dass in Bad Ischl ein weiterer Zwischenfall die Heimreisenden behindert hatte. Zu unseren Kindern war eine Flüchtlingsfrau mit Buben gestoßen, von denen einer – ohne ihr Wissen – einen HJ-Dolch mit sich führte. So etwas war damals ein Verbrechen.

Wir, das heißt Mutter und ich, zogen kurzerhand in ein frei gewordenes Zimmer im Haus Thöny, wo es auch noch andere interessante Flüchtlinge gab. [...]. Eine Frau zeigte mir dort, wie man Spiegel schön putzt, und ich befleißigte mich nach Kräften, den Holzboden glänzend zu halten und für etwas Wohnlichkeit zu sorgen. Einstweilen hatte Mutter ja noch ihr Postsparbuch – die Geldentwertung kam erst später –, und so konnte sie die Unterkunft im Voraus bezahlen.

Schwierig war es, an Lebensmittelkarten heranzukommen. Das hatte ja schon für das Lager nicht richtig funktioniert, wo man froh sein musste, wenn einem jemand etwas schenkte oder man etwas „organisierte". Mutter verdingte sich als Küchenmädel im „Arlberg", weil sie mit Recht dachte, so könne man nie verhungern. Sie hat später dann auch Vater aufpäppeln können, indem sie, wie bei „König Drosselbart"*, Töpfchen voll Essensresten mitnehmen konnte. Zu meinem unvergesslichen Grausen gehört ihr Ausspruch „Im Notfall gibt's ja auch noch die Gschpual", das Spülwasser mit Essensresten (das damals noch für die Schweine gesammelt wurde).

Auf jeden Fall war Mutter erfinderisch. Wir sammelten in allen Häusern, in denen früher KLV-Lager untergebracht waren, zurückgelassene Schulsachen, rissen die unbeschriebenen Blätter aus Heften und verwendeten sie zum Abschreiben von Gedichten, womit wir schon in St. Christoph angefangen hatten – zum Teil mit Unterstützung der Mädel, denen eh fad war. So entstand die noch vorhandene „Luitgards Kleine Dichterbibliothek" und später das „St. Antoner Puppentheater", für welches Mutter Textbücher schrieb und Figuren zeichnete. Wir bildeten uns ja ein, nie wieder eine Bibliothek haben zu können, und so borgten wir uns bei Bekannten, die wir natürlich allmählich hatten, Bücher aus und schrieben sie ab. Am Abend, wenn Mutter von der Arbeit kam, machten wir es uns in den Betten halbwegs bequem und ich diktierte Gedichte, die Mutter mit ihrer geübt winzigen Schrift auf besagte Leerzettel schrieb. Auf diese Weise lernte ich Mörike, Eichendorff, Uhland, ganz zu schweigen von Schiller und Goethe, aber auch weniger bekannte wie Leip, Leifhelm, Miegel, Schaumann etc. im zarten Alter von zwölf Jahren kennen und lieben. Ich kann heute noch viele auswendig. Das ist ein großer Schatz.

Im August war das Lager heimgefahren, im September musste Mutter mich in der Volksschule anmelden, weil es nicht einmal eine Hauptschule gab und ich noch schulpflichtig war. […]

Ergänzend sollen einige ausgewählte Schriftstücke aus der Korrespondenz der damals zwölfjährigen Luitgard Maresch mit ihren Eltern Einblicke in das Erleben des Lageralltags wie auch in die Eltern-Kind-Kommunikation jener Zeit geben.

Die Sammlung umfasst etwa 180 Korrespondenzstücke, die zwischen Februar 1944 und März 1945 entstanden. Die meisten stammen von Luitgard Maresch, es sind aber auch einige Schreiben ihrer Eltern erhalten. In den Briefen und Karten an ihre Mutter thematisiert das Mädchen unter anderem den Lageralltag, ihre Schulnoten und ihre Sehnsucht, nach Hause zurückzukehren. Zudem erkundigt sie sich häufig nach dem Wohlergehen von Verwandten und Bekannten sowie nach ihren Haustieren und bittet die Mutter immer wieder, ihr bestimmte Dinge wie Bücher, Kleidung oder Süßigkeiten ins Lager zu schicken.

Als im Herbst 1944 die Luftangriffe auf das Gebiet des heutigen Österreichs zunehmen, schlägt sich dies auch in der Korrespondenz zwischen Mutter und Tochter nieder. Das Mädchen erwähnt den häufigen Fliegeralarm und verfolgt besorgt die Nachrichten über Bombenangriffe auf Wien. Die Mutter berichtet ausführlich von Zerstörungen in ihrer Wohngegend und Bränden, die durch den Luftkrieg verursacht wurden.

Zentrales Thema sind auch die sogenannten „Besuchstage": Einmal im Monat durften die Kinder im Lager von Angehörigen besucht werden. Luitgard Maresch sehnte diese Besuche herbei und zeigt sich überaus enttäuscht, als im November 1944 ein schon länger geplanter Besuch der Mutter abgesagt werden muss.

[Winterbach] 12. 10. 44

Liebe Mutter!

Nun will ich mich gleich für Deine Karte, die ich gestern bekam, bedanken. Die Feldpostnummer von Vater wusste ich schon; er schrieb sie mir in einem Brief. Gestern hatten wir Alarm; wir hörten von einem Angriff auf Wien. Ist in unserem Bezirk etwas passiert? Oder gar in unserer Nähe? Jetzt hatten wir gerade wieder Luftwarnung, sind aber schon wieder entwarnt. Gestern räumten Sibylle, Wilma, Elfi, Gaberl und ich Werkarbeit aus Koffern aus und sortierten sie. Das war ganz fein. Auf einmal ging mitten unter der Arbeit das Licht aus. In der Dunkelheit glaubten wir beschneite Hausdächer zu sehen. Es war aber nur eine „optische Täuschung". Als wir beim Nachtmahl saßen und mit dem Essen von Butterkartoffeln beschäftigt waren, ging das Licht wieder aus. Nun stocherten wir in oder neben unseren Tellern und Hilde, unsere LMF*, ging eine Kerze holen. Doch kaum war sie wieder da, brannte auch schon das Licht wieder. Heute Vormittag in der Handarbeitsstunde durften zehn Mädel meiner Klasse, darunter auch ich, auf den nahen Acker gehen und Kartoffeln klauben. Zuerst machte es niemand recht, aber bald ging es ganz gut. Wir mussten hinter der Maschine aus den Furchen die Erdäpfel klauben oder Kartoffelstauden ausreißen und die daran hängenden Erdäpfel abbeuteln. In zwei Stunden hatten wir allerhand geleistet. Es hat aber auch viel Freude gemacht. Nachher bekam jedes Mädel ein Krügel Himbeersaft. Der schmeckte fein! Heute ist auch Inspektion da; wir haben große Angst, dass sie sich die Zimmer anschaut. Bitte bringe mir nächstes Mal Zopfspangerl mit, eines ist schon kaputt. Auf der Hauptstraße ist eine Drogerie, da bekommt man vielleicht noch welche. Wenn nicht, kann man nichts machen. Kannst Du mir vielleicht auch ein bisserl Marmelade mitbringen? Wenn wir uns bei der Jause noch Brote nachholen, reicht der Aufstrich meistens nicht aus; drum könnte ich etwas Marmelade gut brauchen.

Jetzt weiß ich aber wirklich nichts mehr zu erzählen.

Viele 1000 Grüße und Bussi von Deiner Luitgard

17. 10. 44

Liebe Mutter!

Heute hatten wir schon wieder Alarm, allerdings nur kurz. Wir hörten, dass die Flieger wieder in Wien waren. Beim gestrigen Alarm sahen wir vier Wellen feindlicher Flieger wie Silbervögel fliegen. Eigentlich das erste Mal, dass ich feindliche Flieger sah. Auf die erste Englischschularbeit bekam ich „Sehr gut". Mathematikschularbeit hatten wir auch schon wieder (die dritte!). Bitte schicke mir sobald als möglich meinen Steckzirkel in einem Doppelbrief*; ich habe meinen richtigen verloren. Meine Schultasche hat ein Loch; da muss er hinausgefallen sein. Ich bin ganz unglücklich.

Das Heft „Wir jagen Sowjetpanzer" habe ich noch nicht

gehabt. Schade, dass Du es nicht gekauft hast. Wir haben jetzt ein fünftes Bett im Zimmer und für einige Nächte ein Mädel der vierten Klasse. Bitte bringe mir auch ein oder zwei Kleiderhaken mit und schreibe bald wieder Deiner Luitgard.

Vater schrieb, ich soll ihm wieder an die Feldpostnummer 488960 schreiben. Ich kenne mich schon nicht mehr aus.

4. 11. 44

Liebe Mutter!
Übermorgen um 11 Uhr ist es so weit! Hoffentlich kommst Du auch wirklich! Bitte bringe oder schicke mir noch ein kleines Kerzerl für die Adventkränze unseres Lagers. Kannst Du vielleicht auch wegen einem Steckzirkel schauen? Meiner ist schon sehr locker. [...]

Viele Bussi von Deiner Luitgard

6. 11. 44

Meine liebe Mutter!
Warum bist Du heute nicht gekommen? Ich bin ganz unglücklich. Hast Du den Zug versäumt oder ist beim gestrigen Angriff etwas passiert? Gestern kreisten am Vormittag über Winterbach feindliche Flugzeuge. Das Brummen war furchtbar stark zu hören. Hoffentlich kommst Du wenigstens morgen.

Viele Bussi, Deine Luitgard

6. 11. 44

Liebe Mutter!
Die Lagerleiterin lässt bitten, vorläufig von Besuchen womöglich abzusehen, bis nähere Weisungen über einen neuen Besuch erfolgen. Ach Mutter, ich hab' mich schon so drauf gefreut. Na ja, es ist eben Krieg, da kann man nichts machen. Heute hörten wir im Drahtfunk* von einem Angriff auf Wien. Hoffentlich ist nichts bei uns geschehen. Ist Deine Hand schon besser?

Viele 10000 Bussi, Deine Luitgard

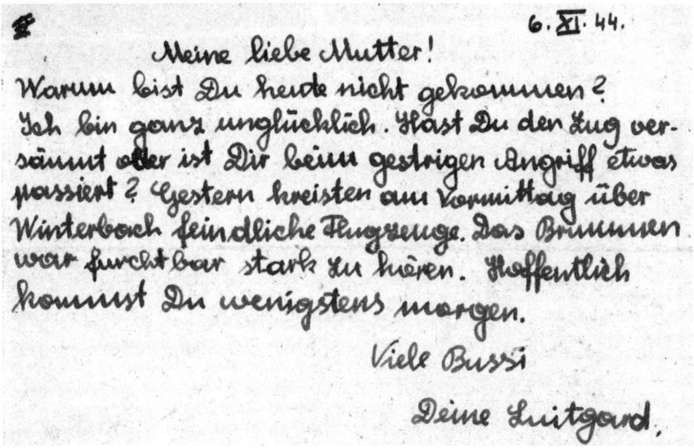
6. XI. 44.

Meine liebe Mutter!
Warum bist Du heute nicht gekommen? Ich bin ganz unglücklich. Hast Du den Zug versäumt oder ist Dir beim gestrigen Angriff etwas passiert? Gestern kreisten am Vormittag über Winterbach feindliche Flugzeuge. Das Brummen war furchtbar stark zu hören. Hoffentlich kommst Du wenigstens morgen.

Viele Bussi

Deine Luitgard.

Postkarte von Luitgard Knoll, geb. Maresch, an ihre Mutter (6. 11. 1944)

7. 11. 1944

Liebe Mutter!
Vielen Dank für Deinen lieben Brief vom 4. des Monats und das Lebenszeichen* vom 5. 11. Ich war schon sehr traurig, als Du heute wieder nicht kamst, aber ich habe gestern nicht viel und heute gar nicht geweint. Ich weiß ja, dass Du kommen wirst. Wie lange wirst Du durch Deinen Dienst verhindert sein? Von Vater habe ich regelmäßig Post; neulich schickte er mir ein Hillger-Leseheft.

Viele 1000 Bussi von Deiner Luitgard

6. 11. 44

Liebe Luitgard!
Gewiss wirst Du jetzt auch im Keller sitzen und gerade so traurig sein wie ich, dass wir uns heute nicht sehen. Mein Lebenszeichen wirst Du hoffentlich bekommen haben, wo ich Dir mitteile, dass ich meinen Besuch wegen Dienst kurz verschieben muss. Es ist nämlich Frau Müller ernstlich krank geworden (Nierensteinkolik) und kann ihre Funktionen als

Ortsfrauenschaftsleiterin beim besten Willen nicht ausüben. Da wir aber seit dem Ersten täglich einen Angriff haben und mit weiteren rechnen müssen, ist es unmöglich, dass eine Ortsfrauenschaft ohne Oberhaupt dasteht. Es wäre genauso, wie wenn während eines Gefechts ein Oberleutnant fortginge, nachdem sein Hauptmann verwundet wurde. Wir sind ja heute alle Soldaten und Du bist groß und verständig genug, um einzusehen, dass private Wünsche, und wenn sie noch so groß und innig sind, in diesen Tagen zurückstehen müssen. Sobald es irgend möglich ist, komme ich selbstverständlich gleich, und wenn ich dich überrasche, wirst Du gar nicht böse sein.

Ich vermute, dass sich die Serie der Angriffe mindestens bis zum 9. fortsetzen wird, und dann wird's noch ein paar Tage dauern, bis halbwegs Ordnung sein wird. Der gestrige Angriff war wohl der schwerste, den Wien bisher gehabt hat, auch unsere Ortsgruppe war betroffen. Es brannte die amerikanische Botschaft in der Reisnerstraße, die italienische Gesandtschaft neben Großpapa, gegenüber auf dem Rennweg die Heilmittelstelle, das Eckhaus vom Fasanlwirt, die Postgarage (zum zweiten Mal) und der Saschapalast* (zum Teil). Das waren die nächsten Brände. Es lagen Brandbomben in unglaublichen Mengen in der ganzen oberen Rechten Bahngasse, um den Modenapark, in der Metternich- und Richthofengasse*, die meisten zu grauen Aschenhäufchen verbrannt, viele noch zum Teil als Stäbe erkennbar. Auf Großpapas Dachboden wurden drei von der Hausfeuerwehr gelöscht. Zum Glück fielen die meisten auf das Pflaster, nicht in die Häuser. Die Löschwasserbassins haben sich sehr bewährt, Großpapa arbeitete auch in einer Eimerkette mit. In der Wollzeile und auf dem Ring, auch beim Hauptzollamt soll sehr viel eingestürzt sein; in der Ortsgruppe Landstraße brannte ein kleines Haus neben einer sehr feuergefährlichen Fabrik, es wurde aber gelöscht. Die Eimerkette – einige 100 Personen – ging bis zum Donaukanal, weil kein anderes Wasser da war.

Ich saß erst lange in der Bereitschaft zwecklos herum, da der Kreis* uns trotz großen Bedarfs noch nicht einteilte. Später ging ich in eine Nachbarortsgruppe (Sofiensaal) und reihte mich in eine Eimerkette ein, die ein Wohnhaus (in der Siegelgasse) löschte. Gegenüber brannte ein vierstöckiges Schulhaus lichterloh aus allen Fenstern, dort löschte die Feuerwehr. Es war ein schaurig-schöner Anblick. Nachts war der Himmel noch überall feurig rot. Im Metzgergasthaus liegt ein Zeitzünder, der nicht entschärft werden kann, der ganze Häuserblock ist geräumt und abgesperrt. Die ganze Nacht und auch heute früh hörte man Explosionen von Zeitzündern, die sehr zahlreich abgeworfen worden waren.

Was heute war, werden wir erst sehen, es wurde mächtig geschossen und das Licht ging zeitweise aus. – Also hab ein bisschen Geduld, in ein paar Tagen komme ich bestimmt, vielleicht überraschend. Hoffentlich ist bei Euch alles in Ordnung, ich habe auch schon länger keine Nachricht von Dir.

Viele Grüße und Bussi von Deiner Mutter

17. 11. 44

Liebe Mutter!

Wir haben die letzte Stunde schulfrei, so kann ich Dir schreiben. Wir sitzen im Tagraum und hören den Oberdonauer* Drahtfunk, der Anflüge auf Wien meldet. So wirst Du sicher im Keller sitzen. Onkel Carl hat mir vorgestern wieder geschrieben. Er schreibt sich jetzt wirklich Karl. Er lässt fragen, warum Du so lange nichts von Dir hören lässt. Auf die letzte Mathematikschularbeit bekam ich einen Dreier. Gestern wurde uns der Kopf gewaschen und nachher mit dem Föhn getrocknet. Heute hatten wir drei Stunden Kunsterziehung. Gerade meldete der Drahtfunk die ersten Bombenabwürfe über Wien. Hoffentlich trifft es nicht unsere Gegend.

Lass es Dir gut gehen und sei herzlich gegrüßt und geküsst von Deiner Luitgard.

Elfriede Grünsteidl-Flieder

wurde am 28. Juli 1933 als Elfriede Flieder in Wien geboren. Als einziges Kind ihrer Eltern wuchs sie im 3. Wiener Gemeindebezirk auf. Ihre Mutter war Buchhalterin und wurde während des Zweiten Weltkriegs kriegsdienstverpflichtet. Ihr Vater arbeitete als Büroangestellter, war jedoch in der Zwischenkriegszeit zeitweise arbeitslos, wodurch sich die finanzielle Lage der Familie erheblich verschlechterte. 1942/43 wurde er zum Kriegsdienst eingezogen.

Nach Abschluss der Volksschule besuchte Elfriede Flieder die Oberschule für Mädchen in der Boerhaavegasse. Als diese im Krieg zum Lazarett umfunktioniert wurde, verlegte man die gesamte Schule in die Radetzkygasse. Ab Februar 1944 nahm das Mädchen mit ihrer Klasse an der Erweiterten Kinderlandverschickung teil. Die Schülerinnen kamen zunächst in die Region Tatralomnitz (Tatranská Lomnica) in der Slowakei, später in ein Lager nach Puchenstuben und Winterbach (Niederösterreich) und zuletzt nach St. Anton in Tirol. Zu Ostern 1945 erhielt Elfriede Flieder Besuch von ihrer Mutter, die kriegsbedingt nicht mehr nach Wien zurückkehren konnte und sich daher der Lagergemeinschaft als Helferin anschloss. Anfang Oktober 1945 kehrten beide nach Wien zurück; der Vater bzw. Ehemann kam erst über ein Jahr später aus der Kriegsgefangenschaft heim.

Nach der Reifeprüfung studierte Elfriede Flieder Chemie. Dabei lernte sie ihren späteren Mann kennen, den sie nach Abschluss des Studiums 1962 heiratete. Aus beruflichen Gründen zog das junge Paar in die Niederlande, wo Elfriede Grünsteidl-Flieder in der Forschungsabteilung eines großen Konzerns arbeitete; später erfolgte ein Umzug nach Brüssel. Nach der Geburt ihres zweiten Kindes gab die Verfasserin ihre berufliche Tätigkeit auf. 1991 übersiedelte die Familie wieder nach Wien.

Anlässlich eines öffentlichen Schreibaufrufs im Sommer 2018 stellte Elfriede Grünsteidl-Flieder der Dokumentation lebensgeschichtlicher Aufzeichnungen den Briefwechsel mit ihren Eltern aus ihrer KLV-Zeit zur Verfügung, der hier in Auszügen wiedergegeben wird. Die angeführten Schreiben entstanden während ihres sechsmonatigen Aufenthalts in der Slowakei (Jänner bis Juli 1944). Bei der Lektüre ist zu bedenken, dass die Briefe der Mädchen von den Lehrkräften gelesen wurden, bevor sie an die Eltern gingen.

„In einem Lager wird man wirklich anders"

Im Zentrum der Korrespondenz steht die Kommunikation zwischen Mutter und Tochter, die sich in erster Linie um den Lageralltag, die Versorgungslage, die schulischen Leistungen von Elfriede (Elfi) Flieder sowie um ihr Heimweh dreht.

Die Briefsammlung enthält auch einige Schreiben der Mutter (Maria, Mitzi) an den Vater (Franz, „Bubi"), die Anfang 1944 kurz vor dem Lageraufenthalt verfasst wurden. Mitte Jänner hatte Maria Flieder erfahren, dass die Schulklasse ihrer Tochter in die Slowakei „verschickt" werden sollte, und musste nun der Direktion unverzüglich mitteilen, ob sie damit einverstanden war. Diese schwierige Entscheidung wollte sie nicht alleine treffen. Sie schrieb ihrem Mann, der zu diesem Zeitpunkt in Belgien bei der Marine stationiert war, und bat ihn um seine Einschätzung. Die Briefe an Franz Flieder enthalten am Schluss jeweils kurze Botschaften von Elfi Flieder, in denen sie ihren Vater anflehte, in die Slowakei mitfahren zu dürfen. Der Grund für ihre anfängliche Begeisterung für das KLV-Lager war – wie sich Elfriede Grünsteidl-Flieder heute erinnert – unter anderem die Lektüre des Backfischromans „Trotzkopf", der von einem Mädcheninternat handelt und das Internatsleben als sehr spannend und abwechslungsreich schildert.

Wien, 14. Jänner 1944

Lieber Bubi!

Heute vor zwei Jahren habe ich Dich müssen ziehen lassen und gerade heute soll ich mich entschließen, was mit Elfi zu geschehen hat. Gestern hat der Direktor mitgeteilt, dass die Mädels der ersten und zweiten Klassen nach der Slowakei verschickt werden, und zwar nach Weißwasser in der Tatra. Schon morgen müssen sie den schriftlichen Bescheid der Eltern abgeben und ich bin so unschlüssig. Es ist erst gar keine Elternversammlung einberufen worden, bloß steht heute in allen Zeitungen etwas über die Kinderlandverschickung (Ausschnitt anbei). Heute sind in aller Herrgottsfrüh Waltraud und Hedy zu uns gekommen, mich zu überreden, Elfi auch in die Slowakei zu lassen. Ihre Väter sind damit einverstanden. Nicht lange darauf kommt Frau Rechbauer höchstpersönlich, um meine Meinung zu hören. Sie erzählt mir, dass sie sich schon im Oktober bemüht hat, in Krems in einem Hotel unterzukommen, doch vergeblich. Es sollen dort an die 500 Kinder einquartiert worden sein. Sie hat mich gebeten, heute Abend zwecks Besprechung zu ihr zu kommen, Frau Ripberger wird auch da sein. Deren Hausgehilfin hat von Weißwasser schon gehört, es soll ein recht netter Ort sein. ich habe heute im Büro in allen möglichen Büchern und Landkarten nachgesehen und ein Weißwasser in der Tatra nicht gefunden.

Die Besprechung bei Frau Rechbauer hat keinen besonderen Sinn gehabt. Wir Frauen sind nach wie vor unschlüssig. Frau Rechbauer will ihre Hedy entgegen dem Willen ihres Mannes ins Waldviertel geben. Gerade heute Nachmittag war Frau Kaufmann bei ihr und hat ihr für Hedy diesen Kostplatz bei Verwandten angeboten. […]

Wie mir Elfi erzählt, werden sich zehn Kinder für die Slowakei melden, fünf bleiben in Wien und der Rest aus 40 Kindern fährt zu Verwandten. […] Verwandtenverschickung kommt bei uns nicht in Betracht. Meine Eltern könnten nach Schlesien, beim Onkel Josef hätten sie ein eigenes Zimmer, Elfi könnte nach Troppau in die Oberschule [...]. Ostermiething kommt weder für mich, noch für meine Eltern in Betracht, da man uns eine Aufenthaltsbewilligung nur für drei Wochen gibt. Elfi würde dort kein eigenes Zimmer haben, müsste sich immer in der Gaststube oder in der Küche aufhalten. Betreuung durch Frau Heinrich wäre sehr mangelhaft. Besonders im Frühling und Sommer wäre sie zu ungebunden, dazu keine einzige Spielkameradin, nur die Buben von Hell und den Erwin. Würde ich mit Elfi nach Baumgarten ziehen, könnte sie wohl nach Tulln an die Oberschule, ich aber würde mindestens für halbe Tage dienstverpflichtet werden. Und da wäre die Sorge um unsere Verpflegung, nachdem der dortige Wirt nicht kochen will. Wenn ich all diese Sachen bedenke, fällt mir der Entschluss für die Slowakei leichter. Fliegergefahr ist dort keine, dagegen bessere Verpflegung, bestimmt auch gute Betreuung. Man spricht hier, dass eigene Eltern-Besuchszüge hinausgeführt werden. Elfi sagt, dass einige Lehrkräfte und BDM*-Mädel mitfahren werden, die für Unterricht und Zerstreuung zu sorgen haben. Ich gebe der Schuldirektion heute folgenden Bescheid: „Bezüglich Kinderlandverschickung nach der Slowakei kann und will ich nicht allein entscheiden. Ich habe meinem Mann, der bei der Marine in Belgien ist, bereits geschrieben und erwarte seine Antwort innerhalb von acht Tagen. Vielleicht ist es doch möglich, dass ich erst zu diesem Zeitpunkt endgültigen Bescheid geben kann. Ich glaube, dass er für die Slowakei sein wird."

Nun bitte ich Dich, mir auf dem schnellsten Weg Deinen Entschluss mitzuteilen. Vielleicht telegrafisch, durch einen Urlauber etc. Kannst Du Dir wohl meine Situation ausmalen? Ich grüble ununterbrochen, es kommen mir tausend Gedanken, doch kann ich mich zu nichts entschließen. Die Eltern werden wahrscheinlich in Wien bleiben, was Rose und Hedy machen werden, weiß ich noch nicht. Jetzt solltest Du bei uns sein, dass wir unsere Meinungen austauschen könnten, ich möchte nicht allein für Elfi verantwortlich sein. In Wien darf sie nicht verbleiben. Hast Du in Niederdonau* Bekannte, wo wir unterkommen könnten? […]

Ich muss so viel an Dich denken und mache mir immerfort Sorgen; nun kommt noch ein großer Kummer um Elfi dazu. Ob ich das aushalten werde? Gut, dass ich viel Arbeit habe, die wird mir ein bisserl über meinen Kummer hinweghelfen. Nun erwarte ich mir postwendenden Bescheid wegen Elfi, hoffentlich wartet die Schuldirektion so lange. Am besten, Du könntest ihn persönlich geben. Was wird aus Deinem Urlaub?

Sei herzlich gegrüßt und geküsst von Deiner Mitzi

Lieber Papa!
Ich möchte sehr gerne in die Slowakei fahren, Traude fährt auch. Ende Jänner oder Anfang Februar bin ich nicht mehr in Wien. Wenn Du aber auf Urlaub kommst, werde ich auch einen erhalten.

Viele, viele Bussi und ein baldiges Wiedersehen mit Deiner Elfi

16. 1. 1944

Lieber Bubi!
In der Sache „Kinderlandverschickung" habe ich folgende Einzelheiten erfahren: Weißwasser, am Fuße der Tatra in der Nähe von Schmecks, ist ein Luftkurort und Schiparadies. Viele Nadelwälder in der Umgebung. Untergebracht werden die Kinder in erstklassigen Hotels, mit fließendem Kalt- und Warmwasseranlagen, was Elfi ganz besonders imponiert. Die Kinder werden viel Gelegenheit zum Sportausüben haben; wer Eisschuhe hat, soll sie mitnehmen, sie werden auch rodeln und Ski fahren. Die Eltern brauchen nicht besorgt sein, wenn ein Kind erkranken sollte, ein Arzt kann schnell zur

Stelle sein. In den nächsten Tagen wird eine Elternversammlung einberufen. Dies alles wurde Elfi von der Klassenvorsteherin mitgeteilt. Frau Rechbauer hat sich nun doch entschlossen, ihr Kind auch nach der Slowakei fahren zu lassen. Dagegen springt Waltraud ab, weil sie mit ihren beiden Brüdern zu einer Tante im Schwarzwald kommen kann. Bin nur neugierig, wie Du Dich entschlossen hast. [...]

Nun, mit der Verpflegung in der Slowakei wird es wohl tadellos bestellt sein; wenn die Grenze nicht wäre, würde ich keinen Moment gezaudert haben, Elfi dorthin zu geben. Auch der Aufenthalt unter Gleichaltrigen wird von großem Vorteil für sie sein, nicht zuletzt das gemeinsame Lernen. Sie ist furchtbar verspielt und braucht zu ihrer Aufgabe eine halbe Ewigkeit. Vielleicht bekommt sie dort Ansporn, schneller zu sein. Und glaubst Du nicht auch, dass, wenn es dort kritisch werden sollte, man die Kinder zuallererst in Sicherheit respektive zurückbringen wird? Es heißt, wenn Väter Urlaub bekommen, dass die Kinder auf Kurzurlaub heimdürfen. Elfi wäre es nun lieber, Du kämst erst im Feber, damit sie auf ein paar Tage nach uns schauen könnte. Aber bitte, halte Dich nicht dran, komme nur, sobald Du kannst, je früher umso besser. [...]

Höre eben von Fräulein Koska, dass sie in die Oberschule nach Hollabrunn kommt. Auch sie sagt, was ich schon von vielen Seiten gehört habe, dass die ins Ausland verschickten Kinder nach sechs Monaten in die Ostmark* zurückkommen und ausgetauscht werden, daher hat es keinen Sinn, Elfi umschulen zu lassen. Letzteres hätte auch den Nachteil, dass Elfi unter fremden Lehrkräften und fremden Kindern sich nicht wohl fühlen würde und bald Heimweh hätte. Habe jetzt am Postamt fertiggeschrieben, will, dass dieser Brief Dich raschest erreicht. Es grüßt und küsst Dich herzlich, Mitzi

Lieber Papa!

Bitte, bitte lass mich in die Slowakei fahren! Es ist dort so schön und auch gutes Essen bekommt man dort. Wenn Du nicht mit der Slowakei einverstanden bist, so bitte, bitte, lieber Papschi, überleg es Dir noch, weil ich möchte sooo gerne mitfahren. Kommst Du bald auf Urlaub? Viele, viele Bussi und auf ein baldiges Wiedersehen

Deine Elfi

Wien, 17. 1. 1944

Lieber Papa!

Unsere Elfi ist „slowakei-narrisch". Jeder Satz, jedes Wort, das sie spricht, ist mit der KLV in Verbindung. Am 31. 1. reisen die Kinder von hier ab. Donnerstag werden sie ärztlich untersucht. Heute hat sie die Merkblätter aus der Schule gebracht mit genauen Details, was alles sie mitzunehmen hat. Dein Koffer wird gar nicht ausreichend sein, werde ihr den schwarzen Lackkoffer mitgeben müssen. Wäre es Dir möglich, so ganz rasch noch ein Handkofferl für Elfi zu besorgen, in dem sie Reiseproviant, Toilettzeug etc. unterbringen kann? Ein kleines Manikürzeug würde sie auch brauchen. Bekommt man draußen auch Glasfüllfedern? Ganz billige sind fast noch besser als die teuren, sie hat schon wieder alle Federstiele kaputt gemacht. Muss jetzt alle ihre Sachen verlängern, erweitern, waschen, mit Monogrammen versehen und habe nur mehr wenige Tage zur Verfügung. Wir können Deine Nachricht, ob Du mit der KLV in die Slowakei einverstanden bist oder nicht, leider nicht abwarten, bis spätestens Mittwoch muss der Schule der bindende Bescheid gegeben sein. Weil man mir allerorts rät, Elfi nicht umzuschulen, sondern mit der Klasse fahren zu lassen, noch dazu in eine so wundervolle, paradiesische Gegend, entschließe ich mich schweren Herzens sie ziehen zu lassen und hoffe, dass ich damit nichts getan habe, was ich später mal bereuen könnte. Wünsche, dass

Du mit der Lösung dieser Frage einverstanden bist, ich glaube, dass die Vorteile die Nachteile bedeutend überwiegen.

Grüße und küsse Dich herzlich, Mitzi

Lieber Papa!

Heute in 14 Tagen bin ich schon auf der Fahrt in die Slowakei. Du kannst Dir gar nicht denken, wie sehr ich mich darauf freue. Der Abschied wird mir wahrscheinlich schwerfallen. Ich werde aber oft schreiben und erhoffe mir auch viel Post von Euch. Hoffentlich sehe ich Dich noch vor meiner Abfahrt, sonst lasse bitte Deinen Urlaubsschein auch für die Slowakei ausstellen. Viele, viele Bussi und auf ein baldiges Wiedersehen, Deine Elfi

Porträt von Elfi Flieder (um 1943)

Maria Flieder entschloss sich also letztendlich dazu, ihre Tochter in die Slowakei fahren zu lassen. Ende Jänner erfolgte die Abreise, im Februar begann der Briefwechsel zwischen dem Mädchen und seinen Eltern. Die Schreiben sind oft sowohl an die Eltern als auch an die Großeltern adressiert, an die sie weitergegeben werden sollten. Die ersten Briefe Elfi Flieders erwecken den Eindruck, dass sie sich in ihrer neuen Heimat zunächst durchaus wohl fühlte. Ihre Freude über den Aufenthalt in der Slowakei verflog jedoch rasch. Schon bald klagt sie über starkes Heimweh, ein Thema, das die nachfolgenden Briefe dominiert. Eindringlich bittet sie ihre Mutter, sie nach Wien zurückzuholen.

Abgesehen von der Sehnsucht nach ihren Eltern und ihrem Zuhause berichtet sie auch über die Verpflegung im Lager und ihre schulischen Leistungen, wobei letztere ihrer Mutter besonders am Herzen liegen. Immer wieder ermahnt Maria Flieder ihr Kind, fleißig zu lernen, und korrigiert häufig auch die in den Briefen enthaltenen Rechtschreibfehler.

[Anfang Februar 1944]

Liebe Mutti!
Nach 20-stündiger Fahrt kamen wir hier an. In der Nacht war es in der Bahn recht lustig, um 12 Uhr war Geisterstunde. In Pressburg bekamen wir Tee. Nach einmaligem Umsteigen gelangten wir nach Lomnice. Dann fuhren wir mit dem Auto bis hierher. Wir wohnen in einem ganz netten Heim. Aber leider sind fünf Kinder in einem Zimmer zu drei Betten: Herman, Becke, Sieger, Cayetan und ich. Um das Haus ist ein kleiner Teich, auf dem Gänse schwimmen. Zum Essen bekommen wir Kaffee mit Butterbrot. Zu Mittag bekommen wir immer Nudelsuppe und Gulasch oder Spinat usw. Gestern waren wir das erste Mal Ski laufen. Ich bin 16mal niedergefallen. Heute hatten wir das erste Mal Schule. In Mathematik wurde ich heute gelobt. Bitte sei mir nicht böse, dass ich so wenig schreibe, weil wir sehr wenig Zeit haben. Herzliche Grüße und 1000 Bussi, Deine Elfi

Entschuldige bitte meine Schrift.

Wien, 25. Februar 1944

Mein liebes Elferl!
Ich möchte so gerne wissen, wie es Dir geht, ob Du gesund bist, was Du machst, wie es Dir draußen gefällt, ob Du brav lernst usw. Erst einen einzigen ganz kurzen Brief habe ich von Dir erhalten, und in drei Tagen sind es schon vier Wochen, dass Du von uns weg bist. Hast Du am Ende kein Geld, um Dir die Briefmarke zu kaufen? So schreibe doch Papa, das

kostet nichts. Seine Adresse ist: Mtr.* Ob. Gfr. Franz Flieder, Feldpost Nr. 42375. Opa und Oma kränken sich, dass Du ihnen keinen Gruß schickst. Alle Leute fragen nach Dir und ich kann ihnen nur wenig von Dir erzählen. Zweierlei hat meine große Sorge um Dich vertrieben. Erstens ist in der Zeitung ein Bericht gerade über Weißwasser zu lesen gewesen, auch Euer Hotel war abgebildet. Und zweitens hat Eure Schulärztin erzählt, wie schön die Gegend und das Heim sind, wie hervorragend gutes Essen Ihr bekommt, was wir hier den Kindern nicht bieten können, wie vorbildlich für Euch in jeder Weise gesorgt ist. Ja sogar, dass Ihr besser lernt als in Wien! Hoffentlich trifft das auch bei Dir zu.

Frau Rechbauer hat mich besucht, um von Dir zu hören. Hedy ist in Tulln, schreibt jede Woche zwei Briefe. Sie besucht die Oberschule Tulln und ist dort eine der besten Schülerinnen. Frau Buchner habe ich getroffen, sie fährt nächste Woche nach Deutsch-Wagram. Friedl hat in Englisch einen Einser und sonst nur Zweier und Dreier. Da bekomme ich Herzweh, wenn ich an Dein Zeugnis denke, wie Dich alle überflügelt haben. Dann aber erinnere ich mich, dass Du mir fest versprochen hast, jede Note um mindestens einen Grad zu verbessern, und ich glaube daran. Die Buben der Radetzkyschule sollen vergangene Woche in ein Lager gefahren sein, das nur 20 Minuten von dem Euren entfernt ist. [...] Wir sind alle gesund. Nur um Onkel Rudi machen wir uns große Sorgen. Er ist dort, wo die Engländer in Italien gelandet sind. Hoffentlich hat er wieder Glück. [...]

Schließe nun für heute. Wünsche Dir alles Gute und Schöne, bleibe recht gesund und genieße nach Herzenslust diese Zeit, an die Du Dich Dein Leben lang erinnern wirst. Denke täglich am Abend, wie Du versprochen hast, an Papa und Onkel und bleibe recht brav, artig und fleißig. Frl. Heidi lasse ich bitten, sie möchte mir bei Gelegenheit den Schnitt zu einem „Enterl" geben, möchte es Ilse als Ostergeschenk machen. Soll ich mich einmal bei ihr über Dich erkundigen? Frau Dr. Wittman und Frau Dr. Erlach richte bitte meine beste Empfehlung aus.

Schreibe so oft Du kannst! Frau Dr. Aulehla hat uns gesagt, dass die Kinder zweimal in der Woche Zeit haben, Briefe zu schreiben, darum wundert es mich, dass ich von Dir erst einen einzigen Brief habe. Sei vielmals geherzt und geküsst von Deiner Mutti.

Gott schütze Dich!

Hast Du Dir den Kopf schon waschen können?

Ich lege diesem Brief einen „internationalen Antwortschein" bei. Diesen löst Du am Postamt gegen eine Briefmarke ein, damit Du für Porto kein Geld ausgeben brauchst.

Weißwasser, 22. 2. 1944

Meine lieben Eltern und Großeltern!

Habe gestern von Papa Post bekommen. Er schrieb, er habe eine gute Fahrt gehabt. Das war für mich beruhigend. Habe gestern die Mathematikschularbeit zurückbekommen, ich habe einen Dreier. Ich hätte aber auch einen Einser haben können, wenn ich nicht den Kubik-Dreier vergessen und dadurch auch nicht falsch verwandelt hätte. Gestern war Deutschschularbeit. Das Thema hieß „Unser Lager besucht die Wintersportkämpfe". Diese Arbeit war unvorbereitet. […]

Heute bekamen wir den „Völkischen Beobachter"*. Drinnen schreibt ein Herr, der beim VB beschäftigt ist, über unser Lager, auch ein Bild ist von unserem Heim dabei. Ich schicke dir diesen Ausschnitt mit. Bitte hebe den recht gut auf. Dieses Heft*, das ich Dir schicke, bekommen wir im Monat einmal. Darin sind Heime abgebildet und allerhand Sachen.

Vor einigen Tagen bekamen wir Gummischwammerl. Ich aß sechs Stück. Heute bekamen wir Linsen mit Wurst und Kartoffeln. Das schmeckte sehr gut. Bloß ein wenig Essig gehörte dazu, dann wäre es erstklassig. Du wirst staunen, wenn ich nach Hause komme, wirst Du ein fleißiges und ordentliches Mädel haben und kein faules und langsames. In einem Lager wird man wirklich anders. Morgen haben wir Englischschularbeit. Ich bereite mich so gut wie möglich vor. Ich kaufte mir heute drei Briefmarken, das andere Geld hebe ich mir auf. Ich möchte mir gerne eine Brosche kaufen und eine Ansichtskarte von unserem Heim. Außerdem noch ein paar Zigaretten. Vom anderen Geld kaufe ich Zuckerln. Ich werde noch schauen, vielleicht kaufe ich noch andere Sachen. Mutti, bitte kann ich die Lehrkräfte in mein Stammbuch eintragen lassen, auch die meisten Kinder? Hoffentlich schon. Schau bitte, dass Du eine Glasfeder bekommst; meine ist nämlich abgebrochen und ich muss jetzt mit einem Federstiel schreiben. Bei uns scheint jetzt so schön die Sonne und dabei ist es recht kalt. Manchmal haben wir 10 und 15 Gràd unter Null. Mit dem Skilaufen geht es schon ziemlich gut. Wenn Papa wieder zurückkommt, mache ich mit Dir und ihm eine Skipartie. Ich fahre sehr gerne Ski. Tante Annie schickte mir auch ein kleines Briefchen und da versprach sie mir, dass wir einmal ins Dolomitengebirge fahren und dort Ski laufen. Ich freue mich jetzt schon.

Viele, viele 1000 Bussi schickt Dir Deine immer an Dich denkende Elfi.

Wien, 5. März 1944

Liebstes Elferl!

Ich habe heute die Zeitung erhalten und darin mit großer Freude Deinen so ausführlichen Brief vom 22. Februar entdeckt. Dieser war einmal wirklich nett und ordentlich geschrieben. Einige Worte waren falsch; am Ende des Briefes findest Du die richtige Schreibweise. Es wäre gut, wenn Du diese Worte auf ein separates Blatt übertragen und öfter abschreiben würdest. Zu dumm, dass Du Mathematikschularbeiten immer auf einen Dreier machst; ein Einser wäre mir lieber gewesen. Nun, vielleicht nächstens. Bin schon neugierig, wie Du in Deutsch und Englisch entsprochen hast. Die Verbesserung der dabei gemachten Fehler solltest recht oft niederschreiben, damit Du die Worte gut im Gedächtnis behältst.

Mit besonderer Freude lese ich in Deinem Brief, dass Du als ein fleißiges und ordentliches Mädel zurückkommst. Ich glaube, das werde ich der Lagerführung zu danken haben. Mir ist es sehr, sehr recht. Und sechs Germknödel hast Du gegessen? Es ist kaum zu glauben, dass Dein Magerl so viel Platz gehabt hat. Linsen würde auch ich gerne essen, doch bekommt man sie hier nicht. Lass es Dir immer recht gut schmecken, und wenn Du mir davon schreibst, kommt mir vor, als ob ich mit Dir gegessen hätte. Wie viele Kilo hast Du schon zugenommen? Das würde mich sehr interessieren.

Ins Stammbuch kannst selbstverständlich alle Lehrkräfte eintragen lassen, auch die Führerinnen, von den Kameradinnen aber nur solche, welche Du besonders liebhast. [...] Ich habe nichts dagegen, wenn Du Dir eine Brosche kaufst, doch spare noch etwas Geld, dass Du Dir eine bessere Qualität kaufen kannst, das soll doch ein Erinnerungsstück sein für Dein ganzes Leben. Zigaretten [für Vater] brauchst Du keine kaufen, lege das Geld lieber für Schokolade oder Zuckerln aus. Gewünschte Glasfeder anbei.

Den Zeitungsausschnitt hat mir schon früher Herr Scheiner besorgt. Das Heim sieht so hübsch aus, das muss jedem gefallen. Vielleicht werde ich es auch in Wirklichkeit sehen. Und den Bericht habe ich bereits allen Verwandten und Bekannten vorgelesen, und jeder sagt, dass Du glücklich sein solltest, es so gut getroffen zu haben. Neues gibt es nicht viel. Wir haben heute so reichen Schneefall gehabt, dass die Straßenbahn einige Stunden nicht gefahren ist. Flieder-Opa und Jutta waren gestern Vormittag bei uns. Opa hat Deine Briefe mit besonderer Sorgfalt durchgelesen und lässt Dich schönstens grüßen.

Nun, liebes Bunkelein, schließe ich mein Schreiben. Bleibe weiter brav, artig, fleißig und vor allem gesund. Schmerzt noch die große Zehe? Nächstens bekommst Du wieder einen Antwortschein, darf nämlich nur zweimal im Monat einen solchen schicken. Es grüßt Dich, mein liebes Kind, und küsst Dich tausendmal herzlich und innig, Deine Mutti.

In Deinem Brief waren folgende Worte falsch geschrieben: ziemlich, Dolomiten, bloß (mit scharfem „s") [...] außerdem (auch mit scharfem „s"), vom anderen Geld, einmal, Völkischer Beobachter, Kubik, Thema, Deutschschularbeit, dabei (ein Wort).

Weißwasser, 28. 2. 1944

Liebe Mutti!

Schicke Dir durch ein Mädel, das nach Wien fahren darf, einen Brief mit. Leider habe ich nicht das Glück, aber vielleicht habe ich noch ein größeres, wenn ich nach drei Monaten mit den Führerinnen nach Hause fahren darf. Das wäre doch fein! Willst Du es, so musst Du auch etwas dafür machen. Du musst aufs Gebiet* gehen oder auf den Karl-Borromäusplatz und musst nachfragen, ob ich nach drei Monaten nach Hause fahren darf. Oder ob Du mich besuchen kannst, dann musst Du mich aber gleich mitnehmen. Sag, wäre das nicht fein? Oder wenn es auf einmal läuten möchte, und Du gehst aufmachen und ich stehe vor der Türe! Das kann auch möglich sein. Wäre Dir das recht? Hoffentlich. Aber wenn es geht, dann wirklich schon schreiben. Weißt, da hätte ich nicht so großes Heimweh wie jetzt. Habe heute Deinen Brief erhalten, worin Du schreibst um die Telefonnummer des Heimes. Diese heißt: Tatralomnitz 11. Vielleicht geht es, dass Du mich antelefonieren kannst. Habe Deinem Brief entnommen, dass Du den Zettel, den ich Dir im ersten Brief beilegte, nicht bekommen hast. Das tut mir sehr leid. Hatte am Sonntag ein großes Unglück: Mir ist die Spitze des Skis abgebrochen und ich kann inzwischen nicht fahren. Aber die Skier werden gerichtet; was es kostet, zahlt die Lagerkasse. Bitte sage allen, dass sie mir schreiben sollen. […]

Morgen haben wir Briefschreibstunde. Werde dem Papa schreiben in dieser Zeit, er will ja auch von mir was wissen. Haben Deutschschularbeit, Nachschrift* und Englischschularbeit schon gehabt. Ich habe auf die Deutschschularbeit und Nachschrift einen Vierer, auf die Englischschularbeit auch. Auf die Deutschschularbeit, die wir noch in Wien hatten, hatte ich einen Zweier. Hoffentlich geht es so weiter, aber es müssen noch bessere Noten werden. […] In Mathematik komme ich sehr oft dran. In Deutsch-Grammatik bin ich ganz gut. Nun schließe ich mein Schreiben mit den Gedanken bei Dir und nehme mich sehr in Acht, dass ich nicht so viel weine; möchte halt so gerne nach drei Monaten nach Hause. Vielleicht geht es auch. Es grüßt und küsst Dich 1000 Mal Deine immer an Dich denkende Elfi.

Entschuldige meine Schrift, schreibe es beim Nachtmahl. Schlafe jetzt mit Adi und Hilde Herman in einem Zimmer […].

Wien, 10. März 1944

Herzliebes Elferl!

Dein Brief vom 28. Feber macht mir große Sorge. Bisher war ich der Meinung, dass Du gerne draußen bist. Kränkst Du Dich über etwas, was Dein Heimweh verursacht? Du weißt ja sehr gut, dass ich Dich über alles liebe, auch wenn ich manchmal mit Dir nicht zufrieden war. Und gerade deshalb, weil ich Dich so gern habe, möchte ich nicht, dass Du früher heimkommst als alle anderen Kinder. Bedenke doch, welche Vorteile Du hast, weil Du gerade in der Slowakei bist. Meinst Du, dass Du in Ostermiething nicht Sehnsucht nach Wien hättest? Stelle Dir vor, wie einsam das Leben draußen für Dich wäre. Du hättest doch kein einziges Mädel, das für Dich als Gefährtin in Betracht käme. Der Kurti, der Pepi und auch der

Erwin sind doch Buben und werden von anderen gehänselt, wenn sie sich mit Dir beschäftigen. Du wärest draußen fast immer auf Dich allein angewiesen, denn Frau Heinrich hätte nur spät am Abend Zeit.

Dann die Schule. Würde Dich eine Volksschule am Land überhaupt noch interessieren? Fräulein Schmitzeder könnte Dir bestimmt nicht das beibringen, was von Dir in einer späteren Nachprüfung verlangt wird. Dann wärst Du die Einzige, die im Lernen zurückgeblieben ist. Außerdem könnte ich mir bloß ein Mal im Monat drei Tage freinehmen, um Dich zu besuchen, dabei würden allein zwei Tage für die Fahrt aufgehen. Und wolltest Du unbedingt nach Wien zurück, müsste ich Dich umschulen, da kämst Du in irgendeinen Ort Nieder- oder Oberdonaus*, zu fremden Lehrkräften, hättest unter Deinen Mitschülerinnen kein einziges bekanntes Gesicht. Ich glaube, da wäre das Heimweh noch größer. Und ganz in Wien bleiben, liebes Kind, Du weißt ja, wie das ist. In aller Herrgottsfrüh müsstest Du zu den Großeltern, dann am Nachmittag in die ungeheizte Wohnung, allein im Zimmer, denn ich muss doch einkaufen, kochen usw.

Und denke auch daran, dass bald die wärmere Jahreszeit kommt. Ich lasse Dich nicht allein in den Park oder gar in den Prater, und Oma ist schon zu alt, um mit Dir zu spazieren. Um wie viel besser hast Du es draußen! Mit jedem Tag wird Dein Wissen reicher. Freut Dich das nicht? Ich könnte Dir nicht täglich so viel Neues bringen, weil ich erstens nicht die Zeit und zweitens meinen Kopf mit tausend anderen Sorgen voll habe. Dann die wunderbare Verpflegung. Wenn Du auch bei uns zu Hause und bei den Großeltern immer vom Besten bekommen hast, so ist das Essen draußen mit unserer hiesigen mageren Kost nicht zu vergleichen. Dein junger Körper braucht dringend Aufbaustoffe, Du willst doch gesund bleiben und groß und stark werden. Warte nur erst die Obstzeit ab, wenn die Erdbeeren und Himbeeren reifen. Denke daran, dass Du in den vergangenen Jahren bloß ein paar Deka davon hast essen können.

Wenn es recht warm ist, werdet Ihr Unterricht im Freien haben. Du kannst es Dir gar nicht vorstellen, wie schön das ist. Dann das Baden im See. Dieses Vergnügen im Freien hättest Du in Wien bloß an Sonntagen, vorausgesetzt, dass gerade am Sonntag Schönwetter ist … Ich verstehe und höre auch ganz gerne, dass Du Sehnsucht nach uns hast. Aber bemühe Dich recht sehr, das Heimweh zu überwinden und denke daran, dass Du von 180 Tagen ein Fünftel schon hinter Dir hast. Ich werde mich sehr bemühen, eine Einreiseerlaubnis zu erlangen und möchte Dich vielleicht ein bis zwei Wochen nach Ostern besuchen kommen. Jetzt schon bei einem Amt vorzusprechen, wäre noch zu früh. Tante Annie will auch mit.

Also mein liebes Elferl, sei recht tapfer, weine nicht, denn das könnte Deiner Gesundheit schaden, und ich möchte so gerne, dass Du gesund und kugelrund wieder heimkommst. Schreibe mir, sooft Du kannst und alles, was Du am Herzen hast, und auch ich werde Dir viel schreiben, dass Du von allem weißt, was bei uns vorgeht. […]

Nun, mein liebes Kind, schließe ich mein Schreiben. Sei vernünftig, brav und fleißig und bleibe vor allem gesund. Gott schütze Dich allezeit. Ich herze und küsse Dich innig und denke weiter in Liebe an Dich, Deine Mutti

Weißwasser, 5. März 1944

Meine allerliebsten Eltern und Großeltern!
Habe von Papa schon den dritten Brief und von Dir, Mutti, den zweiten. Am Dienstag fuhr ein Mädel nach Wien zurück. Ihr Vater ist nämlich auf Urlaub gekommen. Ich habe sie sehr beneidet. Aber es geht halt nicht. Am Samstag hatten wir Englischschularbeit und Freitag eine Mathematikschularbeit. Beides bekamen wir noch nicht zurück. Eine Nachschrift hatten wir auch schon wieder. Habe ich Dir schon die Noten der

Englisch-Deutsch-Nachschrift und Mathematikschularbeit geschrieben? Ich habe auf alle 4. Mathematik 3. Die Schularbeiten müssen noch viel, viel besser werden als bis jetzt. [...]

Letzten Sonntag bekamen wir Wiener Schnitzel, sie waren sehr fett. Leider konnte ich Dich nicht kosten lassen. Heute bekamen wir Schlagobers mit Kakao. Das schmeckt so gut, dass ich es Dir am liebsten schicken möchte. Dann zu Mittag bekamen wir Kraut, Kartoffeln mit Schweinefleisch; eine Kuttelsuppe bekamen wir noch vorher. Zum Nachtmahl hatten wir drei Brote, wobei auf zwei Broten drei Blättchen Wurst lagen. Am dritten Brot war Butter und Käse. Eine Gurke bekamen wir auch noch dazu.

Tante Annie hat mir einmal ein Briefchen dazugelegt, worin sie schreibt, ich soll mit Adi wie ein Schwesterchen sein. Ich bin es, aber Adi nicht. Manchmal ist sie ja ganz nett. Aber manchmal ist sie ekelhaft, und da bekomme ich immer so Heimweh, dann möchte ich so bald wie möglich nach ... Du weißt ja, was Du machen musst, also bitte mache, was Du kannst!

Beckes Zimmerkameradinnen sind auch so ekelhaft, dass wir uns manchmal wirklich verlassen fühlen. Aber ich werde schon auskommen und Du brauchst Dich gar nicht kränken, es geht mir ja herrlich. Ich habe schon ein Kilo zugenommen. Wir sind vor einigen Wochen schon gewogen worden, vielleicht habe ich schon wieder zugenommen. Aber bitte schreibe mir gleich, was Du ausgerichtet hast. Hoffentlich ist alles gut. Haben vor einigen Tagen drei Rehe gesehen, sie waren ganz in der Nähe unseres Hauses. Heute ist ein Mädel an Scharlach erkrankt. Es ist eine von der ersten Klasse. [...] Viele, viele 1000 Bussi und eines. Deine immer Dich liebende Elfi. Bussi an die Großeltern.

Elfi Flieders Heimweh bereitet ihrer Mutter immer größere Sorgen, so dass diese schließlich ein Schreiben an eine Lehrkraft im Lager verfasst mit der Bitte, sich in besonderer Weise ihres Kindes anzu-

nehmen. Zudem schreibt eine Bekannte – die Mutter von Schulkollegin Adi (Tante Annie) – einen Brief an Elfi Flieder, in dem sie sie bittet, aus Rücksicht auf die Mutter stark zu sein und auszuharren.

Wien, 6. März 1944

Liebe Frau Heidvogel!

Ich bin die Mutter der Elfi Flieder. Vielleicht erinnern Sie sich an mich; am Bahnhof bei der Abfahrt haben wir uns flüchtig gesehen. Ich wende mich mit einer großen Bitte an Sie. Es handelt sich um mein Kind.

Wie ich von Adis Mutter höre, schreibt ihr Adi, dass Elfi so sehr unter Heimweh leidet und täglich weint. Elfi schreibt mir, dass sie schon nach drei Monaten zurückwill, dass sie sich sehr zusammennehmen muss, um nicht so oft zu weinen, dass ich aufs Gebiet gehen soll nachfragen, ob sie mit den Führerinnen zurückfahren darf, dass das ihr größtes Glück wäre, wenn sie wieder zu Hause sein könnte, etc.

Liebes Fräulein Heidi, darf ich Sie herzlich bitten, sich ein ganz klein wenig meiner Elfi anzunehmen, sie zu trösten, ihr das Heimfahren auszureden, vielleicht einen Elternbesuch in Aussicht zu stellen? Aber bitte erwähnen Sie nur ja nicht, dass ich Ihnen deshalb geschrieben habe. Ich weiß nicht, ob es Ihnen bekannt ist, dass meine Elfi Sie besonders ins Herz geschlossen hat, und so glaube ich, dass Sie Ihren guten Zuspruch als Balsam auf ihre Wunde empfinden wird. Sie ist ein Einzelkind, war niemals ohne Eltern oder Großeltern von zu Hause weg, empfindet daher das Getrenntsein doppelt hart. Außerdem schmeichelt sie gerne und lässt sich gerne schmeicheln und das mag mit eine Ursache sein, weshalb sie heimwehkrank ist. Also bitte ich Sie, liebes Fräulein, herzlich, mir den Gefallen zu erweisen und meiner Elfi hie und da mal ein bisschen Aufmerksamkeit zu schenken.

Was ist das mit der Heimfahrt der Führerinnen nach drei Monaten? Dürfen auch welche der Kinder mit und dann wieder zurück? Die Reisekosten würde ich gerne auf mich nehmen. Ansonsten liegt mir sehr daran, dass Elfi so lange draußen bleibt wie alle anderen Kinder respektive die ganze Schule.

Ich wäre Ihnen sehr verbunden, wenn Sie mir ein paar Zeilen schreiben würden, hauptsächlich, ob Ihrer Meinung nach das Heimweh auf Elfis Gemütszustand, auf ihre Gesundheit von schlechtem Einfluss ist. In diesem Falle würde ich selbstverständlich alle notwendigen Schritte sofort unternehmen, um sie zu mir zu bekommen.

Ihren Brief wollen Sie bitte an meinen Mann abschicken, um die kostbaren slowakischen Kronen nicht für Porto auslegen zu müssen. Seine Adresse ist: Mtr. Ob. Gfr. Franz Flieder, Feldpost Nr. 42374.

Nun wünsche ich Ihnen recht guten Aufenthalt und seien Sie bitte nicht ungehalten, dass ich Sie mit meiner Sorge belästigt habe.

Viele liebe Grüße von Elfis Mutti

[März 1944]

Meine liebe, liebe Elfi!
Komm ein bisserl zu mir, Elfi – Du weißt, ich hab' Dich auf den ersten Blick lieb gehabt. Heute muss ich Dich etwas fragen: Ist Dein Heimweh wirklich so groß, dass Du Deiner Mutti damit so wehtun musst? Ich verstehe Dich gut: Du hast Deine Mutti zu lieb, um so lange getrennt von ihr zu leben und nicht zu leiden, das weiß ich. Du bist eben ein gutes, goldiges, feinfühliges Mäderl – nur als solches kenne ich Dich und ich wünsche Dir, es zu bleiben, immer, solange Du lebst. Nun aber, lieb' Elfilein, da Du Deine Mutti so innig liebst, willst Du doch, dass sie diese schwere Zeit der Trennung so gut als möglich verbringt. Deine Mutti weint oft, ich weiß es, auch wenn sie es nicht sagt; sie weint, weil Du nicht immer fröhlich bist – weil Du Heimweh hast und wieder nach Wien

willst. Und das ist schwer jetzt. Ist es denn so schwer, Elfi, das Ausharren? Wenn Du jetzt anfingest stark zu sein, recht vernünftig zu sein, so wie es unser Führer jetzt haben will – und wenn Du Deiner Mutti schreiben würdest: „Mutti, aus Liebe zu Dir will ich meinem Wort treu sein und ausharren alle sechs Monate." Siehst Du, Kind, Deine Mutti würde dann leichter leben und mehr lachen und sich auf den Sommer, auf das Wiedersehen mehr freuen.

Die Zeit vergeht so schnell, wenn man arbeitet – und Du arbeitest bestimmt, weil Du so gute Noten hast. Da strahlten die schönen Augen Deiner Mutti, als sie mir die schönen Ergebnisse Deiner Schularbeiten vorlas. Nun nimm Dir vor, eine Probe zu machen. (Ihr habt es viel schöner dort, als Ihr es hier in Wien haben könntet.) Vielleicht geht es, eine Woche an das Heimkehren nicht zu denken. Setz Dir in den Kopf, dann heimzukehren, wenn alle anderen es tun werden, im Juli. Sollte das aus irgendwelchen Gründen gar nicht gehen, nämlich wenn Deine Gesundheit darunter leiden würde, dann ist's was anderes, Elfi, dann sag es offen. Sonst aber lass Deine Mutti froh arbeiten und lachen und sich freuen, ein so echtes, herrliches Mäderl zu haben. Hast Du schon Deine Bilder gesehen? Schau Dich einmal gut an! Bist Du nicht schön? Und genau so schön ist auch Dein Herz, weil es gut ist und besser sein will.

Du hast ein Kilo zugenommen? Ein gutes Zeichen – nur so fort, Elfi! Und Adi ist immer noch so leicht und mager? Denkst Du oft daran, dass meine Adi ein armes Waisenkind ist? Dass Adi keinen Vati mehr hat? Weißt Du, was das heißt? Und weißt Du, dass unser Vati einer der besten, der edelsten, der idealsten und der gescheitesten Menschen war? Siehst Du, so ein Glück hast Du auf der Welt! Der Herrgott soll es Dir behalten. Hilf mit zu Eurem Glück und mach Deine Mutti froh! – So, jetzt drück ich Dir ein Bussi auf die Stirn – Kopf hoch, Elfi. Du bist ja ein deutsches Mädchen! Dann fahren wir nach Cortina. Juche!

Auf viel Glück, Tante Annie

In den nachfolgenden Briefen an ihre Mutter beteuert Elfi Flieder, kein Heimweh mehr zu haben. Sie schildert den Frühling in der Slowakei und berichtet unter anderem über das Essen im Lager sowie auch darüber, dass sie an Gelbsucht erkrankt ist, eine Nachricht, die bei ihrer Mutter erneut Bestürzung auslöst.

Weißwasser, 16. Juni 1944

Meine allerliebsten Eltern und Großeltern!
Habe gestern von Tante Rosi Post bekommen. Aber von Dir und Papa schon lange nicht. Ich schreibe Euch doch jede Woche und ich bekomme keine Post von Euch.

Gestern bekam ich die Deutschschularbeit zurück. Ich hatte einen Vierer. Aber auch die Mathematikschularbeit bekam ich zurück. Ich hatte wieder einen Einser. Bekomme vielleicht ins Zeugnis einen Zweier in Mathematik. Vor einigen Tagen ist es aufgekommen, dass ich Gelbsucht habe. Diese ist in unserem Lager fast die Stammkrankheit.

Du brauchst Dir keine Sorgen machen, mir geht es ja herrlich. Bloß Montag, auch Dienstag habe ich gebrochen, das war alles. Ich bekomme jetzt herrliche Kost. Ich darf kein Fleisch und auch kein Fett essen. Dafür bekomme ich Kartoffelbrei mit Kompott, Tee mit Zwieback oder Weißbrot darauf, Marmelade oder Honig; auch Grießkoch bekomme ich. Ich habe kein Fieber und keinen hohen Puls. Bin lustig und heiter, als möchte mir nichts fehlen. Mittwoch und Donnerstagvormittag durfte ich noch aufbleiben, aber dann musste ich in die Krankenstube. Wir haben jetzt eine sehr nette Schwester. Sie heißt Edith und kommt aus Ost-Berlin. Sie nennt mich Mäuschen. Das kann ich schon etwas leiden. Edith richtete so nett die Krankenstube her. Du weißt es gar nicht. Aus Mull machte sie kleine Vorhänge und weißes Packpapier spannte sie über die Wände. Über jedes Bett hängte sie eine Fiebertabelle. Ein Tischtuch legte sie über den Tisch und eine Vase mit Lärchenzweiglein stellte sie darauf. Mir gefällt es jetzt recht gut in der Krankenstube. Also, liebe Mutti, mache Dir keine Sorgen um mich. […]

17. Juni 1944

Habe endlich von Dir Post bekommen. Dass Papa auf Urlaub kommt, bringt mich ganz aus dem Häusl. Ich kann kaum mehr im Bett liegen. Heute war Frau Dr. Dobner da. Sie untersuchte die Kranken. Bei mir stellte sie fest, dass ich eine geschwollene Leber habe. Ich lerne jetzt recht fleißig und wenn ich alles gut kann, lasse ich mich prüfen.

Entschuldige bitte, Mutti, dass ich Dir so einen geschmierten Brief schicke. Ich kann aber nicht besser im Bett schreiben.

Vor lauter Langeweile werde ich Euch recht oft schreiben. Jetzt schreibe ich noch Papa und den Großeltern. Nun, meine Lieben, mache ich Schluss für heute und lasse alle recht schön grüßen von Eurem jetzigen Kanarienvogel Elfi.

Wien, 27. Juni 1944

Mein lieber armer, kranker Kanari! (Bist Du schon gelb, dass Du Dich so nennst?)

Dein Brief vom 16. Juni hat mir einen argen Schrecken gebracht, und ich bin in großer Sorge um Dich. Gelbsucht ist doch nicht ansteckend! Wahrscheinlich hast Du einmal mehr gegessen, als Dein kleines Magerl verträgt. Wie lange wird es dauern, bis Du wieder wohlauf bist? Was sagt die Ärztin? Hoffentlich schreibst Du jetzt auch wirklich recht oft, wie es Dir geht, ob Du Schmerzen hast, was mit Dir geschieht. Ich kenne niemanden, der schon Gelbsucht gehabt hat, den ich über diese Krankheit befragen könnte. Wie lange wirst Du liegen müssen? Bekommst Du Medizin oder Pulver, überhaupt, worin besteht die Behandlung? Hoffentlich dürfen Deine Kameradinnen Dich besuchen, dass Du etwas Zerstreuung hast. Du tust mir leid, jetzt in der schönen Jahreszeit nicht im Freien sein zu können. Aber Du bist ein tapferer Kerl und kein

Elfi Flieder (links) mit ihrer Mutter und Lagerkameradin Adi in Winterbach (1944)

zimperliches Ding, wirst auch dieses Böse bald übertauchen.

Ich glaube, dass Du in guter Hut bist. Fräulein Edith richte von mir eine schöne Empfehlung aus. Es freut mich, dass sie mit so viel Schönheitssinn die Krankenstube freundlicher gemacht hat. Auch lasse ich sie sehr bitten, mit Dir recht streng zu sein, denn ich weiß, dass das Medizin-Einnehmen und das ruhige Liegen nicht Deine Leidenschaften sind. Ich will aber hoffen, dass Du jetzt schon alt genug bist und genügend vernünftig sein wirst. Jeder Patient muss mithelfen, gesund zu werden, und da heißt es alle Anordnungen des Arztes, auch die etwas unangenehmen, streng einhalten, dann geht es schneller. Und so wünsche ich Dir, mein Liebes, von ganzem Herzen recht, recht baldige und vollkommene Genesung. Denn wir wollen Dich als ein gesundes, frisches und lustiges Mädel in Wien begrüßen. Wie viele sind mit Dir in der Krankenstube? Auch jemand aus der ersten Klasse? Zum Lernen wirst jetzt reichlich Zeit haben. Der Einser auf die Mathematikschularbeit hat mir größte Freude bereitet, darfst Dir etwas Besonderes wünschen. Der Vierer in Deutsch, kannst mir glauben, ist mir weniger willkommen. Wie stehst Du in den anderen Fächern? [...]

Jetzt, mein lieber Krankensessel*, schau dazu, dass Du recht bald gesund wirst, dass Du mit den Kameradinnen wieder herumhopsen und lustig sein kannst. Bitten will ich Dich dringend, mir ja recht oft zu schreiben, dass mir nicht so sehr bange ist. Auch ich will Dir jetzt öfter schreiben. Viele, viele Bussi und Drucki Dir, mein liebes Elferl, und sei tüchtig. Dem Fräulein Edith brav folgen! Noch öfter an Dich denken wir jetzt,

Deine besorgte Mutti […]

In einem ihrer nächsten Briefe berichtet Elfi Flieder von ihrer Genesung; Anfang August erfolgte die Rückreise nach Wien. Im September kamen das Mädchen und ihre Schulkolleginnen für die nächsten sechs Monate in ein KLV-Lager in der Ortschaft Winterbach, gelegen an der Mariazellerbahn im südlichen Niederösterreich.

Inge Grund

wurde am 25. November 1930 als Inge Pavlik geboren und wuchs als Einzelkind in Wien auf. Sie besuchte sechs Jahre lang die damalige Oberschule für Mädchen in der Rainergasse, absolvierte danach eine einjährige Sprachschule und arbeitete einige Jahre als Fremdsprachenkorrespondentin. 1949 heiratete sie Johann Grund, der nach seiner Heimkehr vom Kriegsdienst ein Medizinstudium abschloss. Das Paar bezog eine Reihenhauswohnung am südlichen Stadtrand von Wien und bekam zwei Kinder. Soweit die Kinderbetreuung es zuließ, betätigte sich Inge Grund fortan als Ordinationshilfe in der Augenarztpraxis ihres Mannes.

Als Inge Grund im Jahr 2016 nach dem Tod ihres Mannes einige Materialien aus seinem Nachlass der Dokumentation lebensgeschichtlicher Aufzeichnungen zur Aufbewahrung überließ, befand sich darunter auch ein Kuvert mit etwa 50 Briefen und Postkarten, die sie selbst zwischen März und Dezember 1944 an ihre Eltern geschrieben hatte, als ihre Schulklasse im Rahmen der Erweiterten Kinderlandverschickung nach Tatralomnitz in der Hohen Tatra (Tatranská Lomnica, Slowakei) verlegt worden war. Da während der Kriegsjahre beide Elternteile berufstätig waren – der Vater war als Finanzbeamter dienstlich viel unterwegs, die Mutter arbeitete als Krankenschwester in einem Lazarett – bestand keine Möglichkeit, die Tochter selbst zu versorgen. Das musste die damals Dreizehnjährige besonders schmerzhaft erfahren, als sie nach ihrem ersten Lageraufenthalt im Herbst 1944 nicht in Wien bleiben, sondern ein weiteres Mal in ein KLV-Lager, diesmal nach Puchenstuben (Niederösterreich) mitfahren musste. Von diesem zweiten Aufenthalt sind nur einige wenige Briefe erhalten. Nach einem Schiunfall wurde das Mädchen Anfang 1945 von ihrer Mutter nach Wien geholt, um eine bessere Versorgung der Verletzung zu garantieren.

Die hier vorgestellte Auswahl an Briefen konzentriert sich auf jene Phase der Ungewissheit zwischen dem ersten und zweiten KLV-Lager, in der sich die Eltern – offenbar erfolglos – um eine alternative Unterbringungsmöglichkeit für die Tochter in Eisenstadt (Burgenland) bemüht haben.

Besonders die ersten zwei Briefe lassen überdies erahnen, wie stark die an sich durchaus geförderte Kommunikation zwischen Kindern und Eltern der Kontrolle durch die Lagerverantwortlichen unterlag und wie Kinder mit dieser Zensur umgingen. So wurden etwa in einem – von einer Lehrkraft diktierten – Brief vom 3. April 1944 zwei Passagen durch eine kaum merkliche Unterlinierung als unwahr bzw. nicht im Sinn der Schreiberin gekennzeichnet.

„Hoffentlich müssen wir nicht mit ins nächste Lager!"

3. 4. 44

Liebste Eltern!
Jetzt sind wir schon ein volles Monat hier und benützen die heutige Schreibzeit, um Euch einen einheitlichen Bericht nach Diktat zu senden.

Wie wir Euch ohnehin schon längst geschrieben haben, ist unsere Unterkunft ganz hervorragend und behaglich. Die Kost schmeckt uns, wir können uns mehrmals Essen nachholen. Fleischspeisen, Wurst, Fett, Eier, Hülsenfrüchte, Teigwaren bekommen wir viel mehr als zu Hause, Butter und Brot gleich viel, nur Milch ist derzeit etwas knapp und der Tee wenig gezuckert, da der Koch den Zucker (1 kg pro Kopf und Monat) für die Germknödel mit Powidlfülle und Zucker-Mohn-Überguss, Nussnudeln, Biskuitrollen und Pflaumenkompott verwendet.

Bitte schickt uns keine Pakete mit Süßigkeiten. Wir müssen für jedes Paket Empfangsgebühr bezahlen, und dafür reicht unser Taschengeld nicht aus. Der frühere Wassermangel ist endlich behoben. Wir haben wieder warmes und kaltes Fließwasser in den Zimmern. Nach dieser Woche gibt es endlich ein richtiges Tröpferlbad für uns alle. Auch die Erkrankungen durch den Wechsel des Klimas und der Kost, durch den Wassermangel und die ungewohnte Dampfheizung nehmen nun erfreulicherweise ab. Es waren durchwegs harmlose Fälle, die von Schwester Maria, unserer Pflegerin, behandelt wurden.

Vier scharlach- und sechs diphtherieverdächtige Mädels wurden sofort in die betreffenden Abteilungen des KLV-Krankenhauses überstellt, das von deutschen Ärzten und Pflegerinnen geleitet wird und einem Wiener Sanatorium nicht nachsteht. Wegen dieser Fälle hatten wir zwei Mal Lagersperre, um das Weitergreifen der Krankheiten zu verhindern.

Nun sind auch die wüsten Schneestürme der letzten drei Wochen vorüber. Aus tiefblauem Himmel blicken die Schneegipfel der Hohen Tatra auf uns herunter.

Der Schulunterricht begann in der zweiten Märzwoche und wird nur fallweise durch Skiunterricht oder Ausmärsche verkürzt. Die Lernzeiten werden strenge eingehalten. Die Heimabende des BDM* machen uns viel Spaß.

Jeden Montag müssen wir nach Hause schreiben und erhalten dafür das Porto vom Lager bezahlt. Donnerstag oder Freitag dürfen wir ein zweites Mal schreiben. Wir bitten für diesen Zweck um Zusendung von Antwortkarten für zweimal sechs Pfennig oder Rückantwortscheinen. Eure Briefe, liebe Eltern, bekommen wir geschlossen ausgefolgt. Nur unsere an Euch müssen von den Klassenleitern gelesen werden, bevor sie weggeschickt werden. Diktat beendet.

1000 Bussi, Eure Inge

Habe an diesen Brief noch zwei Blätter angeklebt.

[Die erwähnten zwei zusätzlichen Blätter sind in der Briefsammlung nicht enthalten.]

Tatralomnitz, 14. 4. 44

Meine aller-allerliebsten Eltern!

Da Herr Losert heute bei Elfi auf Besuch ist, will ich die Gelegenheit nützen und Herrn Losert einen Brief an Euch, meine lieben, lieben Eltern, mitgeben. In diesem Brief kann ich Dinge schreiben, die ich sonst nicht schreiben dürfte, da unser Klassenvorstand die Briefe liest, bevor sie weggehen.

Heute bekamen wir die Englisch- und Mathematikschularbeit zurück. Auf die englische habe ich Gut, auf Mathematik Ausreichend.

Nun will ich Euch Verschiedenes schreiben – nicht um Euch, meine Liebsten, Sorgen zu machen, sondern weil Euch diese Dinge sicher sehr interessieren werden. Also, seit wir hier sind, habe ich 5 kg abgenommen. Das macht aber nichts, denn ich bin froh, dass ich „nur mehr" 57 kg habe. Das Essen schmeckt manchmal saumäßig. Ich freue mich schon auf Muttis gutes Gemüse usw., besonders auf Kakao. Von Schlagobers oder Ähnlichem sehen wir gar nichts.

Die Lehrkräfte sind zu manchen Mädchen sehr ekelhaft und teilen Ohrfeigen aus. Natürlich nicht alle. Ferner wird es Euch sicher interessieren, dass hier oft Fliegeralarm ist. Manchmal wacht man auf und hört die Flak* wie toll schießen und die Flieger herumfliegen. In Poprad, einem eine halbe Stunde entfernten Örtchen, fielen Bomben. Nach alldem könnt Ihr Euch vorstellen, wie wir Heimweh haben. Manchen Tag sprechen wir von zu Hause. Ich liege vorübergehend bei Zimmel und Glaser im Zimmer. Zimmel hat auch so Heimweh wie ich. Von unserer Klasse hat eine Scharlach, auch eine Professorin hat Scharlach. Wir haben deshalb Quarantäne.

In der Frühe vom Ostersonntag erzählten wir uns, wie es jetzt bei uns zu Hause wäre. Ich sagte z. B.: Die Sonne würde in mein Zimmer scheinen und Mutti würde mich mit den Worten „Aufstehen, Inge, das Osterhasi ist da!" wecken. Und Mutti würde mir das Frühstück bringen. Dann würde ich aufstehen und wir würden kochen und dann zu unseren lieben Großeltern gehen. Das wäre schön gewesen. Nach solchen Torten oder Kuchen usw., wie Du sie machst, sehnen wir uns schon sehr. Kurz und gut, wir würden alle bis Mekka laufen, wenn wir nur daheim sein könnten.

Unser Lagerleiter, also der Direktor unserer Schule, ist gestürzt und verletzte sich am Rückgrat. Ein paar Tage später hatte er wegen unbekannter Ursache einen Nervenzusammenbruch. Er liegt mit seiner auch kranken Frau im Spital. Unsere Hauptmädelführerin* ist ebenfalls krank. Sie rief eine Bekannte an und Glaser, die gerade Telefondienst hatte, hörte, wie sie sagte, die Schwester hätte gesagt, sie müsse ins Spital, da sie Gelbsucht und Leberschwellung sowie 39,5 Grad Fieber hätte. Sie geht aber nicht.

Wenn ich zurückkomme, fahre ich lieber nach Kikeritzpatschen* als noch einmal auf ein KLV-Lager.

Ein Mädel aus unserer Klasse, die mir immer wahrsagt, ob ich Post bekomme, hat uns wahrgesagt, dass wir am 27. 4. 1944 heimfahren werden. Zur gleichen Zeit träumte ein Mädel, dass wir am 27. 4. 44 nach Hause fahren würden. Haltets die Daumen, dass das wahr ist. Dann werden wir verrückt vor Freude. Nun schließe ich den Brief, Ihr wisst die volle Wahrheit.

100 000 Bussi an alle, Eure Inge (Ich will schon sehr, sehr gerne zu Euch nach Hause.)

Auf ein baldiges frohes Wiedersehen!

NS.: Ich schreibe einen anderen Absender, damit die Post in Wien nichts bemerkt. Grüßt mir mein schönes Wien und den Türkenschanzpark, auch das Haus Ecke Bacher- und Ramperstorffergasse.

10. 7. 1944

Meine aller-allerliebsten Eltern!
Da ich Euch erst gestern schrieb, weiß ich heute nicht so viel zu schreiben. Aber wir waren heute das erste Mal schwimmen und da gibt es viel zu erzählen.

Also, heute war der erste Ferientag und wir hatten am Vormittag Freizeit. Nach dem Mittagessen Mittagsruhe und dann – schwimmen. Wir freuten uns schon sehr. Endlich kam der Zeitpunkt heran und wir gingen. Zum See braucht man drei Minuten. Den Badeanzug hatten wir uns schon im Lager angezogen, da waren wir also bald fertig mit dem Umziehen.

Anfangs war es ein bisschen kalt, aber wir gewöhnten uns bald daran und es war schön warm. Gegen Schluss sprang ich noch vom Sprungbrett aus hinein. Da es ziemlich seicht ist, zog ich meine Beine an, aber ich kam trotzdem am Grund an. Vielleicht gehen wir später, wenn es schön ist, jeden Tag. Das wäre fein.

Nun noch etwas zu Eisenstadt. Liebste Eltern, Ihr müsst auch fragen, ob wir dort in die Oberschule aufgenommen werden. Hoffentlich gelingt Euch das alles. Ach, das wäre herrlich! Da könnten wir uns öfters sehen, nicht wahr? Dort hätten wir viel Obst usw. Papilein könnte mich oft besuchen. Immer wenn Papile nach Oggau oder sonst wohin fährt, könnte er kommen. Das wäre schön. Weintrauben hätten wir auch, gelt? Bitte, bitte, schaut, dass es geht. Papi soll mit dem Herrn sprechen. Papile wird es schon schaffen. Bis jetzt gelang Papi doch alles. Da könnte ich zu Weihnachten zu Hause sein, das wäre am allerschönsten.

Es wird Euch schon gelingen, nicht wahr? Ich halte den Daumen und hoffe deshalb, dass es gelingt. Bitte, bitte, versucht alles! Besprecht auch alles mit Frau Ertl und Frau Zimmel. Sie sollen Elfi und Jenny ja fahren lassen. Ich sterbe sonst vor Langeweile. Und wenn sich eine von uns nicht auskennt

Inge Grund, rechts, mit zwei Freundinnen in Wien (1943)

(in der Schule), so arbeiten wir so lange zusammen, bis es geht. Aber ich glaube schon, dass es Euch gelingen wird.

Ich schließe nun, denn ich will noch mit Elfi und Jenny Erdbeeren suchen gehen, bei uns im Garten gibt es einige.

Also, bleibt gesund und wohlauf, und seid vieltausendmal gegrüßt und hundert Millionen Bussi von Eurer Euch von ganzem Herzen liebenden und immer an Euch denkenden Inge.

NS.: Hoffentlich können wir fahren.

Tatralomnitz, 14. 7. 1944

Meine allerliebsten Eltern!

Habe heute mit großer Freude ein liebes Brieflein von Mutti erhalten, gestern erhielt ich auch eines. Ihr könnt Euch vorstellen, wie ich mich wunderte. Nun will ich sie aber auch beantworten.

Aber vorher will ich noch schnell meinen heutigen Traum berichten. Also, wir sind heimgefahren und zu Hause hat die

Mutti gesagt, dass ich nach Eisenstadt fahren könne. Meine Freude war riesengroß. Hoffentlich ist es wirklich so!

Ihr könnt jetzt nicht mehr schreiben, denn es ist möglich, dass wir schon Ende Juli fahren. Aber das ist noch nicht sicher. Jedenfalls fahren wir auf keinen Fall später als am 24. August. Aber dann wahrscheinlich gleich in ein Ostmarklager. (Wenn ich doch nach Eisenstadt könnte!)

Wegen dem In-die-Sonne-Legen braucht Ihr Euch keine Sorgen zu machen, da sie sowieso meistens nicht scheint. Mutti, wegen dem Strafdienst macht Euch keine Sorgen. Das macht doch nichts und außerdem war das ja, also zum Beispiel die ganze Klasse, und da wird nicht auf die Einzelne gesehen, sondern auf alle, nicht wahr? Es hätte zwar ein richtiger „Schleifdienst" werden sollen, aber unsere Führerin war so nett. Wir mussten nur einige Male antreten und Liegestütze, Kniebeugen usw. machen. Also gar nichts dabei.

Die Marken aber, die kann ich genauso verschlampt haben. Ich habe jedenfalls niemanden in Verdacht. Auf meine Zimmergenossinnen kann ich mich ganz fest verlassen. Für die gehe ich durchs Feuer und ich denke, sie für mich auch. […]

Liebste Eltern, wie ich mich über die Keilschuhe freue, das könnt Ihr Euch nicht vorstellen, so eine große Freue habe ich. Ich danke Euch von ganzem Herzen dafür. Ich will auch weiter brav lernen, damit Ihr die Schuhe nicht umsonst gekauft habt.

Den zweiten Rückantwortschein hat man herausgenommen, es war nur einer drinnen. Jetzt brauche ich ja nicht mehr viele. Jetzt komme ich bald.

Gestern machten wir eine Halbtagswanderung zu einem herrlichen Wasserfall. Ich holte mir einen Stein aus dem Wasser als Andenken. Bei Schönwetter machen wir morgen eine Wanderung über den ganzen Tag. Da gehen wir zu einem Wasserfall, der 15 Meter hoch herunterstürzt. Ich freue mich schon sehr darauf. Da kann ich die Goiserer* gut brauchen, denn es ist schon felsig, da wir doch im Gebirge wandern. Hoffentlich wird es recht schön.

Bei dem Wasserfall heute konnte man über einige Felsen hüpfen und kam dann zu einem kleinen Wasserbecken. Dort trank ich Wasser. Das war herrlich – so schön kalt und klar! Ich war ganz erfrischt. Das Wasser des Wasserfalls war klar wie grünes Glas und dazwischen die weißen Gischtkronen. Es war wie im Märchen so schön. Man hörte das Wasser schon von sehr weit weg rauschen. Diese herrliche Wanderung werde ich nie vergessen. Vielleicht wird die morgige noch schöner. Das wäre wunderbar. Den ganzen Tag in dieser herrlichen Gegend.

Heute spielten wir wieder Völkerball und Ball über die Schnur. Da sind wir abends immer so schön müde. Was glaubt Ihr wohl, von was wir jeden Abend reden? Nun, von Eisenstadt. Wir rupfen uns gegenseitig Wimpern aus, nur damit wir uns wünschen können, hinzufahren. Das wäre so schön, ich kann es gar nicht sagen.

Hoffentlich könnt Ihr alles lesen. Ich muss mich jedoch sehr beeilen, da die Spielstunde gleich aus ist. Ich schreibe diesen Brief nämlich in unserer Spielstunde. Elfi schreibt auch heim und Jenny räumt den Kasten zusammen. Die ist brav. Wenn sie gut aufgelegt ist, stopft sie uns sogar hie und da die Strümpfe. Lieb von ihr, gelt?

Nun ist Nachtruhe und ich muss schlafen gehen. Ich gebe Euch, meine liebsten Eltern, in Gedanken ein süßes Gute-Nacht-Bussi und sage wie immer zu Hause: „Gute Nacht, liebster Papa, gute Nacht, liebste Mama“, und verbleibe Eure Euch von Herzen liebende und immer an Euch denkende, Euch viele, viele Millionen Bussi schickende Inge.

Tausend Grüße an alle!

NS.: Hoffentlich dürfen wir nach Eisenstadt fahren.

24. 7. 1944

Meine aller-allerliebsten Eltern!
Habe zwei liebe Karten dankend erhalten. Warte dauernd auf Post wegen Eisenstadt. Hoffentlich dürfen wir fahren. Vielleicht bekomme ich jetzt etwas. Es ist nämlich gleich Mittagessen und anschließend Postverteilung. Wenn wir doch fahren könnten!

Wenn wir dort nichts bekommen, dann bitte in der Nähe irgendwo. Doch muss das bald sein, denn wir fahren zwischen 5. und 10. 8. von hier weg. Die sechste Klasse geht auf Einsatz nach Wien, vielleicht könnten wir da gleich mitfahren. Elfi, Jenny und ich, wir sehnen uns schon so nach unserem lieben Wien. Wir wollen es schon so gerne wiedersehen. So könnte das jedoch nicht der Fall sein, da wir in einem Ostmarklager auf Kriegsdauer bleiben müssten. Über Weihnachten, das halte ich nicht aus. Auf gar keinen Fall!

Meine liebsten Eltern, Ihr dürft mich nicht mehr weit weg lassen – irgendwohin, wo ich Euch nur selten sehen kann. Sechs Monate fort, und jetzt auf Kriegsdauer! Frau Ertl lässt Elfi auch nicht mehr in ein Lager. So schön das Lagerleben ist – wenn ich Heimweh habe, bin ich ganz verzweifelt.

Vis-a-vis von uns wohnt eine deutsche Frau. Die hat ein Butzerl, das erinnert mich so stark an Manfred. Wie oft habe ich mir schon gewünscht, auch so klein zu sein, dann könnte ich bei Euch, meine liebsten Eltern, sein. Das wäre schön. Das Kinderl ist ungefähr ein Jahr alt und ein goldiges Fratzerl.

Ihr werdet mich sicher verstehen, wenn ich Euch sage, wie ich mich nach unserem lieben Wien sehne. Denn nicht umsonst ist „mei Muatterl a Weanerin" und drum „hab i Wean so gern". Sie war's, die mir die Liebe zu „mein' goldenen Wien" gegeben hat. Wenn man so eine schöne Heimatstadt hat wie ich, kann man einfach nicht lange von ihr wegbleiben. […]

Bitte seid nicht böse, dass ich so schmiere, aber es wird

gleich zum Essen gongen, und da muss ich antreten. Hoffentlich bekomme ich Post wegen Eisenstadt.

Stellt Euch vor, heute nimmt Elfi die Lade vom Tisch heraus, und was glaubt Ihr, was da unter der Lade war? – Mein Schreibzeug mit den Marken. Auch von Elfis Schreibzeug war ein Teil dabei. Unsere Lade war ganz voll und obenauf unser Schreibzeug. Durch das Auf- und Zumachen rutschte das Papier und die Briefumschläge mit den Marken heraus und wurde unter der Lade eingeklemmt. Wie ich mich freue, könnt Ihr Euch ja vorstellen.

Heute und morgen werden die Fragen für das Jungmädel*-Leistungsabzeichen abgefragt. Wir müssen aus dem Leben unseres Führers erzählen können, etwas von Herbert Norkus* erzählen und drei Pflichtlieder ordentlich singen können. Im Sport werden die Leistungen vom Reichssportwettkampf genommen, und da habe ich's ja geschafft. Nur Hochsprung und Zielwerfen auf eine 60 mal 60 Zentimeter große Scheibe in zwei Meter Höhe und sechs Meter Entfernung muss ich noch machen, denn das war beim Reichssportwettkampf nicht dabei. Ich glaube und hoffe, dass ich es schaffe.

In 14 Tagen fahren wir. Minnerl hat gesagt, wenn wir brav sind, machen wir eine Abschiedsfeier mit vielen Süßigkeiten und Tanzen. Wir drei sind brav wie Engerln, sofern wir das überhaupt können – wir bemühen uns jedenfalls, es zu sein.

Ich trage jetzt keine Zopferl mehr, sondern – bitte niedersetzen! – einen Schopf und eine Innenrolle. (Seid Ihr umgefallen?) Passt mir aber sehr gut, und ich werde mir in Wien – das heißt, wenn wir nach Wien kommen – so eine Frisur machen. Sie passt mir nämlich wirklich gut.

Es hat gegongt. Nach dem Essen schreibe ich wieder weiter. Lasst Euch Euer Mittagsmahl gut schmecken. Das ist bei mir, wenn's was Gutes gibt, immer der Fall. Da hole ich mir oft nach. Ich habe auch sicher wieder zugenommen.

Nun ist Mittagsruhe und ich schreib Euch weiter. Ich habe

zwei liebe Karten von Mutti und einen Brief von Lotte mit großer Freude erhalten. Leider wieder nichts wegen Eisenstadt. Ich halte den Daumen ganz fest.

Hier gibt es sehr, sehr viele Heidel- und Erdbeeren. Ich esse sie sehr gerne und kann essen, so viel ich will. Brauche nur in das kleine Wäldchen in unserem Garten gehen und pflücken. Nun weiß ich nichts mehr, nächstens mehr.

Hoffentlich müssen wir nicht mit ins nächste Lager! Ihr dürft nicht denken, dass es hier nicht schön wäre – in einem Lager ist es schön und lustig –, aber das Heimweh.

Nun verbleibe ich mit vielen, vielen Millionen Busserln Eure Euch von ganzem Herzen liebende Inge.

NS.: Wir fahren am 8. 8. von hier weg.

Lomnitz, den 25. 7.1944

Meine lieben, guten Eltern!
Heute habe ich zwei Karten von Muttile erhalten. Also nach Eisenstadt nicht. Kann man nichts machen. Aber wie heißt der Ort, den du meinst, Mutti?

Hoffentlich können wir fahren. Allein fahre ich nicht. Da ist es ja fad und überhaupt … Ich glaube schon, dass die Eltern meiner zwei Freundinnen einverstanden sind. Da könntet Ihr uns im Urlaub besuchen und wir könnten Wanderungen machen. Wenn wir Ferien hätten, könnten wir nach Wien, das wäre schön. Wir sind doch keine kleinen Babys mehr, dass Ihr Angst um uns habt.

Wir wollen so gerne fahren. Sprecht bitte mit Frau Ertl und Frau Zimmel, dass die zwei mit mir kommen können. Das wäre so herrlich. Öfter, ja, viel öfter könnten wir unser Wien sehen. Angst braucht Ihr wirklich keine um uns zu haben. Wir passen recht gut auf. Wir lernen immer zusammen und sind recht brav. […]

Hoffentlich gelingt es Euch. Wir wären Euch so sehr dankbar dafür. Oh, das wäre schön. Hoffentlich ist der Krieg recht bald aus, dann könnten wir ganz nach Wien und immer bei Euch bleiben. Dann gehe ich nie mehr fort von Euch. Dann machen wir Ausflüge und Wanderungen miteinander. Das wird fein, nicht wahr? Nun schließe ich mit vielen Millionen Busserln, Eure Euch von Herzen liebende Inge.

Herzliche Grüße von Elfi Ertl und Eugenie Zimmel. [Anmerkung einer Lehrkraft (neben den Unterschriften senkrecht am Seitenrand geschrieben)]: Dieses Glücks-Kleeblatt steigert sich gegenseitig offenbar in allzu übertriebene Sehnsucht nach Muttern hinein. Dazu ein abenteuerlicher Selbständigkeitsdrang! Im Lager sind sie froh und heiter. Dr. Ehrmann.

29. 7. 1944

Mein allerliebster Papi!

Habe eine große Bitte an Dich. Ich glaube, Mutti will, dass ich ins nächste Lager mitfahre. Da aber die Mädels, an die ich mich gewöhnt habe und die ich gerne habe, alle von ihren Eltern aus nicht mitdürfen, möchte ich auch sehr gerne in Wien bleiben. Es hat auch andere Gründe, die ich Dir und Mutti zu Hause klarlegen werde. Bitte, sage also Mutti, dass sie auch alles daransetzen soll, mich in Wien behalten zu dürfen. Sage auch Omi und Opi, sie sollen Mutti zureden. […]

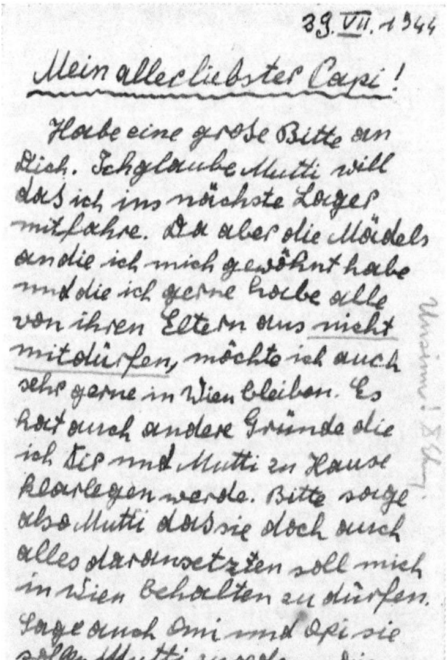

29. VII. 1944

Mein allerliebster Papi!

Habe eine große Bitte an Dich. Ich glaube Mutti will das ich ins nächste Lager mitfahre. Da aber die Mädels an die ich mich gewöhnt habe und die ich gerne habe alle von ihren Eltern aus nicht mitdürfen, möchte ich auch sehr gerne in Wien bleiben. Es hat auch andere Gründe die ich Dir und Mutti zu Hause klarlegen werde. Bitte sage also Mutti das sie doch auch alles daransetzen soll mich in Wien behalten zu dürfen. Sage auch Omi und Opi sie sollen Mutti zureden. Die Kinder die jetzt noch nic

Postkarte mit einer Randbemerkung der Lehrerin

Rosa Zimerits

wurde am 2. April 1932 als Rosa Schobert in Wien geboren. Zunächst lebte sie gemeinsam mit ihrer Mutter und ihren beiden Schwestern in Wien-Liesing. Die Mutter war als Reinigungskraft tätig; ihren leiblichen Vater, der als Bergarbeiter im Erzgebirge arbeitete, lernte sie nie kennen. Prekäre soziale und finanzielle Verhältnisse führten dazu, dass sie mit drei Jahren von der Kinderübernahmestelle der Stadt Wien an Pflegeeltern vermittelt wurde. Schließlich fand sie Aufnahme bei einer Pflegefamilie in Wien-Floridsdorf und wuchs dort mit einer um zehn Jahre älteren Pflegeschwester auf.

Nach der Volksschule besuchte sie eine Hauptschule und nahm ab 1944 mit ihren Klassenkolleginnen an der Erweiterten Kinderlandverschickung teil. Die Mädchen kamen zunächst in ein Lager in Drosendorf (Niederösterreich), später nach Gars am Kamp (Niederösterreich) und zu Kriegsende schließlich nach Bayern. Im Herbst 1945 kehrte Rosa Schobert nach Wien zurück, machte eine Ausbildung zur Schneiderin und war später in unterschiedlichen Berufsfeldern tätig: Sie arbeitete als Kleidermacherin, Emailmalerin, Verkäuferin, Sekretärin in der Bibliothek des Blindeninstituts und schließlich als Büroangestellte. Rosa Zimerits war zweimal verheiratet. Der Ehe mit ihrem ersten Mann entstammt ein Sohn. Seit den 1950er Jahren wohnt sie in einem Gemeindebau in Wien-Simmering.

Wie Ingeborg Winkler (siehe den nächsten Beitrag dieses Bandes) wurde Rosa Zimerits im KLV-Lager vermutlich von den Erzieherinnen dazu angeregt, ein Tagebuch zu führen. 2008 übergab sie die zwei aufwendig gestalteten, in Packpapier eingebundenen Tagebuchbände der Dokumentation lebensgeschichtlicher Aufzeichnungen an der Universität Wien, um sie historisch Interessierten zugänglich zu machen.

Titelseite des Lagertagebuchs

Das Tagebuch umfasst den Zeitraum zwischen der Ankunft im ersten KLV-Lager im Jänner 1944 und der Heimkehr nach Wien im Herbst 1945 und wird hier nur in einigen Auszügen wiedergegeben. Die mit vielen Zeichnungen und Verzierungen versehenen Einträge sind thematisch breit gefächert. Sie reichen von Schilderungen des Lageralltags über Berichte von Heimweh und Kriegserlebnissen bis hin zur Beschreibung ihrer Stubenkameradinnen und Schwärmereien für die Lagermädelführerin „Gretl". Die Klassenkameradin Ingeborg Winkler (siehe den nachfolgenden Beitrag) wird in den folgenden Textausschnitten mehrmals mit ihrem Rufnamen „Mausi" erwähnt.

„… dort wohnen viel' Mägdelein drin"

[Winter 1944]

Die Ankunft in Drosendorf

Vor der Türe des Zuges stand ein Mädel, das unsere Führerin war, sie hieß Gretl. Zuerst machte die Stadt auf uns keinen guten Eindruck, alles so finster und schon Buben hinter uns her, die uns alles erzählten; dass es hier sehr schön ist, was wir am nächsten Tag auch schon erkannten. Sogar wunderschön ist es hier!

Das erste Zusammensein

Gleich am ersten Tag machten wir keinen guten Eindruck,

Die Lagergemeinschaft vor dem Gasthof Failler in Drosendorf (1944)

so dass Frau Frantz um 23 Uhr 30 noch zu uns in die Stube 4 kommen musste, weil wir sooo laut lachten. Darum taufen wir unsere Stube „Lach immer". Wir sind immer lustig, manchmal zu lustig. Gestritten und gerauft haben wir auch schon. Einmal ging's auf Gerti, dann auf mich und Mausi und so ging es immer weiter und wenn's aus war, fing's doch von vorne wieder an. Auch ein Lied dichteten wir: „Es steht ein Lager in Drosendorf, dort wohnen viel' Mägdelein drin".

Die Ordnung

„Das gefällt mir nicht!" – Manches Mal sagte Gretl das auch zu mir und riss mir alles heraus, aber: „Es geht alles vorüber, es geht alles vorbei, auch jede Stubendurchsicht geht wieder vorbei …"

Am Abend, bevor Gretl fortfuhr, mussten wir ihr versprechen „eisern" zu sein. Als Sissi kam, war sie uns gar nicht recht. Doch später ging es. Aber Gretl war es keine.

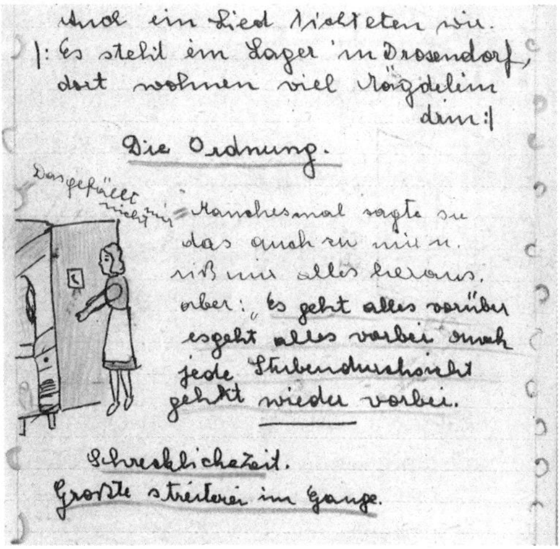
Auch ein Lied dichteten wir.
|: Es steht im Lager in Drosendorf, dort wohnen viel Vöglein drin :|
Die Ordnung.
Manchesmal sagte sie das auch zu mir. riß mir alles heraus. aber: „Es geht alles vorüber es geht alles vorbei" auch jede Stubendurchsicht geht wieder vorbei.
Schrecklichezeit.
Grosste streiterei im Gange.

Darstellung eines „Stubenappells" im Tagebuch von Rosa Zimerits, geb. Schobert (1944)

Die Sissi ist wieder fort und Gretl hat uns nicht verlassen. Wir haben sie wieder.

Das war das Schönste
Als Gretl wiederkam. Sie kam bei der Türe herein und wir fielen ihr alle um den Hals. Ich habe sie zwar nur am Zipfel erwischt, aber das machte mir nichts. Hauptsache, ich wusste, dass es wirklich die Gretl war und ich sie angreifen konnte.

„Gespenster, Gespenster, stehn am Fenster"
Da hatte ich bald wirklich eine Angst. Denn das Fenster ging immer auf und zu. Auch die Türe sprang auf. Mausi war unsere Retterin. Sie machte die Türe und das äußere kleine Fenster zu. Und wir konnten wieder schlafen.

Die Verirrung
„Ausmarsch". Es war am Sonntag, wir zogen nach Autendorf. Dann noch ein Stück und dann in den Wald hinein. Am Ende des sehr großen Waldes waren wir alle schon müde. Auf ein-

mal sahen wir eine Lichtung. „Der Wald ist zu Ende“, riefen wir voll Freude. Doch wie staunten wir, als wir nichts als Felder und hinter uns den Wald sahen. Inge und Eder mussten zum Horizont laufen. „Eine Kirche“, riefen sie. Endlich ein Haus. Auf einmal sahen wir vor uns fünf schöne Rehe. Unbeweglich standen sie dort, das war wunderschön anzuschauen. Wir gingen langsam und leise näher. Doch da fingen sie an zu laufen und pfeilschnell verschwanden sie.

Viele, viele Hasen sahen wir auch. Endlich waren wir auf der Straße und sahen vor uns ein Dorf. Es war Oberthürnau. Endlich! Jetzt war es nicht mehr schwer, nach Drosendorf zu kommen. So ging es mit lustigem Geplauder weiter. Wenn wir uns auch noch so oft verirren, Gretl wird uns immer wieder in das KLV-Lager zurückführen.

Diverse Dienste, die von den Mädchen im Lager verrichtet werden mussten (Putzen der Zimmer und Toiletten, Küchendienst etc.), hielt Rosa Schobert unter anderem in einer Zeichnung fest.

Auschnitt aus dem Tagebuch von Rosa Zimerits (1944)

Ein Kriegszug in die Stube 2

Die Besau, diese Besau hat uns Holz gestohlen. Das ging recht zu. Auch in Stube 3 hat sie gehamstert. Nun berieten wir, was wir ihr machten. Wir schickten Hansi hinüber. Sie sollten sie herschicken und wir werden sie schon verprügeln. Sie kam auch, doch hatte die Feige hinter sich die ganze Stube. So stritten wir hin und her, bis wir uns am Sonntag kameradschaftlich die Hände reichten. Das war auch ein schönes Erlebnis. Freund und Feind werden immer wieder Freund.

[Frühjahr 1944]

„Oh, Schneeglöckchen"

„Die geben wir der Gretl zum Abschied", sagte ich zu Nemi und sie stimmte gleich mit ein.

Das war in Unterthürnau, diese schöne Schneeglöckchenwiese. Dort waren so viele. Wie mit Schnee bedeckt schaute die Wiese aus. Es war sehr schön. Doch bald mussten wir heim.

Dann kam der große Abschied von Gretl. Ich musste ihr immer in die wunderbaren Augen schauen. Und diese werde ich nie mehr vergessen. Sie wollten einem direkt in die Seele schauen. Ich wollte am liebsten schon losheulen. Aber ich bin doch ein Jungmädel*. Doch wie es am nächsten Tag mit auf die Bahn ging und der Zug losfuhr, konnte ich mich doch nicht mehr zurückhalten. Ich heulte und schimpfte. Mausi und Elfi lachten uns blöd aus. Sie haben ja kein Herz. [...]

„Ostersonntag"

Wir brachten ihn sehr schön zu. Um 7 Uhr in der Früh gingen wir schon Ostersingen. Die Gräfin hatte sehr große Freude. Ihr Mann brachte uns am nächsten Tage sechs Striezel, die freuten uns sehr. Auch Besuch bekamen wir. Sie ist eine sehr liebe Frau.

Foto von Rosa Zimerits im Tagebuch von Ingeborg Winkler (1945)

Gretl ist wieder da

Es war Dienstag. Wir waren alle schon sehr aufgeregt. Es war ja auch der Entscheidungstag, ob Gretl zu uns kommt oder nicht. Auf einmal kommt Herold heraufgestürmt. Es war nach dem Essen und Herold sollte zum Friseur gehen. Sie sagte: „Die Gretl ist durchgefallen und kommt heute vielleicht." Doch Gretl ist ja gar nicht durchgefallen. Wir verhauten die Herold, da sie schon wieder ein Gerücht erfunden hatte. Doch am Abend waren wir alle sehr aufgeregt. Keiner konnte und keiner wollte einschlafen. Herold spannte ihren Strick und schickten Telegramme aus. Auf einmal horchten wir auf. Eine Stimme, sie klang wie die von Gretl: „Stube 1." – „Gretl", riefen wir alle durcheinander und stürmten hinunter. Und noch einmal: „Gretl!" Sie stand vor uns, die Ziehharmonika auf dem Rücken. „Gretl, dass du wieder da bist, liebe Gretl", dachte ich mir.

Nemi!

Ich glaubte immer, sie hat mich nicht lieb, obwohl ich sie

so liebhatte. Doch sie konnte nicht anders und sie sagte mir auch den Grund. Wegen Mitzi Porak – die war schuld an dem Ganzen. Ich mag sie auch am wenigsten in der Stube leiden. Sie ist sehr komisch und versteht keinen Spaß. Und sie redet Nemi allerhand schöne Sachen ein von mir, dass mich Nemi oft einen ganzen Tag nicht anschaut, was mich sehr kränkt. Ich glaube, in manchen Dingen versteht sie mich doch nicht. Hoffentlich bleiben wir gute und liebe Kameraden.

Der Mai ist gekommen

Ja, nun ist er auch da und mit ihm der Besuchstag. Ich musste bei der kleinen Muttertagsfeier ein Gedicht aufsagen. Ich glaubte, dass ich stottern werde, und war sehr aufgeregt vor den vielen Besuchern. Doch es ging auch vorbei und ich patzte nicht.

Musterlager

Gretl sagte, wir müssen das Musterlager werden von allen drei Lagern. Ich bemühe mich ja und Nemi auch. Doch es sind welche darunter, die das alles wie einen Spaß betrachten und sich eine Hetz daraus machen.

Meine Stubenkameradinnen

Elfi: Manchmal ganz nett, ansonsten ein recht komischer Mensch.

Mitzi: Ein guter Teddybär, doch hinterrücks schimpft sie sehr gerne. […]

Nemi: Ein liebes Kind, doch trotzig.

Mausi: sehr, sehr falsch und hinterlistig, an einem Tag verspricht sie einem den Himmel, am anderen spottet sie über mich.

Poldi: Ich glaubte, sie ist mir ein guter Kamerad, doch als ich es erreichte, dass sie von Elfi wegkam, war sie ganz anders. Ich halte es schon gar nicht mehr aus. Ich habe mir die Poldi um vieles anders vorgestellt.

[Sommer 1944]

Die Tommies

Als wir erfuhren, dass Floridsdorf bombardiert wurde, war es ein furchtbarer Schlag für uns. Wir heulten schrecklich, denn es ist furchtbar, man kann sich das gar nicht denken. Ich fürchte alle Tage, dass nächstens meine Eltern nicht mehr leben.

Schwimmen

Gott sei Dank kann ich jetzt schon schwimmen. Ich war ja so glücklich, als ich das erste Mal über die Thaya schwamm und mich ein Mädel vom Trampolin herunterstupste. Ich wäre ganz bestimmt zu feig gewesen, das zu tun. Aber Nemi sagte, ich kann nur ein bisserl schwimmen. Da wollte ich ihr eben zeigen, dass ich es doch kann.

Flieger über Drosendorf

Eine aufregende Sache. Zwei Tage sehen wir jetzt schon hintereinander sehr viele Flieger, aber feindliche. Besau fing gleich zu heulen an und machte uns alle sehr nervös. Auch eine Bombe sah ich fallen. Es war bei Primmersdorf. Und in Autendorf ist auch etwas passiert. Ich war natürlich auch aufgeregt.

[Herbst 1944]

Man sieht, dass der Herbst Einzug gehalten hat. Alles wird anders, die Tage sind kalt und neblig. Die Weintrauben sind auch schon reif.

Gretl ist wieder fort

Im Waschraum erfuhr ich, dass Gretl fortmusste. Wir waren alle sehr erschrocken. Doch Gretl muss ja einmal einen Beruf ergreifen.

Neben Beschreibungen des Lageralltags enthält das Tagebuch von Rosa Zimerits auch NS-affine Gedichte und von der nationalsozialistischen Propaganda geprägte Fotos und Zeichnungen. In einer Zeichnung hielt sie den sogenannten Morgenappell fest, bei dem die Fahne der Hitlerjugend gehisst und Propagandalieder gesungen wurden.

„Morgenappell" – Zeichnung im Tagebuch von Rosa Zimerits (1944)

[Winter 1945]

Ade, mein liebes Drosendorf

Montag war es, wir saßen beim Frühstück, schmausten und wussten gar nicht, was uns Schreckliches bevorstand. Auf einmal hörten wir, wie die Frau Lagerleiterin sagte: „Wir haben heute keine Schule, ihr müsst packen, wir fahren am Mittwoch nach Gars am Kamp." Wie auf Kommando fingen wir alle zum Heulen an. Ich rannte gleich zu Frau Failler und weinte mich an ihrem Mutterherzen aus. Sie weinte bald auch mit. Am Mittwoch kam natürlich das Auto, das unser Gepäck nach Gars schaffen sollte, nicht. So ließen wir alles in Drosendorf. Dann ging es zur Bahn, alle begleiteten uns. Es wurde wirklich ein schwerer Abschied. […] Dann fuhren wir los. In Retz mussten wir uns von Inge Eder verabschieden. In Sigmundsherberg warteten wir fast zwei Stunden auf die Weiterfahrt. Endlich kamen wir in Gars an. Eine große Fremde nahm mir auf einmal meine Schachtel weg. Ich regte mich auf, doch es war eine Führerin. Dann bekamen wir Butterbrote und Tee. Ein paar Tage waren wir in Stube 24. Dann kam ich mit Inge, Luzi, Martha und Liesl in die Stube 15. Ein Balkon war auch drinnen und ein Teppich. Zuerst schaute es furchtbar aus in der Stube. Doch jetzt ist es schon sehr schön. [...]

Fasching

Endlich kam der heißersehnte Tag, der Dienstag. Alle hatten Lampenfieber. Wir hatten zwar schon sehr viel geprobt. Leute schauten ja auch zu. Es wurde aber sehr schön und lustig. [...] Alle waren kostümiert. Es war wunderschön, als alle aufmarschiert sind, überhaupt die zwei Wildwestmänner. Ich war die Annamirl. Mausi blieb die Hofdame. Ich tanzte auch an diesem Abend. Doch leider taten mir die Füße bald weh. Dann bekamen wir Lose. Ich gewann ein Stückerl Wurst. Mausi, Liesl und Martha bekamen ein Glas Kompott, und weil Luzi zwei Sackerl Zuckerl bekam, heulte sie, als wenn das größte Unglück der Welt geschehen wäre.

Wieso komm ich denn hier nicht durch?

Ja, Martha ist ein bedauernswertes Kind. Wir Schlimmen nähten ihr alles zusammen. Zuerst will ich die Hose beschreiben. Erstmal unten, dass sie nicht durchkann. Dann wurde ein Zahnbürstel hineingenäht. Mausi stickte ein Herz mit Pfeil hinein. Ich nähte ihr am Schenkel „Ach Martha" hinein. Im Jackerl nähte Liesel ihr die Schere hinein. Die hat sie heute noch nicht heraußen. Heute gehen wir ins Kino. Ich bin neugierig, was sie uns zu Fleiß machen wird. Sie hat auch geweint, die Arme. Zuhalten tun wir ihr auch immer. Heute haben wir Wasser auf sie geschüttet. Ich denke mir ja immer: Gott sei Dank muss ich nicht draußen stehn und kann nicht herein.

Kurz vor Kriegsende schildert die Schreiberin, dass die Lagergemeinschaft nach Westen fliehen musste, einerseits vor der heranahenden Sowjetarmee, andererseits, weil das KLV-Lager in Gars in ein Lazarett umgewandelt wurde. Die sehr beschwerliche Reise, auf der die Kinder und ihre Begleiterinnen unter anderem auch Tieffliegerangriffen ausgesetzt waren, endete schließlich in Oberaudorf (Bayern).

[Frühjahr 1945]

Endlich kamen wir in Oberaudorf an. Ganz müde, auch Hunger, aber noch mehr Schlaf.

Den ersten Tag war ich mit Adi Mudra in einer Stube. Wir schliefen wie die Ratzen*. Dann kam ich mit Marianne und Regie zusammen Wir hatten uns gut vertragen. Dann kamen die Amerikaner und mit ihnen der Frieden. Da mussten die Leute unten im Dorf ausziehen, weil die Amerikaner besetzten. [...] Wir bekamen vom Lager drei Hoserln und ein Paar Kniestrümpfe. Jeden Sonntag eine gute Nachspeise. Das Essen ist ganz gut. Nur am Abend die Suppe war schrecklich.

Es heißt, ein vierblättriger Klee soll Glück bringen. Hoffentlich bringt er mir auch Glück und ich darf bald zusammenpacken und zu meinen Lieben heimreisen.

Wieder ein bisschen Schule

Zwar nicht viel, doch mir ist es genug. Wir sekkieren die Lehrkräfte sowieso nur schrecklich. Eine Nachschrift* machten wir schon. In Rechnen. Naturgeschichte, Raumlehre haben wir mit Frau Kramer, Deutsch und Englisch mit Frau Fachlehrerin Hanke.

Frieden am 8. Mai

Wenn auch wir Deutschen nicht gesiegt hatten, so hatten wir doch eine große Freude, dass nun kein Blut mehr umsonst fließen sollte. Auch die Fliegerangriffe hörten ja auf.

Amerikaner

Nun sind sie schon sehr lange hier. Sie sind bestimmt sehr nett, ich hab es mir ganz anders vorgestellt. Sie geben den Kindern Essen. Auch betreiben sie viel Sport. Es sind auch Soldaten dabei, die aussehen wie Deutsche. Hier in Oberaudorf sah ich zum ersten Mal einen Neger*. Die Amerikaner sind sehr freundlich, sie grüßen sogar uns auf der Straße.

Ende September 1945 erfolgte – nach kurzem Aufenthalt in Bad Ischl (Oberösterreich) und Bad Fusch (Salzburg) – die lang ersehnte Rückkehr nach Wien.

Ingeborg Winkler

wurde am 2. September 1931 geboren und wuchs in Wien-Floridsdorf auf. Ihr Vater arbeitete als Werkmeister, ihre Mutter war vor der Eheschließung als Manipulantin beschäftigt. Im Zweiten Weltkrieg wurde der Vater zum Kriegsdienst nach Frankreich eingezogen und galt, wie sich der Korrespondenz zwischen Mutter und Tochter entnehmen lässt, zwischenzeitlich als vermisst.

Im Winter 1944 nahm Ingeborg Winkler gemeinsam mit ihrer Hauptschulklasse an der Erweiterten Kinderlandverschickung teil. Mit dem Zug fuhren die Mädchen und ihre Lehrkräfte nach Drosendorf im nördlichen Niederösterreich und kamen dort in einem Gasthof unter. Nach etwa einem Jahr übersiedelte das Lager nach Gars am Kamp (Niederösterreich), bis im Frühjahr 1945 die Flucht nach Bayern erfolgte. Erst im Herbst desselben Jahres kehrten die Mädchen nach Wien zurück.

Nach dem Abschluss der Hauptschule absolvierte Ingeborg Winkler eine Lehre als Kleidermacherin und arbeitete im Laufe ihres Erwerbslebens in mehreren Schneidereien. Anfang der 1950er Jahre heiratete sie und wurde Mutter eines Sohnes.

Ihr Nachlass wird in der Sammlung Frauennachlässe am Institut für Geschichte der Universität Wien aufbewahrt (Signatur SFN NL 237) und umfasst unter anderem ein aus fünf Schulheften bestehendes Tagebuch, das sie während ihres KLV-Aufenthalts geführt hat. Die Tatsache, dass auch ihre Lagerkameradinnen – wie die ebenfalls in diesem Band vertretene Rosa Zimerits (siehe den vorangegangenen Beitrag) – diaristische Aufzeichnungen führten, lässt vermuten, dass die Mädchen von den Erzieherinnen im Lager zum Tagebuchschreiben angehalten wurden. Die Originalaufzeichnungen von Ingeborg Winkler enthalten keine exakten Datierungen; zur leichteren Orientierung wurden ungefähre zeitliche Einordnungen der hier angeführten Tagebuchausschnitte in eckigen Klammern vorgenommen. Die Verfasserin verstarb am 8. Jänner 2015 in Wien; für ihren Nachnamen wird in diesem Beitrag ein Pseudonym verwendet.

Die Inhalte des mit vielen Zeichnungen und Verzierungen versehenen Tagebuchs sind überaus vielfältig. So berichtet die junge Schreiberin etwa von Interaktionen mit ihren Lagerkameradinnen und der Lagermädelführerin „Gretl", vom Schulunterricht und der Freizeitgestaltung, von Ritualen und Feiern, bei denen zuweilen nationalsozialistisches Gedankengut vermittelt wurde, vom Erntedienst, aber auch von Kriegsgeschehnissen und der Sorge um ihre Familie.

„Es ist schön fortzufahren, heimkehren ist noch schöner"

[Frühling 1944]

Verlegung

An einem Samstag saßen wir im Garten und schrieben Briefe an die Front, da sagte Gretl zu uns, dass wir verlegt werden. Da sagte sie, ich sollte mit Poldi, Friedl und Elfi in die 9. Stube. Ich fing gleich an zu weinen, denn ich wollte nicht zu Elfi, denn wir hatten erst gestritten. Die Poldi tröstete mich. Rosi, Nemi und Mitzi kamen in die 15. Stube. Jetzt gefällt es mir schon besser in der 9. Stube, denn wir haben umgestellt.

Muttertag

Am Sonntag in der Früh gingen wir zur Fahne. Zuerst hissten wir sie, dann sangen wir „Setzt ihr euren Helden Steine", danach las uns die Gretl ein Gedicht vor. Dann sangen wir „Mütter, euch sind alle Feuer". Die Gretl las einen Brief von einem jungen Soldaten vor. Zum Schluss sangen wir „Deutschland, Deutschland". Dann sagte die Gretl noch, wir sollen heute am Muttertag sehr fest an unsere Mütter denken.

Freistein

Am Pfingstsonntag gingen wir nach Freistein. [...] Ein paar Mädel von der hiesigen Hitlerjugend gingen mit. Als wir dort ankamen, besuchten wir das KLV-Lager von den Knaben. Mit ihnen gingen wir dann auf die Ruine. Dort oben angekommen, aßen wir unsere Orangen. Dann sangen wir den Jungen einige Lieder vor. Später gingen wir wieder ins Dorf hinunter. [...] Wir packten unseren Rucksack aus und fingen zu essen an. Nach dem Essen gingen wir auf den Schulhof und machten ein Völkerballspiel: Drosendorf gegen Emmersdorf. Wir gingen dann später auf die Ruine und besichtigten sie erst richtig. Am Abend gingen wir nach Hause. Es spielte im Kino „Sophienhund", aber wir durften nicht gehen.

[Sommer 1944]

Landdienst

Wir waren auch schon beim Landdienst, wir halfen der Frau Schneider Mohn vereinzeln. Die Frau schimpfte manchmal, wenn ein paar weit vorne waren. Aber zum Schluss bekamen wir von ihr ein weißes Schmalzbrot und ein Kracherl*.

Badetag

Wir bettelten Gretl so lang, bis wir endlich in die Thaya baden gingen. Aber man konnte fast gar nicht stehen, so große Steine sind dort. Die Hoffmann Trude wäre bald ertrunken. Wir gingen über die Wehr.

Fliegerangriff

Als die Mädchen vom Valerienheim einmal ganz verweint in die Schule kamen, dachten wir gleich, es wäre in Wien etwas passiert. Nachmittags erfuhren wir, was alles zerstört wurde. Am nächsten Tag kam ein Lebenszeichen*. Das ging noch gut aus, aber nächste Woche war wieder Fliegeralarm und [erst] nach langem kam ein Lebenszeichen.

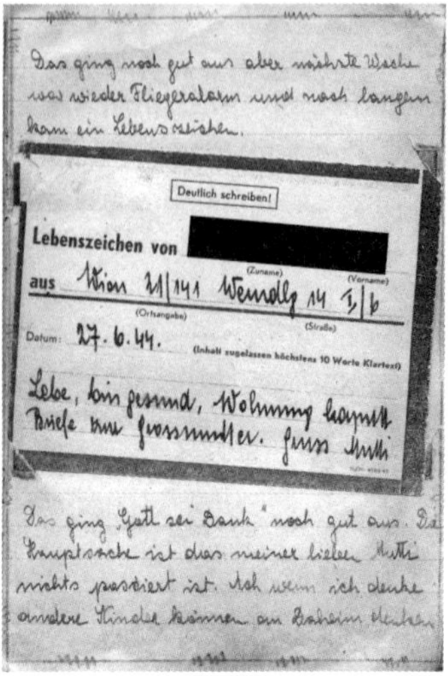
Das ging noch gut aus aber nächste Woche war wieder Fliegeralarm und nach langem kam ein Lebenszeichen.

Deutlich schreiben!

Lebenszeichen von [redacted] (Zuname) (Vorname)

aus Wien 21/141 Wendlg 14 I/6 (Ortsangabe) (Straße)

Datum: 27.6.44. (Inhalt zugelassen höchstens 10 Worte Klartext)

Lebe, bin gesund, Wohnung kaputt Briefe an Grossmutter. Gruss Mutti

Das ging „Gott sei Dank" noch gut aus. Die Hauptsache ist dass meiner lieben Mutti nichts passiert ist. Ach wenn ich denke andere Kinder können an Daheim denken

„Lebenszeichen“ aus dem Tagebuch von Ingeborg Winkler (1944)

Das ging „Gott sei Dank“ noch gut aus. Die Hauptsache ist, dass meiner lieben Mutti nichts passiert ist. Ach, wenn ich denke, andere Kinder können an Daheim denken. Woran soll denn ich hier denken, ich habe kein Daheim und keine Wohnung, wo ich wohnen könnte. Wenn es nicht doch auf der Erde liebe Leute gebe, stünde ich mit meiner Mutter allein auf der Welt. Dazu haben wir dieses Lied gedichtet:

Hörst du mein heimliches Fluchen?
Heute Nacht war Fliegeralarm,
hab die ganze Nacht im Keller zugebracht,
im Bettchen wär’s nochmal so warm.

Tommy, ach Tommy, flieg weiter,
lass uns doch endlich in Ruh,
sonst holt dich die Flak* vom Himmel noch herab,
Tommy, ach Tommy, zieh ab.

Hörst du von Duisburg Sirenen?
Feindliche Flieger im Licht,
habt ihr heute Nacht auch Bomben mitgebracht,
aber abwerfen dürft ihr sie nicht.

Wir fahren nach Wien!

„Wir haben drei Wochen Urlaub", schallt es durch das ganze Haus. Wir freuen uns schon alle auf den Urlaub. Am 19. Juli ging der letzte Transport, wo auch ich dabei war. Die Gretl und ein paar andere Mädchen fuhren mit uns bis Zissersdorf auf Ernteeinsatz. Auf den Zug klebten wir ein Plakat mit der Aufschrift „Es geht heim nach Wien". […]

Bockerlsammeln*

Wir gehen bereits jeden Tag Bockerlsammeln. Damit wir es im Winter recht warm haben. Einmal, als wir vom Bockerlsammeln nach Hause gingen, hörten wir ein sonderbares Geräusch in der Luft. Elfi und ich waren schon weit vorne. Elfi schrie auf einmal „Da schau" und zeigte auf den Himmel. Ich sah hinauf und sah lauter feindliche Flugzeuge über uns fliegen, die sehr stark in der Sonne blitzten. Auf einmal hörten wir einen starken Knall. Später erfuhren wir dann von den Mädchen, dass eine Bombe niedergegangen sei. Aber in den Wald. Elfi und ich krochen erst hinter dem Baum hervor, als das Brummen etwas nachgelassen hatte.

Erntedienst

Heute müssen wir für Herrn Resl Steine klauben. Keine sehr schöne Arbeit. Greti, Rosi und ich versteckten uns hinter einem Maisfeld. Aber die neue Lehrerin kam uns dahinter. Also mussten wir doch weiterarbeiten. Auf einmal hörten wir ein Brummen in der Luft. Die Frau Lehrerin beruhigte uns und sagte, dass sei die Dreschmaschine, aber wir glaubten es nicht. Da kamen vier Frauen, die ins Bad gehen wollten. Wir fragten sie, ob die Dreschmaschine ginge, sie sagten: „Nein, Kinder, das sind ja die feindlichen Flieger, die waren am Vormittag in Wien. Geht geschwind vom Feld weg und setzt euch unter die Bäume." Dann gingen sie weiter. Wir hatten große Angst. Also ist schon wieder was los in Wien.

[Herbst 1944]

Mein Geburtstag

Als ich die Augen nicht mal ein bisschen offen hatte, gab mir auch schon Elfi die Hand und wünschte mir alles Gute zum Geburtstag. Dann fing sie zum Singen an: „Wisst ihr, wer Geburtstag hat, uns're liebe Ingi. Sie soll brav und fleißig sein, dass die Mutter sich kann freun. Lange, lange soll sie leben, unsere liebe Ingi!" Auf dem Tisch standen ein Blumenstrauß, Karten, Briefpapier, Zuckerln und Äpfel. Von Luzi bekam ich Zuckerln. Beim Frühstück wünschten mir Frau Fachlehrerin Frank und Gretl alles Gute. Nachher ging ich mit Elfi, Hitti und Marianne in den Garten, dort spielten sie Mikado. Ich sah zu. Zu Mittag bekam ich zwei Stückchen Fleisch. Nach dem Mittagessen begleiteten wir Frau Fachlehrerin Frank [...] zur Bahn. In der Lagerruhe lasen und aßen wir. Denn ich hatte von Mutti ein Geburtstagspaket erhalten. Nach der Jause gingen wir gruppenweise zum Kreuz nach Autendorf. Dort trafen wir alle zusammen und dann gingen wir geschlossen ins Lager zurück. Am Abend gingen wir ins Kino. Nach der Nachtruhe sang ich: „Und wieder geht ein schöner Tag zu Ende!"

20-Kilometer-Marsch

Geras – oh je, vier Bahnstationen: Drosendorf, Zissersdorf, Johannesthal und Geras, unser Ziel. Ich dachte mir „Das wird ja schön werden, zehn Kilometer hin und zehn Kilometer zurück." Aber es ging doch. Durch Drosendorf marschierten wir mit unseren weißen Blusen, blauen BDM*-Röcken, Knoten und Tuch. Beim letzten Haus machten wir halt und wanderten aufgelöst bis Zissersdorf. Durch das Dorf marschierten wir singend. Auf der Landstraße gingen wir wieder aufgelöst. Da kam uns ein kleines Mädchen entgegen. Gretl fragte, ob es eine Abkürzung durch den Wald gebe, sie zeigte über ein Feld zum Wald. Wir wanderten lustig und frohen Mutes dem Wald entgegen. Wir fanden im Wald jedoch keinen Weg, so gingen wir am Waldesrand weiter. Auf einem Feld trafen wir einen Bauern, der sagte, wenn wir vom Weg auf die Straße wandern, so kämen wir nach Geras. Nach langem kamen wir endlich in Geras an. Wir besuchten das KLV-Lager, das dort weilte. Wir blieben ein bisschen mit ihnen zusammen. Aber wir konnten nicht lange bleiben, da es schon sehr spät war. Am Rückweg kam gerade ein Wagen von einem Feld, auf den wir aufsteigen durften. Wir fuhren damit bis Zissersdorf. Die Ersten und Letzten waren sehr böse auf uns, weil wir am Wagen gesessen sind. Von Zissersdorf aus marschierten wir bis Drosendorf. Wir waren sehr müde, als wir nach Hause kamen.

Besuchstag

Wir marschierten zum Bahnhof. Wir sangen ein paar Lieder, dann kam schon der Zug angebraust. Ich sah meine Mama schon von weitem. Viele bekamen keinen Besuch, darunter auch die Friedl. Als wir nach Hause kamen, erzählten uns die Mädels, dass schon der Kuckuck* gerufen hat. Manche Mütter waren schon aufgeregt. Elfi erzählte mir begeistert, dass sie rückgeführt* wird. Meine Mutti hat mir sehr viel gebracht: Wir gingen dann alle drei auf die Winterpromenade. Als mit dem 5-Uhr-Zug Eltern kamen, erzählten sie, dass in Wien ein Angriff war. Es war der größte, der bis jetzt auf Wien war. Alle Bezirke bekamen bei diesem Angriff etwas ab. Aber leider fuhr der Zug allzu bald weg […]

Das Tagebuch diente Ingeborg Winkler auch dazu, Erinnerungen an ihre Lagerkameradinnen und Erzieherinnen zu sammeln. Die Aufzeichnungen sind teilweise wie ein Poesiealbum gestaltet und enthalten unter anderem Grußkarten, Fotos, kleine selbstgebastelte Tischkärtchen und Geschenke. Neben diesen Erinnerungsobjekten weist das Tagebuch auch nationalsozialistisch geprägte Bemerkungen, Lieder und Gedichte auf.

Poesiealbumartiger Eintrag aus dem Tagebuch von Ingeborg Winkler (1944)

Anfang 1945 wurde das KLV-Lager von Inge Winkler nach Gars am Kamp verlegt. Als die Unterkunft im April in ein Lazarett umfunktioniert wurde, begaben sich die Erzieherinnen mit den Mädchen auf die Flucht vor der heranrückenden Sowjetarmee.

[April 1944]

Ade, mein liebes Gars

Wir müssen von Gars weg, da unser Lager „Kamptalhof" ein Lazarett wird. Nun heißt es packen, aber wir bringen nicht alles unter, so müssen wir sehr viel zurücklassen. Am Freitag, 6. April, in der Frühe ging es los. Im Viehwaggon fuhren wir bis nach Rohrendorf – eine Station vor Krems. Wir mussten aber aussteigen, denn die Strecke von Krems nach Rohrendorf ist sehr beschädigt. Wir mussten bis Krems marschieren. Singend zogen wir durch die Stadt, aber bald verging uns das Singen, denn wir sahen, wie die Häuser durch Bomben zerstört waren. Im Hofbräukeller bekamen wir eine Suppe zu essen und ein Lager zum

Propagandagedicht aus dem Tagebuch von Ingeborg Winkler (1944)

Schlafen. Wir erfuhren, dass wir mit einem Schiff nach Linz fahren würden. Alle hatten große Freude. Um 3 Uhr gingen wir zur Schiffsstation, mussten aber zwei Stunden warten, bis wir drankamen. Am Weg verstauchte ich mir dreimal den Fuß. Wir bekamen einen kleinen Raum für 180 Personen. Es war gerade Platz zum Sitzen. Das Schiff fuhr ein Stückchen und blieb dann wieder stehen, denn es wurden verwundete Soldaten eingeladen.

Die ganze Nacht standen wir, erst um 3 Uhr in der Frühe fuhren wir weiter. Am Tag sahen wir an der linken Seite ein brennendes Schiff. Wir sollten bis Linz fahren und dort würde uns dann gesagt werden, wo wir hinkämen. Das Schiff kam um 10 Uhr in Linz an. Wir stiegen nicht aus, sondern es stiegen noch zwölf Buben und eine Führerin ein. Wir waren wie die Heringe geschlichtet. Ich und noch ein paar andere gingen aufs Deck schlafen. In der Nacht wurde es kalt, und so ging ich hinunter. Ich schlief dann auf einer Stiege weiter. Ich glaubte, wir stiegen in Linz aus, daher aß ich mein letztes Brot auf. Aber wir fuhren bis Passau, so hatte ich die nächsten Tage nichts zu essen. […] Drei Tage und drei Nächte verbrachten wir auf dem Schiff, im Ganzen 64 Stunden von Krems bis Passau, auf dem Schiff „Franz Schubert".

Am Montag in der Frühe gingen wir zu einer Unterkunftsstelle in Passau, dort bekamen wir ein doppeltes Brot und einen Tee. Dann saßen wir bis Mittag. Zu Mittag bekamen wir eine Suppe und ein Brot. Nach dem Essen gingen wir ins Freie in die Sonne. Auf einmal tönte die Sirene „Voralarm". Wir gingen wieder hinein […], aber bald ertönte dann wieder Entwarnung. Das ging fünfmal so. Als wir gerade wieder auf der Wiese lagen, flogen zwei Jäger über uns. Da wurde auch schon Fliegeralarm gegeben. Die Flieger hatten uns bemerkt und schossen mit Bordwaffen auf uns. Wir flüchteten geschwind in Häuser. Am Abend bekamen wir wieder Brot und Tee. Die Nacht verbrachten wir dann noch im Nibelungensaal. Am Morgen fuhren wir mit der Bahn nach Deggendorf weiter. […]

Nach einem mehrmonatigen Aufenthalt in Bayern berichtet Ingeborg Winkler in ihrem letzten Tagebucheintrag über die lang ersehnte Heimkehr nach Wien.

[Herbst 1945]

Heim nach Wien!
Diese Freude, wir fuhren mit Autos zur Bahn, unser Zug stand schon und wartete auf uns. In Salzburg kamen viele Waggons und Kinder dazu.

Am Bahnhof standen viele Amerikaner, die schenkten manchen von uns etwas. […] In Linz kamen wir spät in der Nacht an. […] Am nächsten Morgen gingen wir ein bisschen vor unseren Waggons auf und ab. […] Bald darauf setzte sich der Zug in Bewegung, um bald wieder stehen zu bleiben, denn wir wurden abgekoppelt und der Flüchtlingszug wurde an unseren angeschlossen. […] In St. Valentin bekamen wir Sardinen und Brot. Wir hofften, noch am Abend in Wien zu sein, aber leider nein. Auf einmal standen wir still, unsere Lok fuhr ohne uns fort, und so standen wir die ganze Nacht auf offener Strecke. Am nächsten Morgen kam die Lok wieder und wir fuhren weiter, immer näher Wien zu: Eichgraben,

Hütteldorf, Baumgarten, und da sahen wir auch schon die Gloriette, oh, war das ein Hallo.

Immer näher kamen wir dem Westbahnhof, und da fuhren wir auch schon ein. Der Zug musste auf drei Teile aufgeteilt werden, so lang war er. Vom Roten Kreuz bekamen wir Brot und Semmeln und Tee oder Kaffee. Dann stellten wir uns dorthin, wo wir hingehörten, denn immer ein Stückchen entfernt standen Frauen mit einer Tafel, wo der Bezirk draufstand. Ich stellte mich zum 20. Bezirk. Da fing es zu hageln an, und noch dazu sehr stark. Na, schön wurden wir in Wien empfangen. Draußen fuhren Autos vor, und nach und nach wurden wir immer weniger. Ganz zum Schluss kamen wir dran. Wir fuhren über die Mariahilfer Straße. Sie war ganz leer, denn es war ja Sonntag. In der Karmelitergasse angekommen, warteten ein paar Eltern, Mama war nicht da.

Wir mussten hinauf in den dritten Stock in ein Zimmer. Dort mussten wir auf die Eltern warten, die von einigen Frauen verständigt wurden. Jemand kam zu mir und sagte, Mama wohne nicht mehr in der Kunzgasse, aber sie lebe. Mama wohne jetzt in der Floridsdorfer Hauptstraße. Ich bat, sie sollen mich hinfahren lassen, denn ich wollte schon heute bei ihr sein. […] Da fuhr eine Frau mit mir nach Floridsdorf. Dort wohnte Mama auch nicht mehr; sie sei umgezogen in den 15. Bezirk, sagte eine freundliche Frau und gab uns die Adresse. „Papa ist schon da“, sagte sie. […] Dann fuhren wir in den 15. Bezirk.

Vor einem schönen Haus in der Hütteldorfer Straße blieben wir stehen und die Frau sagte: „Ein schönes Haus, hoffentlich haben wir jetzt Glück.“ Im dritten Stock, Tür 13, läuteten wir. Da machte Papa auf. Das war eine Überraschung, vor Glück weinte ich und fiel ihm in die Arme. […] Mama war nicht zu Hause. Sie kam später. Ich war grad im Zimmer, da kam sie bei der Tür herein. Sie rief: „Mein Mauserl, jetzt ist alles gut.“ Dann bekam sie einen Weinkrampf und wir mussten sie beruhigen. Ach, war das ein Gefühl, zu Hause zu sein. Ich habe mir geschworen, nie mehr fortzufahren von meiner Mama. Es ist schön fortzufahren, heimkehren ist noch schöner.

Hermine Mayer

wurde am 27. August 1931 als Hermine Hektor in Wien geboren und wuchs als Einzelkind in Wien-Simmering auf. Ihr Vater war Postbeamter, die Mutter arbeitete als Geschäftsfrau am Naschmarkt. Während des Zweiten Weltkriegs wurde der Vater zum Kriegsdienst eingezogen. Die Mutter starb 1943, weshalb das Mädchen fortan bei der Großmutter lebte.

Im Jänner 1944 wurde die Hauptschule, die Hermine Hektor besuchte, in ein KLV-Lager nach Krimml (Salzburg) verlegt, im Sommer erfolgte dann ein Umzug nach Zell am See. Im selben Jahr erhielt sie die Nachricht, dass ihr Vater gefallen war.

In den letzten Monaten ihres Lageraufenthalts führte die Wienerin ein Tagebuch mit der Absicht, die wichtigsten Erlebnisse ihrer KLV-Zeit für sich selbst und ihre Großmutter festzuhalten. Das Tagebuch beginnt erst kurz nach Kriegsende, enthält aber auch einige Rückblenden in das Jahr 1944. Auf ca. 150 handgeschriebenen Seiten schildert die Verfasserin den Alltag im KLV-Lager. Sie berichtet unter anderem von Ausflügen in die nahe Umgebung, von ihren Erzieherinnen und Stubenkolleginnen und der Versorgungslage, vor allem aber auch von ihrem Wunsch, endlich nach Hause zurückzukehren.

Die ersehnte Heimkehr nach Wien erfolgte im Herbst 1945 auf Umwegen. Nach Abschluss der Hauptschule und einer Handelsakademie arbeitete Hermine Mayer bis zu ihrer Pensionierung in einer Versicherungsanstalt, in der sie zur Abteilungsdirektorin aufstieg. 1953 heiratete sie und wurde Mutter von zwei Töchtern.

Hermine Mayer verstarb im August 2021 wenige Tage nach ihrem 90. Geburtstag.

Hermine Mayer, geb. Hektor, mit Cousin und Cousine im Garten des Elternhauses in Wien-Simmering (1940)

„Wer weiß, ob ich zu Hause schon so viel könnte?“

Zell, den 23. Mai 1945

16 Monate sind es nun bald genau,
dass wir sind in der KLV.
Schön ist diese Zeit gewesen.
Später werde ich dann in diesen Blättern lesen,
was wir den ganzen Tag gemacht,
welch Freud' und Leid sie uns gebracht.
Ich schreibe hinein die großen und kleinen Sachen.
Einmal soll es mir wieder Freude machen,
in diesem Heft nachzuschlagen
und zu lesen aus schönen KLV-Tagen.
Nun fange ich frisch zu schreiben an,
so lang, bis ich nichts mehr hineinbringen kann.

Sonntag, 27. Mai 1945

[...] Ich will nun versuchen, in meinem Tagebuch mein ganzes Lagerleben kurz festzuhalten. Zuerst meine wichtigsten Erlebnisse aus dem Krimmlerhof, an den ich mich wohl am liebsten erinnere. Wenn ich dann wirklich heimkomme, will ich das Heft Großmutter geben, um ihr Freude zu machen. Dann werden wir uns am Abend zusammensetzen und ich werde erzählen; erzählen von allem, was ich erlebte. Ich glaube, es wird recht schön werden. Wenn nur alle meine Träume dann nicht doch am Ende in ein Nichts zerfallen und ich in Wien vor den Gräbern meiner Lieben stehe. Doch ich darf nicht so denken, es ist ja einfach unmöglich.

Zu Beginn des Tagebuchs blickt die Schreiberin auf bisherige Erlebnisse zurück, unter anderem auf den Abschied von zu Hause, ihre Ankunft im ersten KLV-Lager sowie Ostern 1945 und das Kriegsende, das sie mit gemischten Gefühlen erlebte.

[Mai 1945]

Meine Lagerzeit in Krimml

Am 25. Jänner 1944, um halb 7, trafen wir uns vor dem Westbahnhof beim Sommerpavillon. Es herrschte heilloses Durcheinander. Endlich fand ich ein paar Klassenkameradinnen. Ich war mit Großmutter, Anna-Tante und Hans-Onkel gekommen. Bald wurden wir eingelassen. Unser Zug wartete schon. Als wir unseren Waggon gefunden hatten, stieg ich schnell ein und besetzte für Gerti und mich einen Platz. Dann drängte ich mich zum Fenster, denn draußen standen meine Lieben. Nach einem herzlichen Abschied begann unser Zug um 8 Uhr 15 abends aus der Halle zu rollen. Rattata ... rattata ... – endlos, bis ungefähr um 8 Uhr Früh, als wir in Zell am See ankamen. Geschwind stiegen wir in das „Krimmler Bähnle" um und bald rollten wir wieder weiter unserem Ziele zu. Es schneite in dichten Flocken, man sah keine Berge und Dörfer, nur Schnee. Recht langsam pfauchte der Zug vorwärts.

Endlich, um 12 Uhr 30 hatten wir Krimml erreicht. Mein Gepäck hatte ich kurzerhand auf einen bereitstehenden Schlitten geladen und zog nun fröhlich mit meinen Kameradinnen los. Aber die Straße zog sich und zog sich, ich glaubte schon, wir kommen gar nicht mehr an unser Ziel. Endlich hatten wir das Lager erreicht. Doch welche Enttäuschung. Ganz schneeblind von draußen kam uns alles noch muffiger und düsterer vor. Da wir noch dazu vom Keller reingingen, war der erste Eindruck der denkbar schlechteste. Und noch dazu kam das Essen, das uns vorgesetzt wurde. Zuerst eine Fruchtsuppe – na pfui Teufel –, dazu eine Ohrfeige von Frau Lehrerin Peschke, weil ich sie nicht essen wollte (dabei wurde sie kurz darauf für ungenießbar erklärt und mit Saukübeln wieder abgesammelt) – ich hatte meine Meinung weg. Wir setzten uns in einem Winkel zusammen und ich heulte fast vor Wut.

Im Laufe des Nachmittags suchte ich für uns ein Zimmer. Im letzten Stock, im letzten Winkel fand ich auch ein recht kleines, in dem – oh Wunder – sogar zwei Betten und eine Couch waren. Ich holte also alle rauf und wir machten es uns so bequem als möglich. Abgesehen davon, dass es saukalt war, die Fenster nur mit Papierfetzen verkleidet waren, war es ja schön. Wir glaubten, dass es schon ziemlich spät sei, und gingen zum Speisesaal hinunter. Wir kamen auch gerade zum Abendbrot zurecht. Da bei den Tischen kein Platz war, setzten wir uns eben unter den Tisch. Das Essen schmeckte mir nicht, das Weinen steckte mir im Hals. Ich hatte recht Heimweh. Wir dachten alle ernstlich ans Auskneifen*. Das Lager war ja wirklich in einem unmöglichen Zustand. 47 Betten standen 150 Leuten zur Verfügung! Keine Einrichtung, alles zertrümmert, verwahrlost, na danke. Die Nacht verbrachten wir denkbar schlecht, ich fror wie ein nasser Pudel. Am nächsten Morgen gab es erst um 10 Uhr Frühstück. Mir knurrte schon bedenklich der Magen. Doch trotz allem, die Zeit verging und es wurde besser. Wir zogen in den ersten Stock hinunter, bekamen acht Strohsäcke und unsere Klasse aus Wien vereinigte sich wieder. Bald gingen wir mit unserem Lagerleiter zum Wasserfall. Es war wunderschön. Die Tage liefen dahin, wir bekamen Betten, Spinde, bald waren wir gerne dort. […]

Ostern 1945
1. und 2. April. Voriges Jahr war es viel schöner. Heuer war überhaupt nichts los. Ich wüsste nicht, was ich Bemerkenswertes von Ostern einschreiben könnte. Briefstunde, Freizeit und freien Ausgang hatten wir, gutes Essen bekamen wir und Äpfel, Zuckerl und Keks waren das Ostergeschenk. Am Ostermontag war noch weniger los. Wir bekamen die Nachricht, dass die Russen vor Wien stehen. Bangend verbrachten wir die Tage, verfolgten gespannt das Vordringen des Feindes. Bald war Wien in Feindeshand. Tag und Nacht dachte ich an meine Lieben. Ich hatte richtig Angst um alle. Wenn sie nur am Leben geblieben sind!

Dann war eine Zeit lang alles beim Alten, bis der Amerikaner auch unseren Gau bedrohte. Wir richteten alles für eine eventuelle Flucht her. Doch so weit sollte es nicht kommen. Der Feind stand in Leogang, als Waffenstillstand ausgerufen wurde. Einige Tage danach kamen dann auch die Amerikaner zu uns. Unser Lager gefiel ihnen und wir flogen raus. So hat auch diese Lagerzeit für uns ein Ende genommen. Aber es wäre bestimmt nicht so schnell so weit gekommen, wenn unser Führer am Leben geblieben wäre. […] Am 10. Mai bekamen wir die Villa Freiberg als unser neues Heim zugewiesen. Dort schaute es wüst aus. […] Nun fühlen wir uns hier ganz wohl, wir warten nur mehr auf das Heimfahren. Das ist jetzt unser einziger und größter Wunsch. […]

Nach der Übersiedlung auf den Pinzgauerhof in Zell am See und schließlich in die Villa Freiberg kamen die Mädchen im Juli 1945 in ein Sammellager in Bad Fusch (Salzburg). Als Hermine Hektor über mehrere Wochen hinweg keine Post von ihrer Großmutter erhält, wächst ihre Sorge um sie.

Freitag, 11. Juli 1945

Heute ist recht fades Wetter. Ich benütze daher den Vormittag, um mein Tagebuch weiterzuführen. Unser Zimmer gefällt mir jetzt schon recht gut. Aber gestern haben wir geflucht! Wir sollten zuerst zwei Doppelbetten bekommen, was mir aber absolut nicht recht war. Jetzt haben wir doch nur eines, in dem Mopsi und Lia liegen, und einen Einsatz auf dem anderen, wodurch eine feine Couch entstanden ist. Ich liege mit Luzi zusammen auf einem. Aber da er recht breit ist, ist kein Platzmangel. Heute mussten wir uns schon sehr ärgern. Am Morgen standen wir wie gewöhnlich gleich nach dem Wecken auf und machten unsere Stube fertig. Frau Richter lobte uns, weil wir recht flink waren. Nach dem Frühstück mussten Mopsi und ich das ganze Geschirr abwaschen. Natürlich mit eiskaltem Wasser. Wir schimpften nicht wenig dabei. Nachher kam die Richter zu uns und sagte, wir wären ein verlässliches Zimmer und sollten daher statt einem anderen Zimmer diese Woche Flurdienst machen. „Aha", dachten wir, „daher weht der Wind und darum sind wir ‚das liebe Zimmer'." Wir wüteten, aber es half ja nichts, und so gingen wir an die Arbeit. Dazu kam, dass wir aufwaschen auch noch mussten. Dabei konnte jeden Moment schon der inspizierende Amerikaner kommen. Ich wusch in meinem Eifer gleich einen Fetzen kaputt. Aber fertig wurden wir doch nicht. Nun ist aber alles getan und ich kann in Frieden schreiben.

Eines ist auch noch eine Wohltat: nämlich, dass unsere Stube jetzt reine Köpfe hat. Das war aber keine Kleinigkeit. Ich hatte drei Mädel zum Nachschauen. Da musste man jede Haarsträhne wegen Nissen untersuchen. Doch nun ist es Gott sei Dank vorbei. Bei diesem schönen Geschäft habe ich so nebenbei auch etwas erwischt und Mopsi hat mir gestern und

Vorbereitung zur Essensausgabe im Lager, Zeichnung von Hermine Mayer, geb. Hektor (1945)

vorgestern einige Nissen heruntergefangen. Aber ich glaube, ich bin jetzt alle los.

Jetzt wieder von anderem. Wir müssen jeden Tag die Zimmer feucht auswischen. Gestern hat die Luzi wieder eine Karte von ihrer Mutti bekommen. Ich habe schon so viel Angst um Großmutter, weil sie immer noch nichts hören lässt. Hoffentlich ist nichts geschehen. Wenn wir nur endlich heimfahren könnten! Wir bekommen das Essen von der Gemeinschaftsverpflegung. Es ist gut, aber ich könnte wirklich mehr vertragen. Abends bekommen wir 20 Deka Brot als Abendessen und Frühstück. Der Schweizerhof ist nun auch schon da. Die Mädel wohnen gegenüber von uns im Posthaus. Sie haben es auch nicht schöner als wir. Das Essen bekommen sie mit uns. Wir haben wieder einen Proviant, diesmal ist es ein Reiseproviant: ein Kilo Zucker, zwei große und eine kleine Fleischdose. Ich möchte sie gerne heimbringen. Frau Lehrerin Sturmmeier hat gesagt, wenn alles in Ordnung bleibt und geht, dann kommen wir ungefähr in 14 Tagen heim.

Jetzt sind wir schon fast eineinhalb Jahre da. Ich glaube, das wäre schon lange genug. Heute habe ich zwei Pulver gegen Verstopfung von Schwester Ruth bekommen, weil ich immer so Bauchschneiden habe. Vielleicht hilft das. Zeit wäre es schon, denn das ist scheußlich. Ich kann mich gar nicht ordentlich bewegen. Wir sind hier eigentlich in einem Sammellager, damit der Abtransport dann leichter geht. Wir essen da immer so spät. Das ist recht dumm, aber nicht zu ändern. Im Stock über uns kommt noch ein Lager hin. Nun gehen wir dann drei Stöcke auf ein Klo. Da kann man schön lange Schlange stehen.

20. Juli 1945

Damit ein bisschen Abwechslung herrscht, regnete es heute wieder und nun ist es trüb. 32 Mädel von uns müssen jetzt wieder Gemüse putzen und wir anderen haben noch keine Arbeit bekommen. Ich will nun wieder alles Versäumte in meinem Tagebuch nachholen. Gestern hat sich eigentlich allerhand zugetragen. Vormitttag waren wir Heidelbeeren pflücken, was mich aber nicht sonderlich freute. Beim Heimgehen traf ich Fritzi und sprach mit ihr. Sie erzählte, dass ein Mädel vom Fuscherhof ihrer Lagerleiterin gesagt hat, in Wien sei angeschlagen, dass sie am 2. August heimkommen. Da sie auch Wiener sind, fahren wir ja entweder alle oder niemand. Ich glaube es aber nicht und halte alles für ein Gerücht. Schön wäre es natürlich schon. Ich kann es mir aber gar nicht richtig vorstellen, dass es eines Tages heißen wird: „Kinder, wir fahren heim!"

Am Nachmittag mussten wir im Bach Betten waschen. Alle waren ganz verwanzt. Sie wurden aber mit einer Lötlampe abgeflammt und dann durften wir sie rauftragen. Luzi und ich packten die Teile für unser Bett und gingen. Es dauerte nicht lange, da hieß es: „Sofort alles runtertragen, schnell, schnell!" Alle mussten helfen und auf einmal war alles unten. Da hörten wir, dass in den abgeflammten Betten mehrere lebendige Wanzen gefunden worden waren. Ich schlafe auch lieber auf dem Strohsack am Boden und bleibe rein, bevor ich dann Wanzen heimbringe. Wir beschäftigten uns weiter in den Zimmern, bis wir auf den Gang raus antreten mussten.

Eine Frau war mit Post aus Wien gekommen. Ich hoffte auf

ein paar Zeilen und hatte nicht wenig Herzklopfen. Als alles verteilt war, hatte ich wieder nichts. Wir durften aber jede eine Karte heimschreiben und ich legte Großmutti dringend ans Herz, mir von Rathausstraße 9 eine Nachricht zu geben. Hoffentlich gehe ich das nächste Mal nicht leer aus. In Linz sollen zwei Säcke mit Post für uns sein. Nun muss ich wohl fest Daumen drücken.

Gestern am Abend war eine Kommission hier, die sich alle Stuben, Klo usw. ansah. Die Dixl [eine Lehrerin] zeigte ihnen auch gleich das Abendessen, das für 90 Mädel aus einer Waschschüssel grünem Salat, einem viertel Häfen* Kartoffel und Brot bestand. Die Herren versprachen zu tun, was sie können. […]

Gestern besprachen die Lehrkräfte in der Speis* den Unterricht. Die wichtigsten Gegenstände, wie Deutsch, Rechnen, Biologie usw., sollten wir wieder haben. Den Englischunterricht sollte Wegerer übernehmen, doch Dixl ist ganz dagegen und hat anscheinend ihre Meinung durchgesetzt. Die Lager bekommen turnusweise die große Veranda zur Verfügung gestellt. Entzückt bin ich keinesfalls davon, aber Gott sei Dank ist vorläufig noch nichts bestimmt. Jetzt weiß ich aber nichts mehr weiter zu schreiben, morgen werde ich fortsetzen.

27. August 1945

Nun ist es doch wahr geworden: Den 14. Geburtstag im Lager verlebt! Ohne Nachricht von zu Hause, in Sorge um den Verbleib meiner Lieben habe ich den Tag verbracht. Am Morgen richteten Luzi und Lia den Geburtstagstisch her. Beim Wecken war alles fertig und der Tisch weiß gedeckt. Ich bekam ein Spiel, einen Teller voll Himbeeren, zwei Weißbrotscherzerln*, ein Stück Gitterkuchen, ein Nadelpolsterl mit Nadel, ein Heft, Ansichtskarten, Briefpapier, zwei Lesezeichen und ein Bild von Stube 14 vom Pinzgauerhof mit Irmgard. Ich hatte große Freude, dass es meine Stube so nett gemacht hat. Vormittag spielten wir noch und wurden noch sehr lustig. Um halb 6 Uhr Abend wurden Mopsi und ich von der Frau Direktorin gerufen und wir mussten mit ihr auf die untere Embachalm um zehn Liter Milch für alle Lager Krankenzuschuss holen gehen – auch ich bekomme täglich einen halben Liter. Die Almhütte hat noch ein offenes Feuer und einen Kessel zum Käsebereiten. Der Rauch zieht durch eine fensterartige Öffnung ab. Gestern Abend wurden wir zusammengerufen und Frau Direktorin teilte uns mit, dass zwei Personen sich nach Wien durchschlagen und für die, die noch keine Nachricht haben, Briefe mitnehmen. Hoffentlich muss ich nicht mehr lange auf Nachricht warten. Ich bin schon halb verzweifelt.

Samstag, den 22. September 1945

Mutters 38. Geburtstag! So jung ist sie noch und kann nicht mehr bei uns sein. Nie ist es mir in meinem Leben je wieder vergönnt, zu jemandem „Mutter“ zu sagen. Die vielen Kameradinnen, die noch Eltern haben, wissen nicht, welchen Schatz sie besitzen. Aber ich will immer in dem Gedanken leben, dass sie mich hört und sieht und all mein Tun und Lassen beschirmt. Ich will als ihre einzige Tochter meinen Eltern nie im Leben Schande machen, sondern ihrem Namen Ehre bereiten. Und ich weiß bestimmt, dass ich es fertigbringen werde, wenn es vielleicht auch schwer wird. Liebe Mutter, meine Liebe wird immer Dir gehören! Mein lieber, tapferer Vater, Du hast Dein Leben gegeben, damit wir leben und bauen können. Ich bin stolz auf Dich! Du bist mein Vorbild […]

Anfang Oktober erhält Hermine Hektor endlich Nachricht von ihrer Großmutter und die Heimkehr nach Wien rückt in greifbare Nähe.

Montag, 1. Oktober 1945

Nun wird auch für uns bald die Stunde der Heimfahrt kommen. Frau Lehrerin Willner und Dimpfl sind schon von Wien gekommen und brachten gute Nachricht: Großmutter lebt und erwartet mich! Ich bin so froh, wie kein Mensch glaubt. Und dann ist es recht schnell gegangen. Bald erfuhren wir, dass wir heute, morgen oder übermorgen heimfahren sollen. Jetzt warten wir nur auf den Anruf. Ich glaube, heute fahren wir nicht mehr. Aber diese kurze Zeit werden wir es auch noch erwarten können.

Gestern war ich mich beim Senn auf der Embachalm verabschieden. Er gab mir ein Eck Käse und Brot für die Fahrt. Das war mir natürlich willkommen. Vorgestern mussten Inge und ich im Haupthaus für einen Baron ein Zimmer herrichten und reinigen. Heute bekamen wir Brot und Marmelade dafür. Auch das hebe ich für die Fahrt auf. Heute früh habe ich noch Brot für Schmalz eingetauscht. Bei Frau Polster waren wir fragen, ob wir im Magazin aufreiben sollen. Wir mussten nichts tun, bekamen aber auch Brot und Emmentaler Käse. Wieder etwas mehr auf der Fahrt.

Das Wetter ist in den letzten Tagen scheußlich. Die Nebel hängen immer so tief runter. Der Schnee ist bei uns schon weg, aber oben auf den Bergen liegt noch viel. Wir haben vom Lager noch Röcke, Blusen, Mützen, Hemden, Hosen, Trainingsanzüge, Westen und Tücher bekommen. Ich habe recht viel bekommen. Eine Bluse und einen Rock habe ich mir schon umgeändert. Auch für Inge habe ich ohne Hilfe alles zugeschnitten und geheftet. Frau Doktor nähte es mir auf der Maschine. Etwas habe ich doch gelernt im Lager. Wer weiß, ob ich zu Hause schon so viel könnte? Nun freue ich mich schon recht auf die Heimkehr.

Veronika Siegmund

Zwischen Abenteuer, Heimweh und Drill. Die Erweiterte Kinderlandverschickung in Österreich (1943–1945) und ihre Darstellung in Selbstzeugnissen

Anlass für die Einrichtung der Erweiterten Kinderlandverschickung (KLV) war die verstärkte Bombardierung deutscher Städte im Herbst 1940. Die ersten schweren Luftangriffe der Royal Air Force auf Berlin erfolgten bereits Ende August – eine Vergeltungsmaßnahme für die zuvor durchgeführte Bombardierung Londons durch die deutsche Luftwaffe. Am 23. und 24. September fielen erneut Bomben auf die „Reichshauptstadt", die erhebliche Schäden in mehreren Bezirken anrichteten und für wachsende Unruhe innerhalb der Bevölkerung sorgten.[1] Bis zu diesen Ereignissen war man davon ausgegangen, dass ein Friedensschluss mit England unmittelbar bevorstand. Nun zeichnete sich jedoch immer deutlicher ab, dass es sich hier um eine Fehleinschätzung des NS-Regimes handelte und dass – im Gegenteil – nun auch die „Heimatfront" ganz unmittelbar vom Kriegsgeschehen betroffen sein würde.[2] Als Reaktion auf diese unerwartete Entwicklung beschloss die NS-Führungsspitze, die bisher keine nennenswerten Vorkehrungen zum Schutz der Zivilbevölkerung getroffen hatte, eine umfassende Evakuierungsmaßnahme in die Wege zu leiten. Kinder aus „luftgefährdeten" Gebieten des „Dritten Reiches" – zunächst wurden dazu ausschließlich Berlin und Hamburg gezählt, erst etwas später auch zahlreiche weitere Städte – sollten in ländliche, als si-

1 Vgl. Michael Krause, Flucht vor dem Bombenkrieg. „Umquartierungen" im Zweiten Weltkrieg und die Wiedereingliederung der Evakuierten in Deutschland. 1943–1963, Düsseldorf 1997, 24.

2 Vgl. Gerhard Kock, Der Führer sorgt für unsere Kinder. Die Kinderlandverschickung im Zweiten Weltkrieg, Paderborn/Wien/München/Zürich 1997, 83.

cher betrachtete Regionen gebracht werden, um sie vor den Bombenangriffen zu schützen. Der Begriff „Evakuierung" wurde in diesem Zusammenhang ganz bewusst vermieden, da dieser eine bedrohliche Situation suggerierte. Stattdessen wurde mit der Bezeichnung „Erweiterte Kinderlandverschickung" an eine Einrichtung angeknüpft, die bereits vor dem Krieg bestand und aufgrund ihres guten Rufes positive Assoziationen weckte.[3] Prinzipiell war die Teilnahme an der KLV freiwillig. Mit Fortdauer des Krieges wurde aber immer stärker Druck auf die Eltern ausgeübt, ihre Kinder für die von der NSDAP finanzierte Aktion anzumelden. Von der „Verschickung" ausgeschlossen waren „fremdvölkische Kinder und Jugendliche", als „schwer erziehbar" eingestufte Kinder, Heranwachsende mit akuten Krankheiten oder geistigen Beeinträchtigungen, aber auch Kinder, die als Bettnässer galten.[4]

Mit der Planung der KLV wurde der Reichsleiter für die Jugenderziehung und ehemalige Reichsjugendführer Baldur von Schirach beauftragt. Dieser schuf in der Folge – innerhalb der Reichsjugendführung (RJF) – die sogenannte Reichsdienststelle KLV, die sich in mehrere Abteilungen gliederte und für die Organisation und Durchführung der KLV zuständig war. An der praktischen Umsetzung der Aktion waren mehrere NS-Institutionen beteiligt: Die Nationalsozialistische Volkswohlfahrt (NSV) übernahm die „Verschickung" der Kinder bis zum zehnten Lebensjahr und war für deren Unterbringung sowie zum Teil auch für deren Betreuung in den

3 Vgl. Helmut Engelbrecht, Wien und die sogenannte Kinderlandverschickung, in: Ferdinand Oppl und Karl Fischer (Hg.), Studien zur Wiener Geschichte. Jahrbuch des Vereins für Geschichte der Stadt Wien, Bd. 57/58, Wien 2002, 25–113, 32–35.

4 Vgl. Michael Buddrus, Totale Erziehung für den totalen Krieg. Hitlerjugend und nationalsozialistische Jugendpolitik, München 2003, 898.

Aufnahmegebieten zuständig. Die Hitlerjugend (HJ) organisierte die Evakuierung der 10- bis 14-Jährigen sowie deren Unterbringung und der Nationalsozialistische Lehrerbund (NSLB) rekrutierte bis 1943 die im Rahmen der KLV eingesetzten Lehrkräfte.[5]

Je nach Alter der Heranwachsenden waren unterschiedliche Formen der Landverschickung vorgesehen: Kinder bis zu sechs Jahren wurden gemeinsam mit ihren Müttern „verschickt" und kamen in Pflegefamilien oder eigens eingerichteten Mutter-Kind-Heimen unter. 6- bis 10-Jährige wurden Pflegeeltern zugeteilt, während für die 10- bis 14-Jährigen sogenannte KLV-Lager eingerichtet wurden, in denen sie von Lehrer*innen und HJ-Führer*innen – im KLV-Kontext als Lagermädelschaftsführerinnen oder Lagermannschaftsführer (LMF) bezeichnet – beaufsichtigt wurden.[6]

Anfang Oktober 1940 verließen die ersten für die KLV abgestellten Sonderzüge Berlin und Hamburg, bald darauf wurden auch viele weitere Gebiete des „Dritten Reiches" zu sogenannten „Entsendegauen". Im heutigen Österreich gelegene Regionen wurden, da sie noch nicht vom Luftkrieg betroffen waren, zunächst in erster Linie als Aufnahmegebiete in die Evakuierungsaktion einbezogen.[7] Die Verlegung erster

5 Vgl. Markus Holzweber, „Dürfen wir Ihre Kinder verschicken?" – Die Erweiterte Kinderlandverschickung (KLV) in Niederösterreich. Darstellung, Rezeption und Widerhall in der NS-Zeit und Zweiten Republik, in: Verein für Landeskunde von Niederösterreich (Hg.), Jahrbuch für Landeskunde von Niederösterreich, St. Pölten 2013, 187–425, 211–213.

6 Vgl. Gerhard E. Sollbach, Die (erweiterte) Kinderlandverschickung (KLV) im Zweiten Weltkrieg in: Hans-Heino Ewers, Jana Mikota, Jürgen Reulecke und Jürgen Zinnecker (Hg.), Erinnerungen an Kriegskindheiten. Erfahrungsräume, Erinnerungskultur und Geschichtspolitik unter sozial- und kulturwissenschaftlicher Perspektive, München 2006, 31–47, 33.

7 Bereits im Herbst 1941 wurden Kinder aus Wien und „Niederdonau" „verschickt", wobei dies zunächst vor allem Erholungszwecken diente. Vgl. Holzweber „Dürfen wir ihre Kinder verschicken?", 248.

österreichischer Schulen erfolgte erst im Herbst 1943,[8] nach dem zweiten schweren Bombenangriff auf Wiener Neustadt.

Forschungen zur Erweiterten Kinderlandverschickung betonen, dass es sich bei dieser um keine rein karitative Maßnahme handelte.[9] Der Grundgedanke bestand zwar darin, „systeminvolvierte" Mädchen und Jungen vor dem Bombenkrieg in Sicherheit zu bringen,[10] wodurch vor allem auch eine Beruhigung der Eltern erreicht werden sollte. Speziell die von der HJ organisierten, nach Geschlechtern getrennten KLV-Lager verfolgten darüber hinaus aber auch erzieherische Absichten, wie etwa aus dem Befehlsblatt der Dienststelle KLV-Slowakei hervorgeht:

„Das Ziel, das wir uns für die halbjährige Lagerzeit der Pimpfe* gestellt haben, ist neben der Erholung in erster Linie die Erziehung der Pimpfen. Wir wollen unsere Pimpfe politisch ausrichten, sie sportlich ertüchtigen und sie eben durch die Gemeinschaftserziehung zu ganzen Kerlen machen. Wenn ein Pimpf nach dem halben Jahr Lagerzeit nach Hause zurückkehrt, müssen an ihm die Auswirkungen unserer Gemeinschaftserziehung fühlbar sein."[11]

Aufbauend auf den Grundsätzen der nationalsozialistischen „Lagerpädagogik" sollten die Mädchen und Jungen im

8 Ebd., 248.

9 Vgl. dazu Kock, „Der Führer sorgt für unsere Kinder", 144 f.; Fritz Steiner, Kinderlandverschickung, in: Rolf Steininger und Sabine Pitscheider (Hg.), Tirol und Vorarlberg in der NS-Zeit, Innsbruck/Wien/München/Bozen 2002, 173–194.

10 Der Terminus „Systeminvolvierte" wurde von Klaus Kienesberger übernommen, der diesen allerdings als Substantiv gebraucht. Im Kontext des Themas Kinder und Jugendliche im Nationalsozialismus versteht der Kommunikationshistoriker darunter Heranwachsende, die durch ihre Einbindung in nationalsozialistische Erziehungsinstitutionen Teil des NS-Systems waren. Vgl. Klaus Kienesberger, Einleitung, in: Bundesjugendvertretung (Hg.), Geraubte Kindheit. Kinder und Jugendliche im Nationalsozialismus (Wien 2010), 11–16, 11.

11 Befehlsblatt der Dienststelle KLV 2 (1942), 7.

KLV-Lager zu systemtreuen Mitgliedern der „Volksgemeinschaft“ erzogen werden. Ihre mehrmonatige Unterbringung in Lagern schuf die idealen Voraussetzungen für dieses Vorhaben, da die Heranwachsenden hier nicht nur der Aufsicht von HJ-Führer*innen sowie vom NSLB ausgewählten Lehrkräften unterstanden, sondern durch die räumliche Entfernung zu ihren Eltern auch deren Einflussbereich weitgehend entzogen waren. Inwieweit und in welchem Ausmaß in den Lagern tatsächlich eine gezielte politische Indoktrination stattfand, war, wie die Aussagen von Beteiligten veranschaulichen, vor allem von den Erziehungskräften im jeweiligen Lager abhängig.

Die in diesem Band versammelten Berichte machen deutlich, dass einstige Lagerteilnehmer*innen ihre KLV-Aufenthalte ganz unterschiedlich in Erinnerung haben. Für manche war die Zeit im Lager ein Abenteuer, an das sie heute noch gerne zurückdenken, andere hingegen verbinden mit dem Begriff KLV vor allem militärischen Drill oder Heimweh. Wieder andere stehen diesem Lebensabschnitt mit gemischten Gefühlen gegenüber und schildern sowohl positive als auch negative Erlebnisse.

Wie Personen ihre KLV-Zeit im Nachhinein bewerten, ist von mehreren Faktoren abhängig. Eine zentrale Rolle spielen hier die Gegebenheiten im jeweiligen Lager, speziell die in den Lageralltag involvierten Personen und die Beziehung zu diesen. Waren die Lehrkräfte vor Ort fürsorglich und primär auf das Wohl der Kinder bedacht oder handelte es sich um pflichtgetreue oder gar fanatische Parteigänger*innen, die in erster Linie danach strebten, die von der Dienststelle KLV vorgegebenen Richtlinien zu erfüllen? Genauso wichtig wie das Verhältnis zu den Lehrkräften war auch jenes zu den von der HJ eingesetzten Lagermädelführerinnen bzw. Lagermannschaftsführern: War dieses eher locker und freundschaftlich oder von Machtansprüchen und militärischem Drill geprägt? Auch der soziale Status der Lagerteilnehmer*innen innerhalb der Lagergemeinschaft ist bedeutsam für die retrospektive Beurteilung ihrer KLV-Erfahrungen. Kinder, die am Rande der Gemeinschaft standen und damit oft Opfer der vielerorts bestehenden „Hackordnung" wurden, konnten dem Lagerleben weniger abgewinnen als jene, die gut in die Gruppe der Gleichaltrigen integriert waren oder vielleicht sogar den Ton angaben.

Schließlich ist auch die nach dem Krieg erfolgte Beschäftigung mit diesem Lebensabschnitt zentral für die Art und Weise, wie KLV-Erlebnisse erinnert und dargestellt werden: Entscheidend ist hierbei einerseits, ob Bekanntschaften aus dieser Zeit weitergepflegt wurden bzw. werden, andererseits aber auch, ob nach dem Krieg eine kritische Auseinandersetzung mit der NS-Zeit stattfand bzw. ob Literatur oder andere Berichte zu diesem Thema rezipiert und in die Reflexion über die eigenen Erfahrungen miteinbezogen wurden.

Wie groß die Bandbreite individueller KLV-Erfahrungen ist, zeigt sich schon an den Erzählungen ehemals „Verschickter" über die Vorbereitung auf das Lager und den Beginn der Reise. Während etwa die Wienerin Elfriede Grünsteidl-Flieder ihre Eltern als Zehnjährige förmlich dazu drängte, in die Slowakei fahren zu dürfen, weil sie sich das Lagerleben – wie das Internatsleben in ihrem Lieblingsbuch „Trotzkopf" – lustig und abwechslungsreich vorstellte, berichtet die ebenfalls in Wien aufgewachsene Gusti Castelrotto, dass sie die Fahrt ins KLV-Lager in Tirol in ambivalenter Stimmung antrat: „[…] die Aussicht auf das Ungewisse machte mich unruhig. Zugleich freute ich mich auf die Berge. Ich liebte die Berge, seit ich weiß, wie sie aussehen, aus dem Unterricht in der Schule und den Urlauben." Bei Gottfried Stepan, dem Sohn eines Wiener Goldschmieds, wiederum überwog die Sorge, was ihn im KLV-Lager erwarten würde: „Allein schon der

Begriff ‚Lager' hatte für mich den bitteren Beigeschmack von Erziehungsanstalt, dann noch mit älteren, mir unbekannten Burschen … Aber es blieb mir nichts übrig. Mit einem Koffer und in der schwarzen HJ-Uniform verabschiedete ich mich abends am Nordbahnhof. Das Herz war mir schwer."

Der Abschied von Eltern und Geschwistern war häufig tränenreich, viele Kinder waren bis zu ihrer „Verschickung" noch nie länger von ihrer Familie getrennt gewesen.

Die Mehrzahl der KLV-Teilnehmer*innen, die in diesem Band zu Wort kommen, wurde im Klassenverband „verschickt", oft in Begleitung von Lehrer*innen ihrer Schule. Ganz unterschiedlich waren die Reiseziele: Kinder aus Wien fuhren häufig in die Slowakei oder ins nahegelegene Niederösterreich, manche auch nach Oberösterreich, Salzburg oder Tirol. Kinder aus anderen Landeshauptstädten Österreichs – in der NS-Zeit als „Ostmark" bezeichnet – wurden oft in KLV-Lager im ländlichen Umfeld gebracht. In zahlreichen Berichten über diese Lageraufenthalte finden sich Schilderungen über die schöne Landschaft im Aufnahmegebiet. Vor allem Stadtkinder zeigten sich begeistert von den Bergen und Seen in der neuen Umgebung. Die in Wien aufgewachsene Erika Göttlicher schrieb etwa in ihren 2005 verfassten Erinnerungen: „So verdrossen ich war, die Landschaft überwältigte mich! Ende April auf dem Schafberg und Zwölferhorn noch blütenweißer Schnee, im Tal frisches Grün, der wunderschöne Wolfgangsee und über allem: tiefblauer Himmel. Außer nach Rußbach, zu meiner Großmutter, war ich noch nie aus Wien herausgekommen."

Als Standorte für KLV-Lager dienten unter anderem Pensionen, Hotels, Gasthäuser, frühere Klöster oder Erholungsheime. Die Zimmer der Lagerteilnehmer*innen – auch als Stuben bezeichnet und oft mit selbstausgedachten Namen versehen – waren den lebensgeschichtlichen Erzählungen zufolge meist recht spartanisch eingerichtet. Zur Grundausstattung zählten Stockbetten – wobei als Schlafunterlage oft ein einfacher Strohsack diente –, Kleiderkästen, mit etwas Glück auch ein Tisch und eine Waschmuschel. Manche Kinder klagten über die karge Ausstattung ihrer Unterkunft und die Kälte aufgrund mangelnder Heizmittel. So beschrieb die aus Wien stammende Hermine Mayer die Ankunft in einem Salzburger KLV-Lager in ihrem Tagebuch folgendermaßen: „Wir dachten alle ernstlich ans Auskneifen*. Das Lager war ja wirklich in einem unmöglichen Zustand. 47 Betten standen 150 Leuten zur Verfügung! Keine Einrichtung, alles zertrümmert, verwahrlost, na danke. Die Nacht verbrachten wir denkbar schlecht, ich fror wie ein nasser Pudel."

In manchen Aufzeichnungen finden sich auch Beschreibungen der Zimmer. So zeichnete etwa die in einem Waldviertler Lager untergebrachte Ingeborg Winkler einen detaillierten Plan ihrer Stube in ihr Tagebuch.[12]

Der Tagesablauf in den Lagern war von der Reichsdienststelle KLV detailliert vorgegeben und daher in den meisten Lagern sehr ähnlich. Nach dem Aufstehen wurde oft ein Morgenappell abgehalten, den etwa Gertrude Meitz in ihrem Text beschreibt: „Jeden Morgen wurde die deutsche Fahne im Garten gehisst und der tägliche Morgenbericht vorgelesen." Auch Erika Göttlicher schildert dieses Ritual: „Uschi hielt den Morgenappell: aufbauende Sprüche, Wünsche an unseren geliebten Führer, ein Lied, und mit einem geschmetterten ‚Heil Hitler!' wieder abtreten." Nach dem Frühstück begann der vier- bis fünfstündige Schulunterricht, der oft im Speisesaal abgehalten wurde, in den Sommermonaten manchmal auch im Freien.

12 Vgl. Ingeborg Winkler, KLV-Tagebuch (Heft 1), 1944, Sammlung Frauennachlässe (SFN) NL 237. Für den Nachnamen der Schreiberin wird hier ein Pseudonym verwendet.

Seitens der NS-Propaganda wurde stets betont, dass die KLV die Möglichkeit zu einem ganzheitlichen und daher besonders hochwertigen Unterricht biete, der eine Leistungssteigerung der Kinder zur Folge habe. So heißt es in der Märzausgabe des „Elternbriefs Oberdonau", einer von den Organisatoren der KLV publizierten Zeitschrift, die unentgeltlich an die Eltern verschickt wurde: „In unseren Kinderlandverschickungslagern gelingt es unter Leitung vorher ausgelesener und geschulter Lehrer nicht nur, den Schulunterricht zu erhalten, sondern trotz einer geringeren Anzahl von Unterrichtsstunden bessere schulische Leistungen zu erzielen als zu Hause. Der Lehrer, der nicht mit dem Glockenzeichen der beendeten Schulstunde sein Lehrbuch zuklappt, sondern mit seinen Zöglingen zusammenlebt, vermag in einer ganz anderen und gründlicheren Weise sich mit der Ausbildung des einzelnen zu befassen."[13]

Die Unterrichtspraxis in den Lagern sah jedoch häufig anders aus. Die wenigen Lehrkräfte vor Ort mussten alle Fächer unterrichten, für die sie zum Teil nicht ausgebildet waren. Zudem waren Lehrmittel wie etwa Schulbücher oft knapp, die Räume, in denen unterrichtet wurde, entsprachen in der Regel nicht den Anforderungen an Arbeitsräume und diverse Infektionskrankheiten, wie Diphtherie, Scharlach oder Masern, sorgten in vielen Lagern für Unterrichtsausfälle. Dass diese oft sehr schwierigen Rahmenbedingungen sich häufig negativ auf den Lernerfolg der Kinder auswirkten, scheint naheliegend.[14]

Über die Gestaltung des Nachmittagsprogramms in den KLV-Lagern gibt es divergierende Berichte. Einige Beiträger*innen dieses Bandes wie etwa Luitgard Knoll hielten in ihren

---

13 Baldur von Schirach, Die Sorge des Führers gilt Euren Kindern, in: Elternbrief Oberdonau, Mai 1942.

14 Vgl. Kock, „Der Führer sorgt für eure Kinder", 168–171.

Aufzeichnungen fest, dass sie viel Freizeit hatten, die sie weitgehend selbstbestimmt gestalten durften: „Wir bauten uns Häuser aus Reisig und waren begeistert, wenn irgendein Wild seine Bemmerl hineinlegte; wir fingen Schmetterlinge (leider), fanden Schlangenhäute auf Baumstümpfen, aßen rohe Schwammerl, ohne uns zu vergiften, und waren total sorglos." Auch im Tagebuch von Rosa Zimerits finden sich begeisterte Berichte von Wanderungen und Schwimmausflügen. Ganz anders die Erinnerungen des gebürtigen Grazers Friedrich Waidacher. Er berichtet von militärischem Drill und diversen Schikanen des Lagermannschaftsführers: „Auch die HJ-Lümmel sorgten für unsere Bildung. Regulär durch tägliches Exerzieren. Dazu marschierten wir nach der Lernstunde am späteren Nachmittag unter dem Absingen von Liedern [...] stramm in die Umgebung von Admont, in die sogenannte Eichelau. [...] Dort angekommen, wurden wir geschliffen, wie man sagte. Das heißt, wir mussten sinnlose Übungen vornehmen, wie Häschenhüpfen, Liegestütze und zugleich singen, lange Zeit eingehaltene halbe Kniebeugen und selbstverständlich Exerzieren."

Auch anderen KLV-Teilnehmer*innen blieb der militärische Ton im Lager im Gedächtnis. Besonders gefürchtet war die täglich durchgeführte Spindkontrolle, von der unter anderem Walter Beckenbauer in seinen Ausführungen berichtet: „Seitens des neuen LMF*, eines Deutschen, wurden die Stuben immer auf das Genaueste kontrolliert. Jeder von uns hatte einen kleinen Spind, in dem wir unsere Wäsche und sonstigen Utensilien unterbringen konnten. Wenn bei der morgendlichen oder abendlichen Kontrolle durch unseren LMF nicht alles ordentlich und ‚auf Kante' eingeschlichtet war, warf er den Inhalt sämtlicher Spinde einer Stube auf den Boden und wies darauf hin, dass in fünf bis zehn Minuten Stubenappell sei und alles in Ordnung sein müsse."

Vielen ist auch das häufige Marschieren in Erinnerung geblieben, sowohl auf Ausflügen als auch bei Besuchen im

Dorf. So erzählt beispielsweise Gertrude Meitz: „Wenn wir in großer Gruppe ins Dorf wollten, marschierten wir im Gleichschritt und sangen Wander- und Marschlieder." Einmal wöchentlich war – wie im regulären HJ-Dienst – das Abhalten eines Heimabends vorgesehen, der neben gemeinsamen Aktivitäten wie Singen und Basteln auch eine weltanschauliche Schulung der Kinder umfassen sollte.

Das Ausmaß, in dem in den Lagern nationalsozialistisches Gedankengut vermittelt wurde, war, wie bereits erwähnt, vor allem von den Erziehungskräften abhängig. Manche KLV-Teilnehmer*innen betonen in ihren Erfahrungsberichten, dass in ihrem Lager keinerlei politische Einflussnahme stattgefunden habe. Im Zusammenhang mit solchen Aussagen gilt es allerdings zu bedenken, dass viele in den Tagesablauf integrierte Aktivitäten, wie das Durchführen nationalsozialistisch geprägter Rituale, das Aufsagen politisch gefärbter Sprüche sowie das Singen von NS-Liedern etc., von den Mädchen und Jungen oft gar nicht als Maßnahme einer gezielten Indoktrination aufgefasst wurden. Durch die Schule und die HJ waren sie bereits an die „permanente Konfrontation mit dem nationalsozialistischen Gedankengut" gewöhnt,[15] sodass sie diese meist gar nicht als etwas Außergewöhnliches empfanden.[16]

Die Verpflegung war in vielen Lagern lange verhältnismäßig gut. Die ausreichende Ernährung der Kinder war von Beginn an ein besonderes Anliegen der Organisator*innen der KLV, bildete diese doch eines der Hauptargumente, wenn es darum ging, Eltern für die „Verschickung" ihrer Kinder zu gewinnen. Stolz berichteten manche Lagerteilnehmer*innen in ihren Briefen über eine Gewichtszunahme, beispielsweise El-

15 Holzweber, „Dürfen wir ihre Kinder verschicken?", 317.

16 Vgl. Michelle Mouton, The Kinderlandverschickung: Childhood Memories of War Re-Examined, in: German History, 37 (2019) 2, 186–204.

friede Flieder in einem im Frühjahr 1944 verfassten Schreiben an ihre Eltern: „Heute bekamen wir zum Mittagessen Krautfleisch und Kartoffeln. Habe seit Wien schon drei Kilo zugenommen. Ich glaube aber, dass ich schon viel mehr zugenommen habe. Meinen Strumpfbandgürtel muss ich bald auftrennen, weil er mir schon zu eng ist."

Zu einer deutlichen Verschlechterung der Ernährungssituation kam es vielerorts im Frühjahr 1945. So berichtet etwa Robert Fischer von einer vorübergehenden Bleibe in Bad Ischl (Oberösterreich): „Der Aufenthalt dort war ‚hungrig'. Die Heimleiterin war korrupt: Sie versorgte sich selbst mit allem und ließ uns halb verhungern. Als Mahlzeit bekamen wir zwei bis drei Zentimeter große Kartoffeln und einige Gramm Butter. Um halbwegs satt zu werden, habe ich die Kartoffelschalen auch verspeist."

Auch Genussmittel waren denkbar rar. Der in Wien aufgewachsene Dieter Roth veranschaulicht in seinem Erinnerungsbericht, dass er und seine Mitschüler durchaus erfinderisch waren, wenn es darum ging, an Süßigkeiten, Alkohol und Zigaretten zu gelangen: „Im April 1944 kamen wir dahinter, dass sich in einem Zimmer im Erdgeschoß ein Lager des Gauleiters* Eigruber befand. Darin waren Heller-Wiener-Zuckerln, Früchtezuckerln, Stock-Weinbrand, Rum und Sondermischung-Zigaretten sowie Briefpapier gelagert. Uns gelang es mittels Dietrich das Schloss zu knacken, und so stand der Aufbesserung unserer Rationen nichts im Wege."

Der Kontakt der „verschickten" Kinder zu ihren Eltern wurde vor allem über Briefe aufrechterhalten. Zweimal wöchentlich war eine Schreibstunde angesetzt, „um eine laufende Unterrichtung der Eltern zu gewährleisten".[17] Viele Beteiligte be-

17 Dienststelle KLV (Hg.), Anweisungen für die Jungen- und Mädellager, 2. Auflage, Berlin 1941, 30.

richten davon, dass die Briefe, die sie an ihre Eltern schickten, von der Lagerleitung gelesen wurden. Das Wissen um diese Kontrolle führte dazu, dass Lagerteilnehmer*innen ihre Post mitunter direkt in den Briefkasten einwarfen, anstatt sie der Lagerleitung auszuhändigen, um so die befürchtete Zensur zu umgehen. Oder sie gaben die Briefe unerlaubterweise den Eltern anderer Kinder, die auf Besuch kamen, mit, wie Inge Grund dies in einem ihrer Briefe sehr anschaulich beschreibt: „Da Herr Losert heute bei Elfi auf Besuch ist, will ich die Gelegenheit nützen und Herrn Losert einen Brief an Euch, meine lieben, lieben Eltern, mitgeben. In diesem Brief kann ich Dinge schreiben, die ich sonst nicht schreiben dürfte, da unser Klassenvorstand die Briefe liest, bevor sie weggehen."

Andere Kinder passten den Inhalt ihrer Nachrichten an die Gegebenheiten an und vermieden es, negative Erfahrungen zu schildern. Manche taten dies auch mit der Absicht, ihre Lieben zu Hause oder an der Front nicht in Sorge zu versetzen.

Besuche der Eltern in den Lagern waren ursprünglich nicht vorgesehen. Mit Fortdauer der Evakuierungsaktion wurde der Wunsch der Eltern nach einem direkten Kontakt zu ihrem Nachwuchs jedoch immer größer, sodass in vielen Lagern schließlich eigene Besuchstage eingerichtet wurden.[18] Dem Bericht der Wienerin Eleonore Gebauer lässt sich entnehmen, dass diese von der Lagerleitung mitunter ganz bewusst genutzt wurden, um dem nahen Umfeld der Kinder ein positives Bild der KLV zu vermitteln: „Am Elternbesuchstag wurde meist irgendein ‚Tamtam' veranstaltet. Da wurden Spiele aufgeführt, Lieder gesungen und alles Mögliche inszeniert, damit wir nicht zu viel Zeit hatten, mit den Eltern allein zu sein. Das war raffiniert ausgedacht."

Zuweilen wurde es Eltern auch gestattet, ihre Kinder au-

18 Vgl. Kock, „Der Führer sorgt für eure Kinder", 188–190.

ßerhalb dieser geregelten Besuchszeit zu sehen. In Ausnahmefällen, zum Beispiel wenn der Vater Fronturlaub hatte, durften sie für eine Weile nach Hause fahren, wie Luitgard Knoll, die als Elfjährige allein die mehrtägige Fahrt von der Hohen Tatra nach Wien antrat. In manchen Lagern wurden auch – etwa zu Weihnachten – alle Lagerteilnehmer*innen für kurze Zeit auf Heimaturlaub geschickt.

Die oft monatelange Trennung von den Eltern löste bei vielen Heranwachsenden Heimweh aus, wie beispielsweise der Erinnerungstext von Elisabeth Illetschko verdeutlicht, deren Schulklasse im Frühjahr 1944 nach Puchberg am Schneeberg (Niederösterreich) verlegt wurde: „Heimweh war angesagt, bei jedem Mädchen unterschiedlich stark."

Während einige berichten, dass sich das Heimweh nach einer ersten Eingewöhnung besserte bzw. überhaupt verschwand, stellte der Trennungsschmerz für andere Kinder ein langanhaltendes und schwerwiegendes Problem dar.[19] So etwa für die Wienerin Ingeborg Winkler, die in ihrem Tagebuch häufig die räumliche Distanz zu ihrer Mutter beklagte. Anlässlich des Muttertags im Mai 1945 schrieb sie in ihr Tagebuch: „Ach, wie sehnen wir uns alle nach Hause. Ich halte es nicht mehr lange aus. Mutti, Mutti, wie weit bist Du doch von mir entfernt."[20] Geschürt wurde das Heimweh durch die Sorge, dass den Eltern im Zuge des verstärkten Luftkriegs etwas zugestoßen sein könnte. Eleonore Gebauer vermerkte dazu: „Wir waren alle unglücklich. Dazu kam noch die Angst um

19 Vgl. Holzweber, „Dürfen wir ihre Kinder verschicken?", 261 f.

20 Ingeborg Winkler, KLV-Tagebuch (Heft 3), 1945, SFN NL 237. Zur Thematisierung von Heimweh in KLV-Tagebüchern siehe Veronika Siegmund, „Mutti, Mutti, wie weit bis Du doch von mir entfernt." Tagebuchschreiben im KLV-Lager zwischen politischer Instrumentalisierung und individueller Praxis (1940–1945), in: medien&zeit. Kommunikation in Vergangenheit und Gegenwart, 35, 4 (2020), 60–69.

unsere Angehörigen, die schon unter den Bombenangriffen zu leiden hatten. So war die Stimmung in unserem Zimmer, wie in allen andern auch, nicht sehr harmonisch."

Auch Rosa Zimerits brachte in ihrem KLV-Tagebuch nach einem schweren Bombenangriff auf ihren Heimatbezirk Floridsdorf die Angst um ihre Pflegeeltern zum Ausdruck: „Als wir erfuhren, wie Floridsdorf bombardiert wurde, war es ein furchtbarer Schlag für uns. Wir heulten schrecklich, denn es ist furchtbar, man kann sich das gar nicht denken. Ich fürchte alle Tage, dass nächstens meine Eltern nicht mehr leben."

Einen Höhepunkt erreichte die Sorge der Beteiligten, wenn man längere Zeit nichts voneinander hörte, was vor allem in den letzten Kriegswochen häufig der Fall war. Das Näherrücken der Roten Armee, die Ende März 1945 die Grenzen des „Deutschen Reichs" überschritten hatte, machte es notwendig, viele östlich gelegene KLV-Lager zu räumen. Die Lehrkräfte erhielten den Auftrag, mit den Kindern in Richtung Westen zu fliehen, wobei oft nicht klar war, wohin die überstürzt angetretene Reise führen sollte. Im Zuge der Flucht riss der Kontakt zum Elternhaus meistens ab. Mütter und Väter wussten oft wochenlang nicht, wo sich ihre Kinder aufhielten bzw. ob sie überhaupt noch am Leben waren. Umgekehrt hatten auch die Kinder keine Nachricht von den Eltern und durchlebten deshalb viele sorgenvolle Stunden.

Abgesehen von der Angst um Angehörige brachte die Flucht ins Ungewisse für etliche Mädchen und Jungen auch noch andere traumatische Erfahrungen mit sich. Aufgrund mangelnder Transportmöglichkeiten waren sie und ihre Begleitpersonen mitunter dazu gezwungen, Viehwaggons zu nutzen, wie etwa Gertrude Meitz in ihren Erinnerungen bezeugt: „Dann ging's per LKW nach Kienberg-Gaming und wir wurden in einen offenen Viehwaggon gesteckt. Es war saukalt, aber noch weinten nur wenige Kinder." Oft mussten auch weite Strecken zu Fuß bewältigt werden. Neben Kälte und Hunger machten den Flüchtenden auch Tiefflieger zu schaffen, wie die Ausführungen von Luitgard Knoll veranschaulichen: „Ich erinnere mich an die Tiefflieger. Als wir wieder einmal in Viehwaggons – wohl auf der Westbahn – unterwegs waren, mussten wir unter die Waggons […]. Was wäre bei plötzlichem Anfahren des Zuges wohl passiert?"

Elisabeth Illetschko beschreibt, wie sie einen Bombenangriff nahe Passau erlebte: „Doch da kam der verheerende Fliegerangriff, bei dem ich zum ersten Mal den Tod, im wahrsten Sinne des Wortes, vor Augen hatte. Beim Sirenengeheul bekamen wir von unseren Begleiterinnen die Anweisung, uns schnell und fern vom Bahnhof einen Bunker oder anderen Keller zu suchen, da erfahrungsgemäß die Bahnhöfe die ersten Angriffsziele waren. […] Als die Bomben fielen, presste eine Druckwelle nach der anderen komprimierte Staubwolken in den Unterschlupf und ich meinte zu ersticken."

Einige Beiträger*innen dieses Bandes führte ihre Flucht nach Tirol, andere nach Salzburg oder Bayern. Obwohl der Krieg im Mai 1945 zu Ende war, verblieben viele Kinder bis in den Herbst desselben Jahres im Lagerverband, was vor allem an der Überlastung des stark in Mitleidenschaft gezogenen Verkehrsnetzes lag. So fand eine allgemeine Rückführung „verschickter" Kinder nach Wien erst im September bzw. Oktober 1945 statt.[21] An die lang ersehnte Heimkehr erinnert sich Gertrude Meitz noch genau: „Die Freude, wieder zu Hause zu sein, war groß, und Mama durfte nach Monaten der Ungewissheit endlich eines ihrer Kinder ans Herz drücken." Ähnlich berührend ist auch der Bericht von Gottfried Stepan über das Wiedersehen mit seinem Vater: „Nach wenigen Metern sah ich meinen Vater. Ich ließ den Koffer fallen, fiel ihm um den Hals und heulte wie ein Schlosshund. Ich war so glücklich, ein Familienmitglied lebend vorzufinden. Es war

21 Vgl. Engelbrecht, Wien und die sogenannte Kinderlandverschickung, 88–89.

der 19. September 1945, ein Tag nach meinem vierzehnten Geburtstag. Als wir uns einigermaßen beruhigt hatten, marschierten wir heimwärts."

Unabhängig davon, wie Personen ihre Lagerzeit retrospektiv bewerten, war für viele das Kapitel „Kinderlandverschickung" mit der Rückkehr nach Hause längst nicht abgeschlossen. Einige berichten davon, dass sie im Laufe ihres Lebens immer wieder die Briefe oder Tagebücher zur Hand nahmen, die während ihres KLV-Aufenthalts entstanden waren, so etwa Rosa Zimerits, die ihr Lagertagebuch mit vielen bunten Zeichnungen ausstattete, die sie auch in späterer Zeit noch gerne ansah. Andere, beispielsweise Luitgard Knoll, suchten im Erwachsenenalter die Orte ihrer KLV-Zeit wieder auf und dokumentierten diese Erinnerungsreisen mit Fotos und kurzen Berichten oder sie organisierten, wie Walter Beckenbauer und Dieter Roth, Treffen mit ihren Lagerkamerad*innen, die dem Erfahrungsaustausch und dem Gedenken an die „alten Zeiten" dienten. Viele erzählten auch ihren Familienangehörigen und Bekannten von ihrer KLV-Zeit und fanden dabei unterschiedliches Echo.

Nicht zuletzt ist auch die mehr oder weniger ausführliche Niederschrift persönlicher Erinnerungen in autobiografischen Texten als eine wichtige Form der Auseinandersetzung mit den zweifellos außergewöhnlichen, einschneidenden, und in Einzelfällen wohl auch traumatisierenden Erlebnissen der Trennung, der Ungewissheit und der existenziellen Bedrohung zu sehen, mit denen 10- bis 14-jährige Mädchen und Jungen im Rahmen der Kinderlandverschickungen konfrontiert waren. Auf irgendeine Weise mussten und müssen diese zum Teil dramatischen Eindrücke und Erlebnisse als Kriegskinder in die persönlichen Biografien der heute etwa Neunzigjährigen integriert werden – sei es als wichtiger, prägender

Lebensabschnitt, in dem gewisse Haltungen und Leitlinien für das weitere Leben erworben wurden, oder als unfreiwillige Episode, die nachhaltig Abschreckung und Widerstand gegenüber bestimmten autoritären oder kollektiven Strukturen und Denkweisen begründete. In den hier vorgestellten persönlichen Berichten fällt dieses Resümee mehrheitlich ambivalent aus.

Autobiografisches Erzählen und Schreiben zählen zu den wirksamsten „Werkzeugen", die älteren Menschen zur Verfügung stehen, um im Rückblick auf die eigene Lebensgeschichte disparate Erfahrungen zu ordnen und ihnen im Rahmen eines biografischen Gesamtkonzepts einen bestimmten Stellenwert und Sinn zu geben.[22] Unter diesem Blickwinkel sind die Beiträge dieses Sammelbandes überwiegend nicht bloß als nüchterne Zeitzeugenberichte über eine historische Ausnahmesituation zu sehen, sondern vielmehr als Bemühungen zur sinnhaften Rekonstruktion eines bemerkenswerten Abschnitts der eigenen Kindheits- und Lebensgeschichte. Fortwährende biografische Selbstreflexion ist heute ein wichtiges Mittel der Identitätsfindung und Selbstbehauptung in einem Prozess der raschen historisch-gesellschaftlichen Veränderung.[23] Gerade in der allgemeinen Um- und Aufbruchsstimmung der Nachkriegsjahre fanden die Angehörigen der heute alten Generation(en) wohl kaum Räume und Gelegen-

---

22 Vgl. Helmut Konrad und Michael Mitterauer (Hg.), „...und i sitz' jetzt allein". Geschichte mit und von alten Menschen, Wien/Graz/Köln 1987; Herbert Gudjons u. a., Auf meinen Spuren. Übungen zur Biografiearbeit, 8. Auflage, Bad Heilbrunn 2020; 13–27.

23 Vgl. Hanns-Georg Brose und Bruno Hildenbrand, Biographisierung von Erleben und Handeln, in: Dies. (Hg.), Vom Ende des Individuums zur Individualität ohne Ende, Opladen 1988, 11–30; Michael v. Engelhardt, Biographie und Identität. Die Rekonstruktion und Repräsentation von Identität im mündlichen autobiographischen Erzählen, in: Walter Sparn (Hg.), Wer schreibt meine Lebensgeschichte? Biographie, Autobiographie und ihre Entstehungszusammenhänge, Gütersloh 1990, 197–247, 211–225.

heiten zur Reflexion und Aufarbeitung ihrer Kriegserlebnisse als Kinder. Das Bedürfnis nach dieser Auseinandersetzung machte sich bei den Betroffenen üblicherweise erst mit einem gewissen lebenszeitlichen Abstand in späteren Jahren bzw. im fortgeschrittenen Alter bemerkbar. Ein Beweggrund bei diesem Unternehmen ist mitunter der Wunsch, auch andere an den Ergebnissen der eigenen Recherchen teilhaben zu lassen.

Als Zeugnisse des persönlichen Erlebens und Überlebens einer kriegsbedingten Ausnahmesituation waren die meisten diesem Band zugrunde liegenden lebensgeschichtlichen Erinnerungstexte ursprünglich primär an die eigenen Nachkommen adressiert. Als solche enthalten sie – mehr oder weniger explizit –, immer auch aktuelle Anknüpfungspunkte oder Verweise auf gegenwärtige Verhältnisse, wobei die moderne Lebenswirklichkeit der Jüngeren oft als Kontrastfolie für den eigenen autobiografischen Lebensentwurf dient. Erinnerungstexte schöpfen zwar vorwiegend aus dem vergangenen Erleben, sind aber immer auch als Botschaften an die Zeitgenoss*innen oder an Angehörige kommender Generationen zu verstehen.[24]

Mit dieser Publikation erreichen die ursprünglich privaten Botschaften älterer Menschen an nahestehende Personen – über ihr Kindsein im Nationalsozialismus, über ganz andere Erziehungs- und Schulrealitäten, über Ängste, Entbehrungen und Schrecken aufgrund des näher rückenden Kriegsgesche-

24 Vgl. Volker Depkat, Autobiographie und soziale Konstruktion von Wirklichkeit, in: Geschichte und Gesellschaft, 29 (2003), 441–476; Michael v. Engelhardt, Generation, Gedächtnis und Erzählen. Zur Bedeutung des lebensgeschichtlichen Erzählens im Generationenverhältnis, in: Eckart Liebau (Hg.), Das Generationenverhältnis. Über das Zusammenleben in Familie und Gesellschaft, Weinheim/München 1997, 53–76; Günter Müller, „Vielleicht interessiert sich mal jemand …". Lebensgeschichtliches Schreiben als Medium familiärer und gesellschaftlicher Überlieferung, in: Peter Eigner u. a. (Hg.), Briefe – Tagebücher – Autobiographien. Studien und Quellen für den Unterricht, Wien 2006, 76–94.

hens, aber auch über persönliches Engagement und Geschick, über Anerkennung und solidarisches Gemeinschaftserleben bei der Bewältigung extremer Herausforderungen – nun auch ein breiteres Lesepublikum.

Die vorliegende Textedition sollte also nicht bloß als eine Verbreiterung der Quellenbasis an Selbstzeugnissen gesehen werden, die zur Erhellung einer bestimmten Facette des Alltags von Kindern im Zweiten Weltkrieg beitragen kann. Sie möchte auch ein Beitrag in einem fortdauernden Prozess der gesellschaftlichen Auseinandersetzung mit und des Austauschs über unterschiedliche Erfahrungswelten, im Besonderen zwischen den Generationen, sein. Vor dem Hintergrund einer möglichst breiten Palette an lebensgeschichtlichen Erfahrungen können individuelle Erlebnisse leichter geordnet und die eigene biografische Rückschau an fremden Beispielen vielleicht differenzierter gestaltet werden. Ebenso können singuläre Informationen und wissenschaftliche Erkenntnisse über historische Wirklichkeiten an Anschaulichkeit und Tiefe gewinnen, wenn diese sinnvoll mit der Dimension persönlicher Erinnerungen und Erfahrungen von Beteiligten in Beziehung gesetzt werden.

Die Dokumentation lebensgeschichtlicher Aufzeichnungen am Institut für Wirtschafts- und Sozialgeschichte der Universität Wien, wo die meisten hier vorgestellten lebensgeschichtlichen Materialien archiviert sind, versteht sich als ein Ort, an dem Beiträge zu einem solchen weiterführenden Austausch gesammelt werden und wissenschaftlich Interessierten wie auch persönlich Betroffenen zur Einsichtnahme zur Verfügung stehen. Reaktionen auf die hier vorgestellten Selbstzeugnisse sind daher ebenso willkommen wie lebensgeschichtliche Aufzeichnungen aller Art, die ebenfalls aus dem gerade beschriebenen (oder einem ähnlichen) Spannungsfeld heraus entstanden sind (siehe auch S. 294).

Glossar

Abkristeln – Abbremsen beim Schifahren durch Querstellen der Schi

Adolf-Hitler-Schule – 1937 von der Nationalsozialistischen Arbeiterpartei (NSDAP) eingerichtete Internatsschulen (für die 7. bis 12. Schulstufe), in denen der Führernachwuchs der Partei herangezogen werden sollte

Andachtsjodler – im 18./19. Jahrhundert entstandenes geistliches Jodellied aus Südtirol, das häufig in der Christmette gesungen wird

auskneifen – ausreißen, (heimlich) weglaufen

Auslandsdeutsche – im historischen Kontext: Deutsche bzw. deutschstämmige Personen mit Wohnsitz außerhalb des Deutschen Reichs (siehe auch: volksdeutsch)

Aussatz – Lepra; bakterielle Infektionskrankheit, die vor allem das periphere Nervensystem, Haut, Augen sowie Mund- und Nasenschleimhaut befällt und bei Nichtbehandlung zu massiven Entstellungen führt

BDM – Bund Deutscher Mädel, Zweig der Hitlerjugend für die 14- bis 18-jährigen Mädchen

Baraberer – ungelernter Bauarbeiter, hier: Schwerarbeiter

Bemmerl – Tierkot in Bohnenform

Bezugschein – Bescheinigung, die zum Bezug von Lebensmitteln und anderen Gütern im Zweiten Weltkrieg berechtigte; aufgrund der kriegsbedingten Knappheit vieler Waren wurde deren Abgabe rationiert.

Bockerl – Tannen-, Fichten-, oder Kiefernzapfen

böhmakeln – österreichisches Deutsch mit starkem böhmischem Akzent sprechen

Binkel – (großes) Bündel

Binkerl – (kleines) Bündel, Habseligkeiten

Buckelkanne – Behältnis zum Transport flüssiger Güter wie z. B. Milch auf dem Rücken

Deutsches Jungvolk (DJ) – Zweig der Hitlerjugend für die 10- bis 14-jährigen Burschen

DJ – Abkürzung für: Deutsches Jungvolk (s. o.)

DKT – „Das kaufmännische Talent", ein beliebtes Brett- und Gesellschaftspiel; das 1936 in Österreich patentierte Brettspiel „Spekulation" wurde 1940/41 in DKT umbenannt, um einem Verbot (wie des verwandten US-amerikanischen „Monopoly") durch die nationalsozialistischen Machthaber zu entgehen.

Doppelbrief – Postsendung, die das Gewicht eines Standardbriefes überschritt und für die daher doppeltes Porto bezahlt werden musste

Drahtfunk – System zur Übermittlung von Radioprogrammen über Telefonleitungen

gatschig – schlammig

Endsieg – zentraler Begriff der NS-Propaganda; gemeint war damit der erhoffte endgültige Sieg gegen die Alliierten

Eigruber – August Eigruber (1907–1947), österreichischer Politiker der NSDAP und enger Vertrauter von Adolf Hitler; Gauleiter von Oberösterreich bzw. Oberdonau (1935–1945)

Eisengang – hier: den Innenhof umlaufender, vorwiegend aus Metallbauteilen bestehender Laubengang, über den der Zugang zu den Zimmern erfolgte

Ersatz – Surrogat; im Zweiten Weltkrieg führte der Mangel an diversen Nahrungsmitteln und Rohstoffen (z. B. von Kakao- oder Kaffeebohnen) dazu, dass aus anderen Stoffen Lebensmittel produziert wurden, die in Aussehen und Geschmack Mangelwaren ähnelten.

Flak – ursprünglich Abkürzung für Flugabwehrkanone, eine Waffe zur Abwehr von Luftangriffen. Der Begriff Flak diente aber auch zur Bezeichnung der Flugabwehrartillerie; in den letzten Kriegsjahren wurden Jugendliche vom NS-Regime als „Flakhelfer" eingesetzt.

Flakturm – Hochbunker, die im Zweiten Weltkrieg für Flugabwehrkanonen errichtet wurden und auch als Schutzräume dienten

Fremdarbeiter(innen) – seit etwa 1900 eine übliche Bezeichnung für Arbeitskräfte aus dem Ausland; im Zweiten Weltkrieg vor allem für Personen, die aus den von der deutschen Wehrmacht besetzten Gebieten stammten und gewaltsam zur Arbeit im Deutschen Reich gezwungen wurden.

fretten – sich mit etwas abmühen

Frontbegradigung – in der NS-Propaganda üblicher, beschönigender Ausdruck für den Rückzug deutscher Truppen im Zweiten Weltkrieg

Gauleiter – Funktionär der NSDAP, der die Verantwortung über einen Gau (Verwaltungseinheit im „Dritten Reich") innehatte; das Gebiet Österreichs war in sieben Gaue unterteilt.

Gebiet – hier: regionale Gliederungseinheit der Hitlerjugend; dem „Bann" übergeordnet

GI – einfacher Soldat der US-Streitkräfte

Goiserer – schwerer, genagelter Bergschuh

Graf Bobby – um 1900 entstandene fiktive Wiener Witzfigur; ein weltfremder, begriffsstutziger Adeliger, der sich in kurzen Dialogen immer als „der Dumme" erweist; Graf-Bobby-Witze waren in Österreich bis in die 1970er Jahre populär.

Häfen – Topf

Ham in brodo with raisins – geräucherter Schinken mit Rosinensoße

Hauptmädelführerin – hoher Dienstrang im Bund Deutscher Mädel (BDM); hier: Verantwortliche für sämtliche KLV-Lager in einer Region

Hauptzollamt – der Name des im 19. Jahrhunderts errichteten Wiener Bahnhofs bezog sich auf das damals nahegelegene Hauptzollamt; in den 1960er Jahren wurde der Bahnhof abgerissen, durch einen Neubau ersetzt und in „Landstraße" umbenannt (heute Bahnhof Wien Mitte).

Heft – hier: im Kontext der Erweiterten Kinderlandverschickung von der Reichsjugendführung unter Mitwirkung der verschiedenen Aufnahmegaue monatlich produzierte, etwa. zehnseitige Zeitschrift mit dem Titel „Elternbrief", die unentgeltlich an das Elternhaus der „verschickten" Kinder versandt wurde. Bestückt mit idyllischen Fotos und Berichten sollte sie Müttern und Vätern vor Augen führen, wie gut es ihrem Nachwuchs in den KLV-Lagern erging.

Hlinka-Regime – Bezeichnung für die klerikal-nationalistische, diktatorische und mit dem „Dritten Reich" zwischen 1939 und 1945 kooperierende slowakische Regierung von Jozef Tiso (1887–1947), in Nachfolge des römisch-katholischen Bischofs Andrej Hlinka (1864–1938), dessen Name als früherer Vorsitzender der „Slowakischen Volkspartei" zwischen 1918 und 1938 auch in den Parteinamen aufgenommen wurde und vor allem für die Unabhängigkeitsbestrebungen der Slowakei von der Tschechoslowakischen Republik steht

hölzeln – lispeln; Sprechfehler, bei dem Zischlaute nicht richtig ausgesprochen werden

Jungmädel – Mädchen, das dem Jungmädelbund angehörte, dem Zweig der Hitlerjugend für die 10- bis 14-jährigen Mädchen

Jungmädelführerin – Leiterin einer Jungmädelgruppe (siehe Jungmädel)

Kabinett – kleiner Raum bzw. Nebenraum

Kapo – hier: Gehilfe, Handlanger

Kikeritzpatschen – Bezeichnung für einen fiktiven, sehr entlegenen, uninteressanten Ort

Kohlenklau – Kohlendieb, ein Feindbild der NS-Propaganda im Zweiten Weltkrieg, mit dem die Bevölkerung zum Energiesparen angehalten werden sollte

König Drosselbart – Märchen aus der Sammlung der Gebrüder Grimm

Koppel – Ledergürtel der HJ-Uniform

Kracherl – Limonade; süßes, kohlensäurehaltiges Getränk

Krad – abgekürzt für: Kraftrad; Motorrad

Kradmelder – mit einem Motorrad ausgestatteter Soldat für militärische Erkundungs- und Meldedienste

Krankensessel – Person, die sehr oft krank ist

Kreis – hier: Organisationseinheit der NSDAP zwischen Gau und Ortsgruppe; der Reichsgau Wien umfasste 10 Kreise mit insgesamt 315 Ortsgruppen.

Kuckuck – umgangssprachliche Bezeichnung für das Vorwarnsignal, das im Zweiten Weltkrieg den Anflug feindlicher Bomberverbände im Radio ankündigte

Lagermädelführerin (LMF) – Jugendliche oder junge Erwachsene, die der Hitlerjugend (HJ) bzw. dem Bund Deutscher Mädel (BDM) angehörte und in KLV-Lagern für Mädchen für die außerschulische Betreuung zuständig war

Lagermannschaftsführer (LMF) – Jugendlicher oder junger Erwachsener, der der HJ angehörte und in KLV-Lagern für Burschen für die außerschulische Betreuung zuständig war

Lawurpapperter – hier: derbe, eher abschätzige Bezeichnung für eine Person mit einem großen Mund (Pappen) wie ein „Lawur“ (Waschschüssel)

Lebenszeichen – eine von der Deutschen Reichspost ausgegebene, mit einem Vordruck versehene Eilnachrichtenkarte, die nach Bombenangriffen im Zweiten Weltkrieg portofrei an Angehörige verschickt werden konnte, um diese über den persönlichen Gesundheitszustand oder etwaige Adressänderungen zu unterrichten

LMF – Abkürzung für: Lagermädel(schafts)führerin bzw. Lagermannschaftsführer (s. o.)

MvD – Abkürzung für: Mädel vom Dienst; im Rahmen der Diensteinteilung in KLV-Lagern eine turnusmäßig wechselnde Funktion zur Unterstützung der Lagermädelführerin

MGs – Abkürzung für: Maschinengewehre

Me 109 F – Abkürzung für: Messerschmitt 109, ein einsitziges, einmotoriges Jagdflugzeug, das die deutsche Wehrmacht im Kampf gegen die Alliierten einsetzte

Mordstrumm – ein großes Stück

Mordsriegel – riesiger Kerl

Mtr. – Abkürzung für: Matrose

Nachschrift – Diktat im Schulunterricht, dessen Inhalt vorher wortwörtlich bekannt ist; wurde auch als Gedächtnisübung bezeichnet

Nazisse – Anhängerin des Nationalsozialismus

Neger – heute nicht mehr gebräuchliche (weil als abwertend empfundene) Bezeichnung für dunkelhäutige Personen

Norkus, Herbert – Angehöriger der Hitlerjugend, der im Jänner 1932 als 15-Jähriger in einer Auseinandersetzung mit jungen Kommunisten in Berlin getötet und in der Folge von der NS-Propaganda als Märtyrer dargestellt wurde

NSKK-Lager – Nationalsozialistisches Kraftfahrkorps, eine paramilitärische Unterorganisation der NSDAP

Niederbordwagen – offener Güterwaggon

Niederdonau – einer von sieben Reichsgauen des „Dritten Reiches" auf dem Gebiet des heutigen Österreich; Niederdonau umfasste Teile Niederösterreichs, das nördliche und mittlere Burgenland sowie südöstliche Teile von Böhmen und südliche Teile von Mähren.

Oberdonau – Reichsgau auf dem Gebiet des heutigen Österreich, der das heutige Oberösterreich, den steirischen Teil des Salzkammerguts und Teile des südwestlichen Böhmen umfasste.

Ostmark – zwischen 1938 und 1942 im „Dritten Reich" offizielle Bezeichnung für den ehemaligen Staat Österreich; ab 1942 wurde das Gebiet in „Alpen- und Donaureichsgaue" umbenannt

Ostmärkler – Bewohner der Ostmark (s. o.)

Organisation Todt – 1938 von Fritz Todt (1891–1942) gegründete technische Spezialtruppe des NS-Regimes für militärisches Bauwesen

Patschen – Hausschuhe

Pawlatschen – offener Gang an der Hofseite eins Hauses; vom tschechischen Wort „pavlač", das einen offenen Hauseingang bezeichnet

Pfeilkreuzler – Anhänger einer faschistischen Partei in Ungarn, die von 1935–1945 unter verschiedenen Namen bestand und mit dem NS-Regime kollaborierte

Pimperlstation – sehr kleine Bahnstation, bei der nur manche Züge Halt machen

Pimpf – Angehöriger des Deutschen Jungvolks (DJ), der Unterabteilung der Hitlerjugend für 10- bis 14-jährige Jungen

Ratzen – Ratten

Reindling – traditioneller Kärntner Germteigkuchen mit einer Fülle aus Zucker, Zimt und Rosinen, fallweise auch Nüssen u. a.

Richthofengasse – die seit 1919 nach dem französischen sozialistischen Politiker Jean Jaurès (1859–1914) benannte Gasse im 3. Wiener Gemeindebezirk wurde in der NS-Zeit nach Manfred Albrecht Freiherr von Richthofen (1892–1918), einem berühmten deutschen Jagdflieger im Ersten Weltkrieg, umbenannt

Riesenlackel – großgewachsener Bursche

Ritterkreuzträger – Träger des Ritterkreuzes des Eisernen Kreuzes, eines 1939 von Adolf Hitler gestifteten Ordens, der im Verlauf des Zweiten Weltkriegs etwa 7000-mal an Kriegsteilnehmer verliehen wurde und eine wichtige Rolle in der NS-Propaganda spielte

rückführen – hier: verfrühtes Heimschicken bzw. Zurückholen kinderlandverschickter Mädchen und Buben

Rupfensack – Sack aus grobem Leinen oder Hanf; heute meist aus Jute hergestellt

Sascha-Palast – das 1931 an der Ecke Rennweg Ungargasse im 3. Wiener Gemeindebezirk von der Sascha-Filmindustrie AG (benannt nach ihrem Gründer Alexander „Sascha" Kolowrat) eröffnete Kino galt als der erste Wiener Kino-Palast und brannte nach einem Bombenangriff Anfang November 1944 völlig aus

Schaffel – kleines Schaff, Bottich

schnoddrig – respektlos, keck

Slowakischer Aufstand – hier: von Teilen der slowakischen Armee und anderen Widerstandsgruppen getragene militärische Erhebung gegen das slowakische Kollaborationsregime und die beginnende Besetzung der Slowakei durch die deutsche Wehrmacht zwischen Ende August und Ende Oktober 1944

Sommerkluft – Sommerkleidung

Speis – Vorratskammer

stoj! – dawei! – njet! – nach 1945 geläufige Anweisungen im Kontakt mit der sowjetischen Besatzungsmacht für: halt! – vorwärts! – nein!

Tauchnitz – Christian Bernhard Tauchnitz (1816–1895) war ein deutscher Verleger, der Klassiker der Literatur in preiswerten Taschenbüchern herausbrachte, die vor allem von Schüler*innen und Studierenden bezogen wurden.

Verdunkelung – um feindlichen Fliegern das Auffinden möglicher Angriffsziele zu erschweren, mussten mit Beginn des Zweiten Weltkriegs nachts alle Lichtquellen im öffentlichen wie im privaten Bereich ausgeschaltet oder (z. B.

durch Rollos oder Anstrich in blauer Farbe) abgedunkelt werden

Vesperbrot – Zwischenmahlzeit, Nachmittagsjause

Völkischer Beobachter (VB) – 1920 von der NSDAP übernommene und zum „Kampfblatt der nationalsozialistischen Bewegung Großdeutschlands" ausgebaute Zeitung, die ab 1923 täglich, ab 1938 auch in einer Österreichausgabe, erschien und am 30. April 1945 eingestellt wurde

volksdeutsch – nach dem Ersten Weltkrieg gebräuchlich gewordene und vom NS-Regime propagierte Bezeichnung für Bevölkerungsgruppen mit deutscher Muttersprache, die außerhalb von Staaten mit deutscher Bevölkerungsmehrheit (vor allem in Ost- und Südosteuropa) lebten

Volksfeinde – Propagandabegriff im Nationalsozialismus für politische Gegner

Weißbrotscherzl – Brotanschnitt

Werwolf-Bewegung – eine im September 1944 von Heinrich Himmler gegründete Untergrundbewegung, deren Ziel es war, hinter den feindlichen Linien Sabotageakte durchzuführen und die Bevölkerung von einer Zusammenarbeit mit den Besatzern abzuhalten

wurscht – egal

Bildnachweis

Titelbild:
Ingeborg Winkler vor ihrer ersten „Verschickung" (um 1943). Das Titelbild, das Foto von Rosa Zimerits (S. 234) und die Abbildungen im Beitrag zu Ingeborg Winkler (Pseudonym) stammen aus dem Lagertagebuch von Ingeborg Winkler, das in den Jahren 1944/45 während ihrer KLV-Aufenthalte in Niederösterreich und Bayern entstand. Das Tagebuch ist Teil ihres Nachlasses, der in der Sammlung Frauennachlässe am Institut für Geschichte der Universität Wien aufbewahrt wird (SFN NL 237).

Rückseite:
Schulunterricht in einem KLV-Lager für Jungen aus deutschen Städten in St. Corona am Wechsel in Niederösterreich (um 1942). Das Bild stammt aus dem privaten Archiv von Hans Hantich und wurde von Markus Holzweber bereitgestellt.

Alle übrigen Abbildungen wurden von den Beitragenden aus ihrem Privatbesitz zur Verfügung gestellt.

Wir danken allen Überlasserinnen und Überlassern herzlich für ihr Entgegenkommen!

„Damit es nicht verloren geht …"

ist ein Leitmotiv vieler Menschen, die sich im fortgeschrittenen Alter verstärkt mit ihrer Lebensgeschichte beschäftigen und selbst Erlebtes in der einen oder anderen Form zu dokumentieren versuchen. Daran orientiert sich der Titel dieser Buchreihe, die seit 1983 besteht und vom Verein „Dokumentation lebensgeschichtlicher Aufzeichnungen" herausgegeben wird.

Persönliche Erinnerungstexte bieten vielfältige Einblicke in vergangene Lebens-, Arbeits- und Beziehungsverhältnisse und können das Verständnis für historischen Wandel sowie für unterschiedliche Denkweisen und Traditionen erweitern. Über den privaten Familienkreis hinaus haben solche Lebensaufzeichnungen in den letzten Jahrzehnten in vielen gesellschaftlichen Bereichen als sozial-, kultur- und zeitgeschichtliche Dokumente Aufmerksamkeit gefunden.

Aus diesem Grund wurde am Institut für Wirtschafts- und Sozialgeschichte der Universität Wien die „Dokumentation lebensgeschichtlicher Aufzeichnungen" eingerichtet, ein Textarchiv, in dem schriftliche Lebensaufzeichnungen aller Art (Autobiographien, kürzere Erinnerungstexte, Tagebücher, Familiengeschichten, Chroniken usw.) gesammelt, wissenschaftlich genutzt und für fachlich Interessierte bereitgestellt werden.

Die Leserinnen und Leser sind eingeladen, Beiträge zu dieser Textsammlung zu leisten, indem sie eigene lebensgeschichtliche Texte oder überlieferte Aufzeichnungen von Vorfahren zur Verfügung stellen bzw. uns auf entsprechende Materialien in Privatbesitz aufmerksam machen. Ebenso freuen wir uns über Kontakte zu schreibfreudigen Menschen, die sich durch das Motto der Buchreihe angesprochen fühlen.

Kontakt:
Institut für Wirtschafts- und Sozialgeschichte, Universität Wien
Dokumentation lebensgeschichtlicher Aufzeichnungen
Universitätsring 1, 1010 Wien (z. H. Mag. Günter Müller)
Tel. +43 (0)1/4277-41306
Mail: lebensgeschichten@univie.ac.at
Web: https://lebensgeschichten.univie.ac.at